赵宝煦教授纪念文集

九十华诞暨从教六十五周年

《赵宝煦教授纪念文集》编委会 编著

北京大学出版社
PEKING UNIVERSITY PRESS

图书在版编目(CIP)数据

赵宝煦教授纪念文集:九十华诞暨从教六十五周年/《赵宝煦教授纪念文集》编委会编著.—北京:北京大学出版社,2013.3

ISBN 978-7-301-16134-0

Ⅰ.①赵… Ⅱ.①赵… Ⅲ.①赵宝煦-纪念文集 Ⅳ.①K827=7

中国版本图书馆 CIP 数据核字(2013)第045501号

书　　　名:赵宝煦教授纪念文集——九十华诞暨从教六十五周年

著作责任者:《赵宝煦教授纪念文集》编委会　编著

责 任 编 辑:倪宇洁

标 准 书 号:ISBN 978-7-301-16134-0/C·0886

出 版 发 行:北京大学出版社

地　　　址:北京市海淀区成府路205号　100871

网　　　址:http://www.pup.cn　新浪官方微博:@北京大学出版社

电 子 信 箱:ss@pup.pku.edu.cn

电　　　话:邮购部62752015　发行部62750672　出版部62754962
编辑部62753121

印　刷　者:北京汇林印务有限公司

经　销　者:新华书店

730mm×1020mm　16开本　18.75印张　插页64　255千字

2013年3月第1版　2013年3月第1次印刷

定　　　价:60.00元

赵宝煦教授

（1922 年 11 月 18 日—2012 年 1 月 21 日）

赵宝煦教授铜像

深圳大学当代中国政治研究所黄卫平教授赞助监制。深圳大学艺术系小林创作。

敬献弟子：

郝　平　王浦劬　俞可平　李章泽　王广正　何增科　朱　锋　黄大慧　汤大华　唐　亮

穆斯塔法　金珍镐　张小明　吴学永　刘军宁　王　勇　张胜军　钱元强

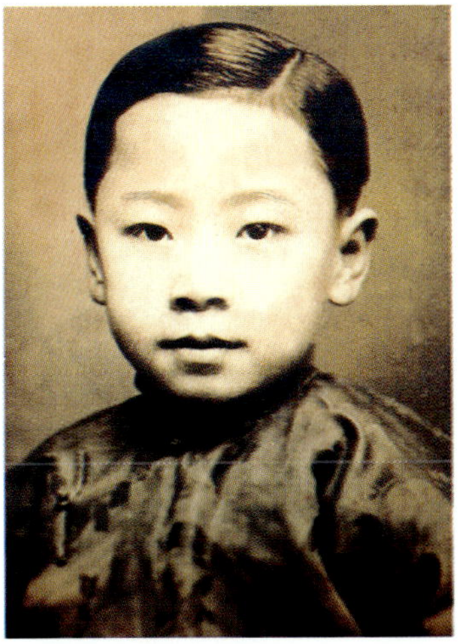
十龄初度（1932 年）

高中时代（1941 年）

初进西南联大
（1943 年 11 月）

风华正茂

在昆明结婚(1946 年 5 月 4 日)

在北京大学灰楼远望(1947 年)

长子赵晨(右)次子赵晴(左)(1954 年)

1976 年 结婚 30 周年

1978 年"文革"后家庭重聚

晚晴(1996 年)

结婚 60 周年家庭庆祝会（2006 年）

在北京大学中国国情研究中心（2007 年）

北大党委书记朱善璐看望赵先生(2011 年)

赵宝煦先生亲笔书“和为贵”赠送美国总统克林顿先生(1998 年)

87 岁生日祝寿会(2009 年)

西南联大政治学系全班同学与钱端升老师合影(1946 年)

(前排右起第四人为钱端升教授,第三排右起为赵宝煦)

教研室总结工作(1953 年)

(站立发言者为郑昕教授,右数第四人为赵宝煦)

为北大教工夜大学讲马列基础课(1954 年)

和苏联专家讨论教学计划(1953年)

(左起第三人为苏联专家鲍罗金、第七人为赵宝煦)

与苏联专家巴特里凯也夫商讨问题(1956年)

(右二为翻译杨彦君)

在西山卧佛寺编写“科学社会主义”教学大纲(1957 年)

(自左至右:朱日曜、高原、赵宝煦、云光、曾汉祥、刁田丁、崔勇)

赵宝煦教授在斋堂人民公社成立大会上宣读成立大会宣言。(1958 年)

斋堂劳动背石头(1958 年)

斋堂劳动搅拌水泥(1958 年)

参加北大校运会竞走

时任北京大学亚非所所长主持研讨会(1975 年)

中国政治学第一届常务理事会(1980 年)

(前排左起第四人为梅益、第五人张友渔、第六人钱端升、第七人宦乡,

第二排右起第五人为赵宝煦)

废除"四大"讨论会(1981 年)

(由左至右:陈志尚、赵宝煦、雷洁琼、王铁崖、季羡林)

国务院学委会政治学评审组第一次会议(1981 年)

教育部学位办学科评审组(1981 年)

现代国际关系研究所会议合影

在兄弟院校讲课(1982 年)

大陆、台湾及旅美学者反对日本修改教科书大会(1982 年)

中国政治学会九江常务理事会(1987 年)

创立北大中国国情研究中心（1988 年）

（前排左起：谭军、梁从诫、袁明、赵宝煦、张来武、顾宝昌、郝平、王浦劬）

出席北京研讨会的中美两国学者（1995 年）

（前左三资中筠，左五王铁崖，左六赵宝煦。）

在北大国际关系学院（原政治系）40 周年欢庆会上讲话（2000 年）

为绍兴蔡元培纪念馆题词（2000 年）

深圳市大鹏镇选举制度改革研讨会(2000 年)

主持知识分子在社会发展中的作用研讨会(2002 年)

北大举办赵宝煦教授从教55周年庆典大会（2002年）

北大举办赵宝煦书画展（2002年）

美国前总统卡特访问北大（2003 年）

出席中国地方政府创新奖专家座谈会（2004 年）

在国际关系学院院友大会上致辞(2004 年)

在绍兴大禹陵(2004 年)

(右起葛荃、马骏、赵宝煦、乔耀章。)

北京大学中国国情研究中心合影(2007 年)

(前排右起:杨明、赵宝煦、沈明明)

在北大中国国情研究中心成立 20 周年庆祝会上致祝辞(2008 年)

在家中接待德国 Thomas Heberer 教授(2011 年 8 月)

左一为何增科,右一为俞可平

北大庆祝赵先生 90 华诞(2011 年)

庆祝赵宝煦先生90华诞会场(2011)

赵宝煦先生的学生，北京大学国际政治系78级同学与赵先生铜像合影。

(从左至右：郭作玉、王长江、徐湘林、王浦劬、穆毅锐。)

访问埃及哈莱旺大学(1981 年)

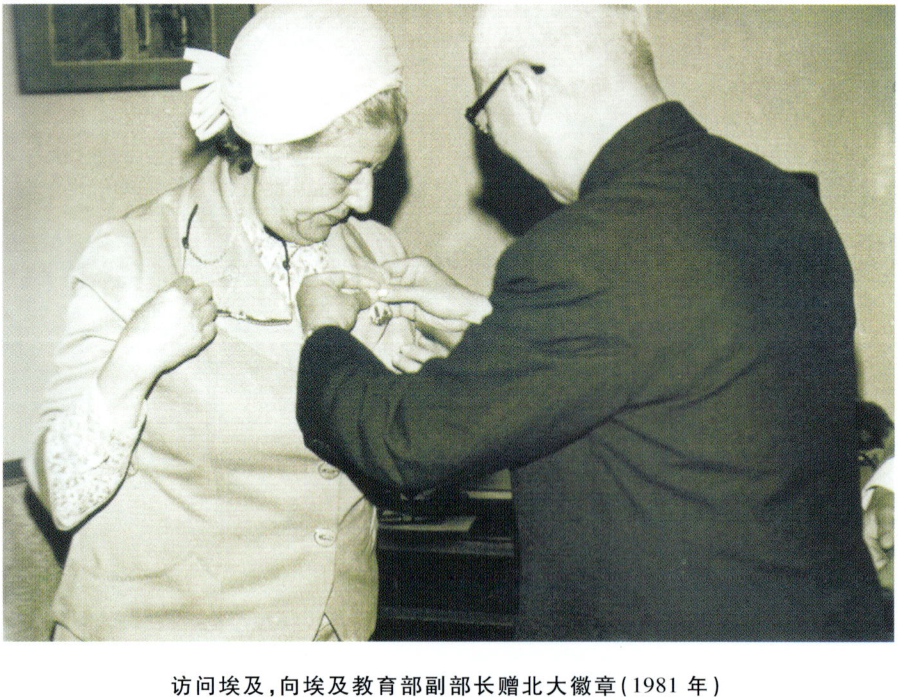

访问埃及,向埃及教育部副部长赠北大徽章(1981 年)

在普林斯顿大学讲学(1982 年)

在哈佛大学费正清中心讲“中国政治学复兴”(1982 年)

在美国得克萨斯奥斯丁大学讲学(1982 年)

在美国佛罗里达大学讲学(1982 年)

在美国佛罗里达国际学院教学时与学生合影(1982 年)

在美国南加州大学讲中国政治学的复兴(1982 年)

加州伯克利大学访问一年后的告别晚会(1983 年)

在德国柏林自由大学讲学(1983 年)

在日本早稻田大学与学者座谈“中国外交政策问题”(1983 年)

在泰国朱拉隆功大学讲学(1984 年)

在新加坡国立大学讲学(1984 年)

参加国际政治科学协会执行局会议(阿根廷,1986 年)

在前苏联科学院讲中国改革开放政策(1987 年)

访问美国加州圣地亚哥大学(1991 年)

在哈佛大学讲中国政治体制改革(1991 年)

在哈佛大学座谈中国“文化大革命”(1991 年)

在北大国关学院学生讲座“文化大革命的前因后果”上讲话(1992 年)

在美国夏威夷大学给学生讲课(1992 年)

在香港亚洲研究中心讲有特色的中国社会主义（1992 年）

在德国柏林洪堡大学讲学（1993 年）

在德国特里尔大学讲学(1993 年)

在瑞典斯德哥尔摩大学讲座上发言(1993 年)

在美国加州波摩纳学院讲学(1995 年)

应邀在美国世界事务理事会北加州分会讲中国改革开放问题(1996 年)

在印度新德里与学者座谈(1997 年)

和费正清夫妇合影(1982 年)

和美国政治学教授李侃如一家合影(1982 年)

和哈佛教授们合影(1982 年)

和美国政治学家多伊奇合影(1982 年)

和鲍大可教授合影(1982 年)

和奥克森伯格教授合影(1982 年)

和美国友人谢伟思夫妇合影(1983 年)

和美国政治学家斯卡拉宾诺教授夫妇合影

伦敦相遇(1984 年)

(左起赵宝煦、韩丁、牛津大学教授内维尔·马克斯维尔、哈佛大学教授麦克法夸尔)

在美国著名华裔政治学学者邹谠教授家(1992 年)

和美国著名政治学家伊斯顿合影(1992 年)

和哈佛大学麦克法夸尔教授合影(1994 年)

在美国著名历史学家何炳棣先生家中(1995 年)

在伊斯顿家中做客(1995 年)

和美国国际理论家沃尔兹教授夫妇合影(1996 年)

与印度外交家合影(1997 年)

在印度著名外交家白春晖家(1997 年)

2004 年 9 月 9 日祝贺雷洁琼教授 99 华诞

和老师钱端升先生合影(1987 年)

和费孝通教授合影(1990 年)

2007 年 7 月毕业典礼上与李肇星合影

参观杨辛教授书法展(2007 年)

访问巴黎时与王沪宁等合影(1985 年)

培养的第一届政治学博士王浦劬、俞可平(1988 年)

与学生白谦慎合影

在办公室与后辈学者会见(2010 年)

(后排从左至右:燕继荣、杨海蛟、徐湘林)

和韩国弟子韩国檀国大学东亚学教授金珍镐合影(2010 年)

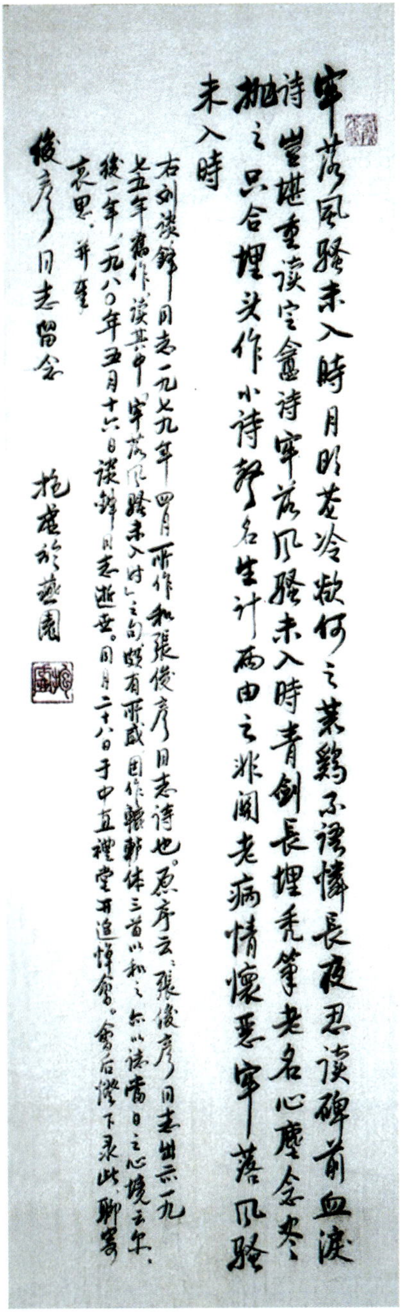

1980 年书刘谈锋诗

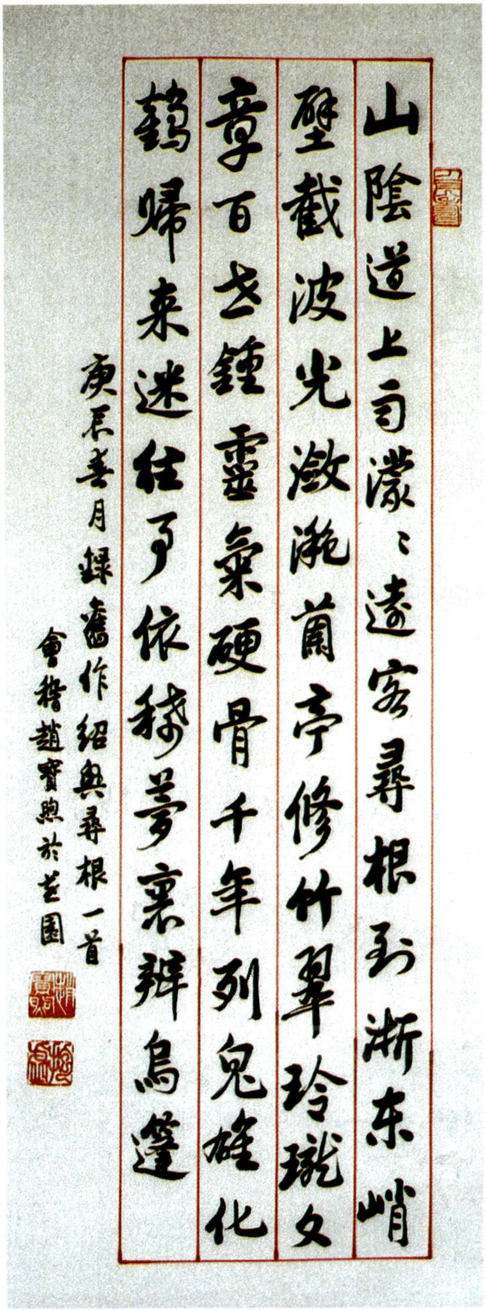

2000 年录旧作《绍兴寻根》诗

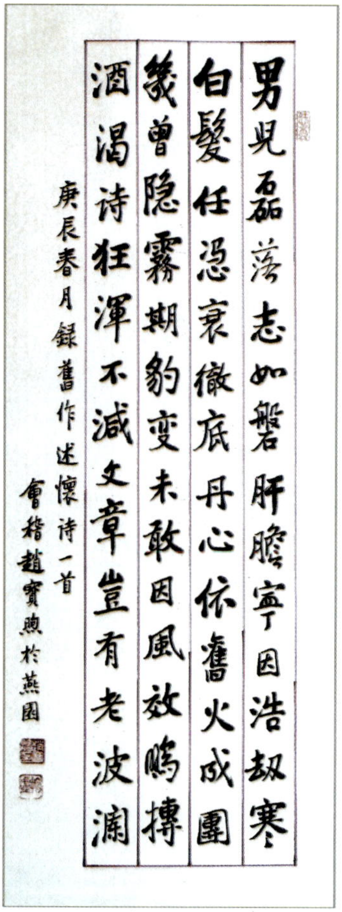

2000 年书旧作《述怀》

2001 年篆书“苍龙日暮还行雨，老树春深更着花”

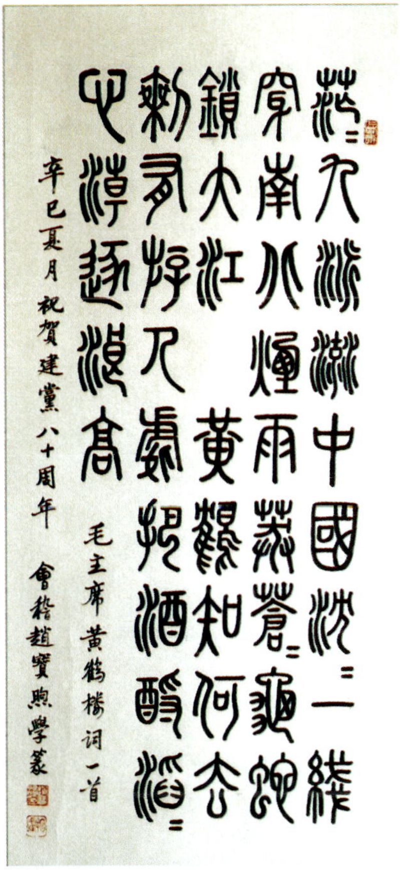

2001 年书毛泽东《黄鹤楼》

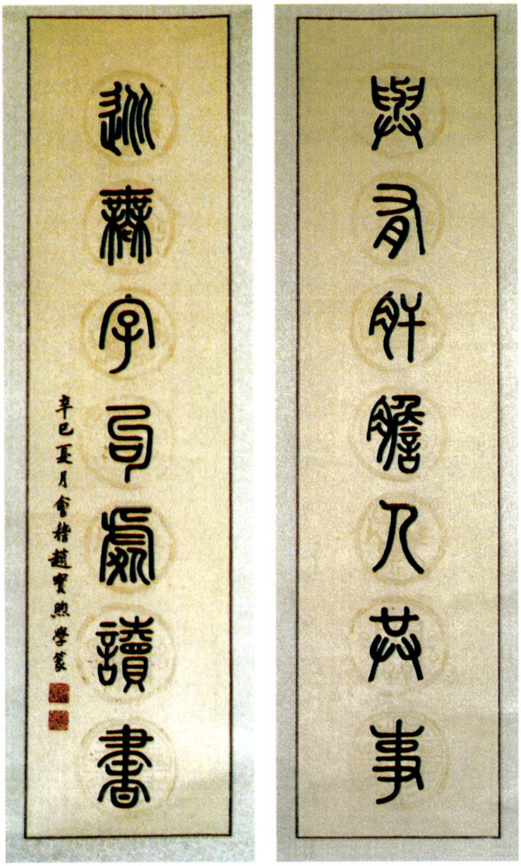

2001 年篆书“与有肝胆人共事，
从无字句中读书”

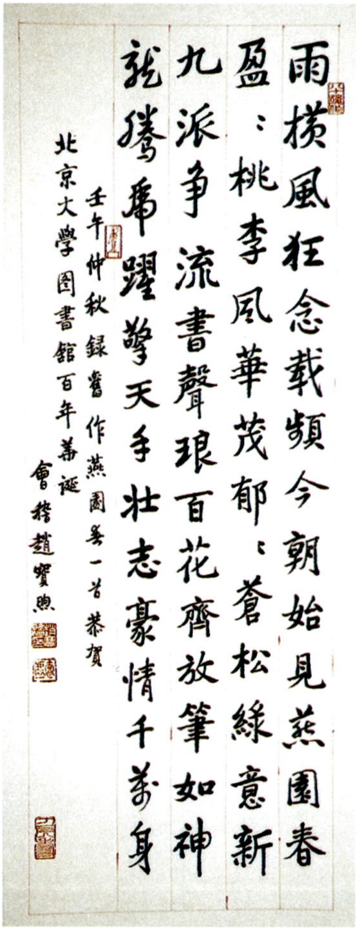

2002 年书旧作《燕园春》贺

北京大学图书馆百年华诞

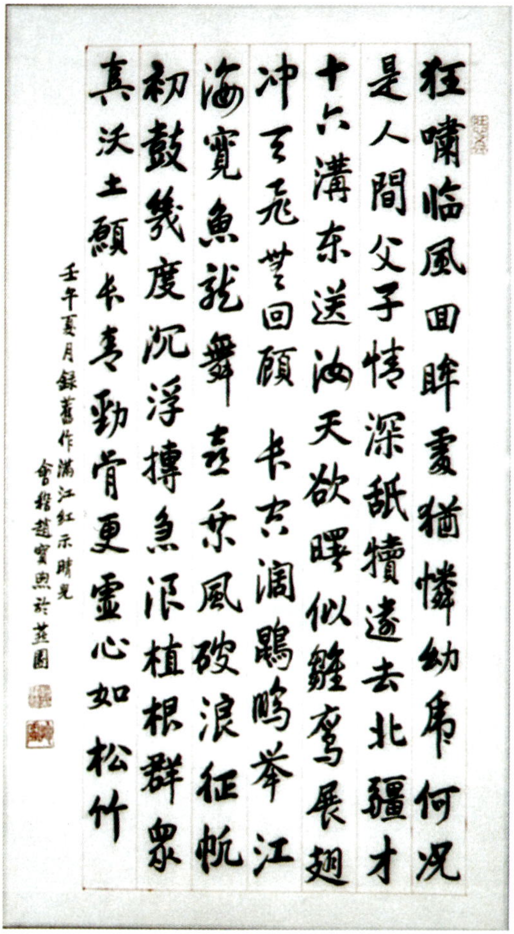

2002 年录旧作《满江红示晴儿》

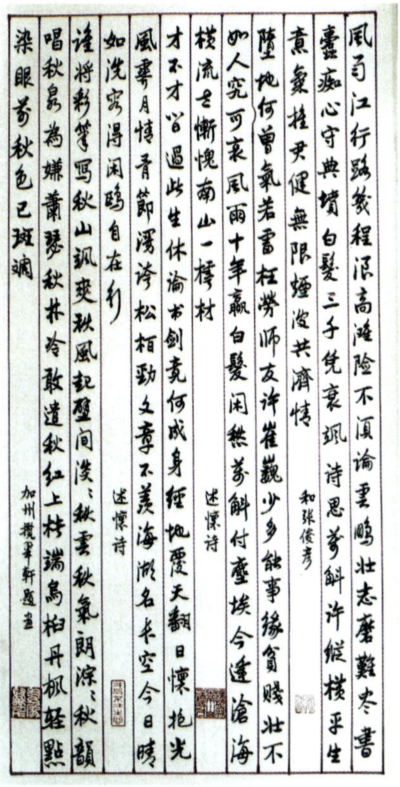

2002 年自书旧作 – 2

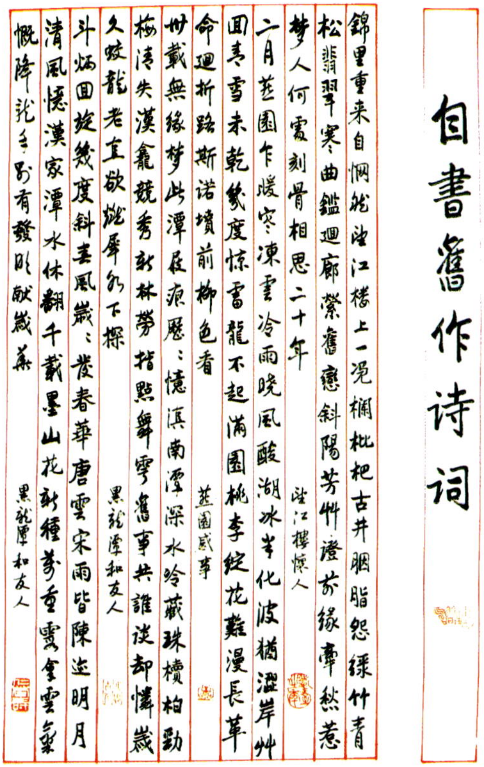

2002 年自书旧作 – 1

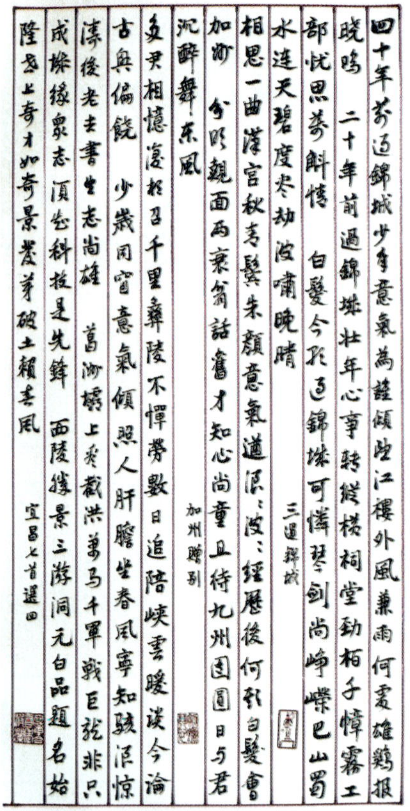

2002 年自书旧作 －4

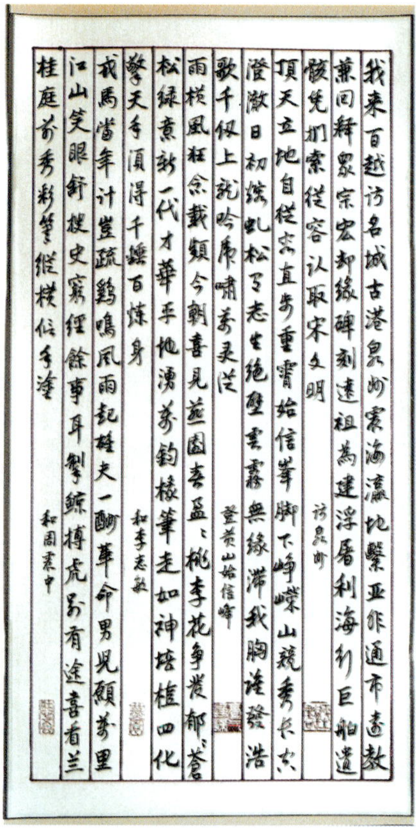

2002 年自书旧作 －3

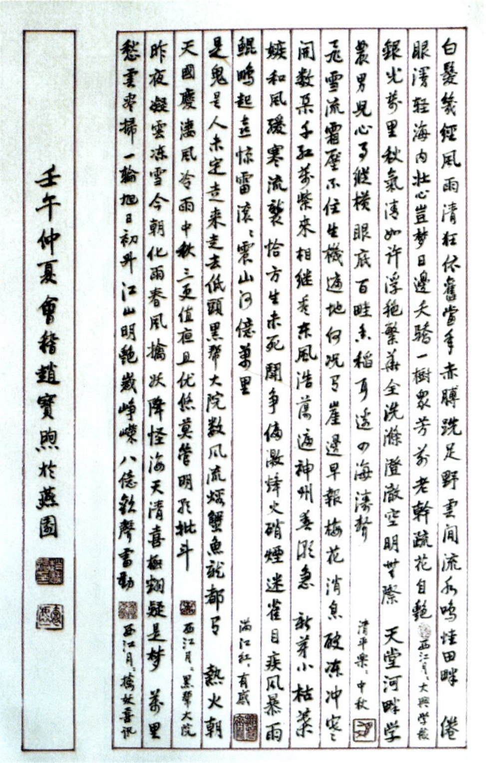

2002 年自书旧作 – 6

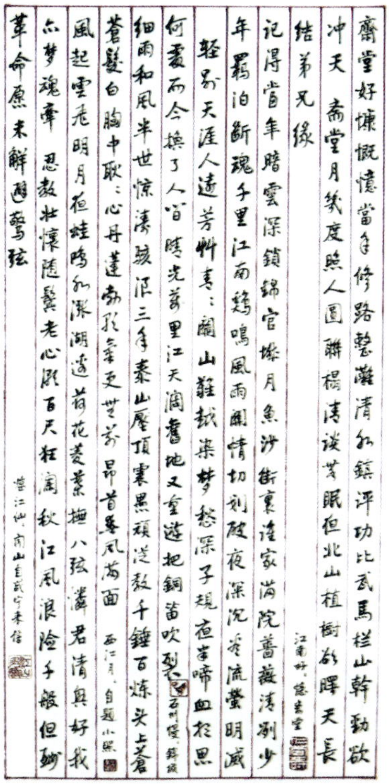

2002 年自书旧作 – 5

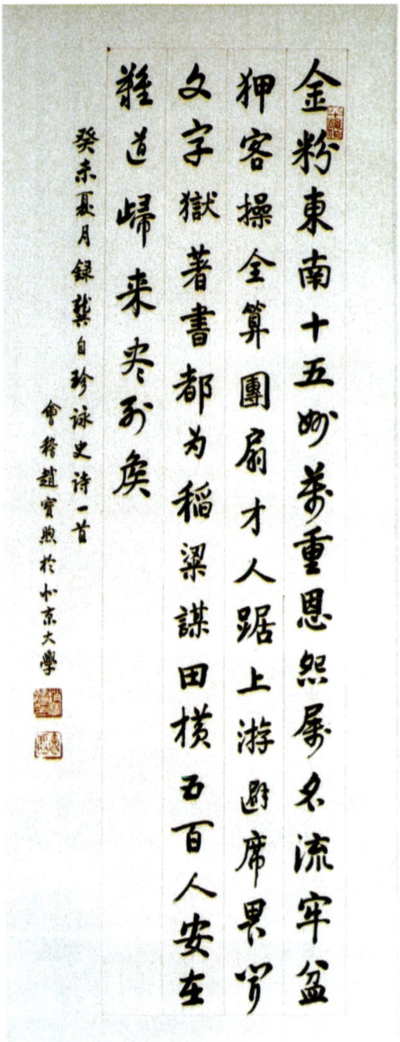

2003 年书龚自珍咏史诗

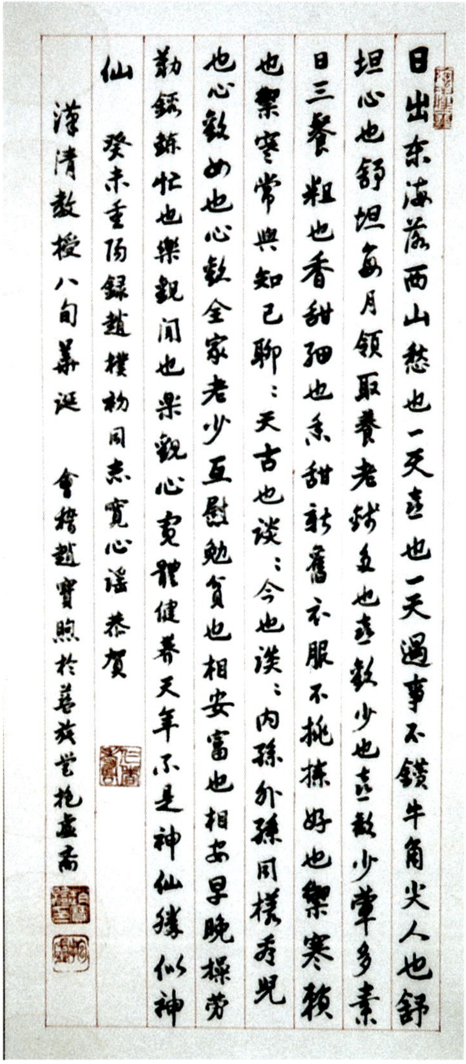

2003 年书贺张汉清教授八十华诞

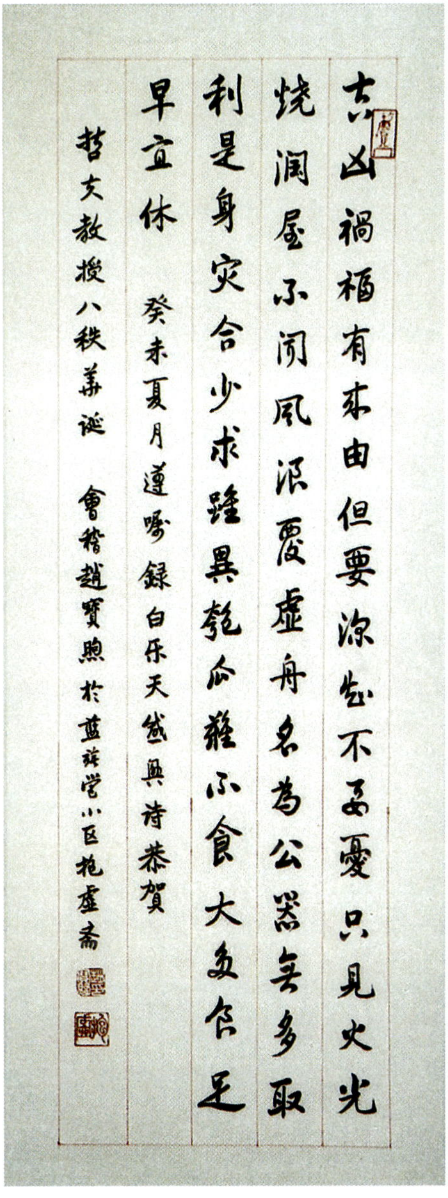

2003 录白乐天感兴诗贺陈哲夫教授八秩华诞

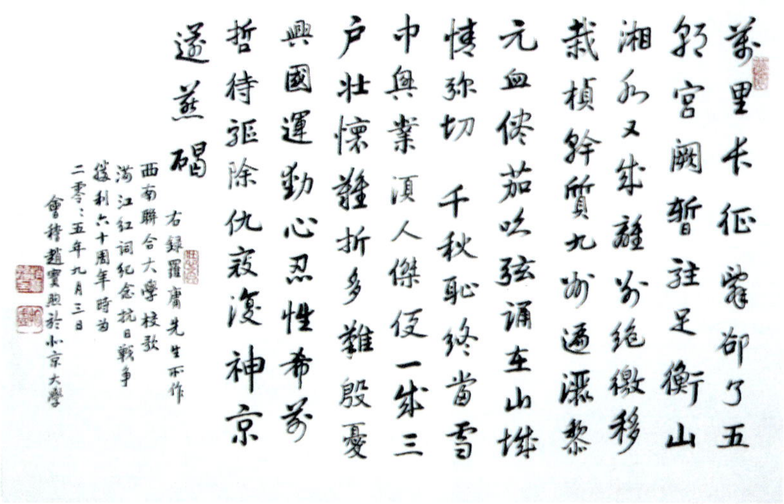

2005 录西南联大校歌

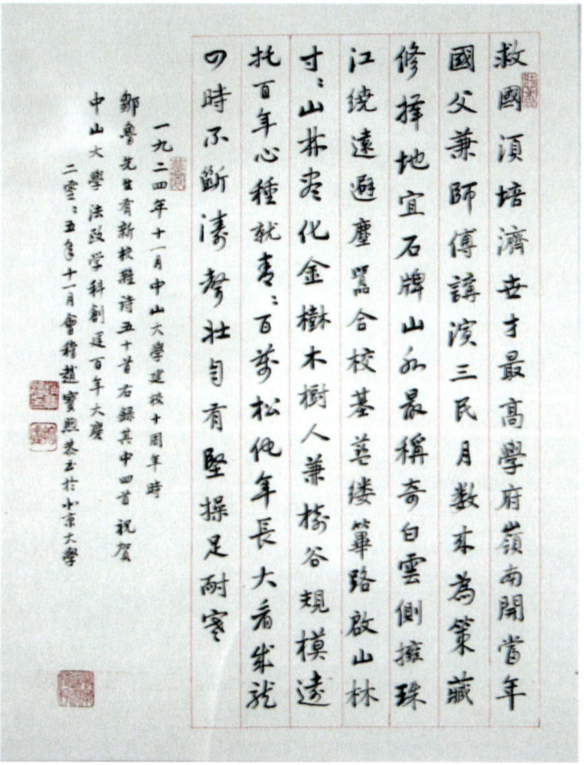

2005 年录邹鲁诗贺中山大学法政学科创建百年

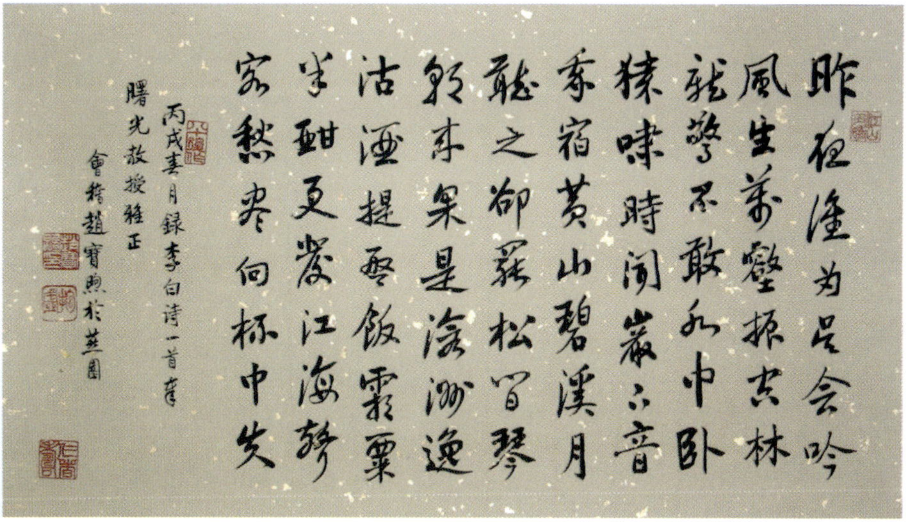

2006 录李白诗赠张曙光教授

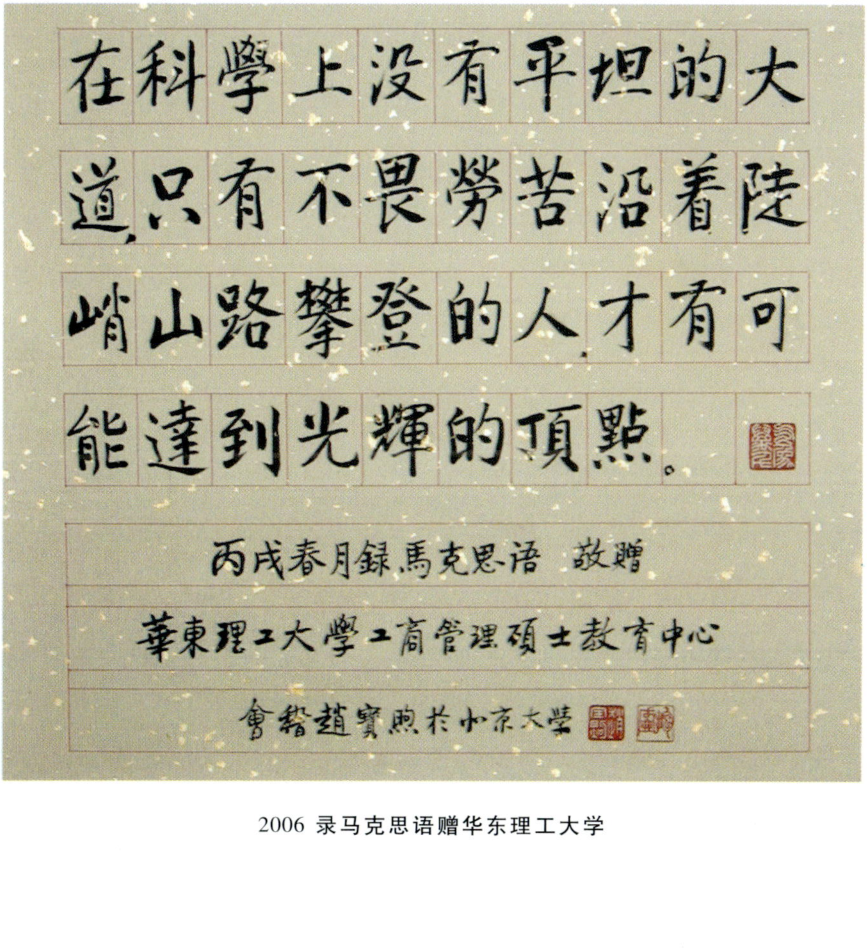

2006 录马克思语赠华东理工大学

2006 赠学生胡元梓句

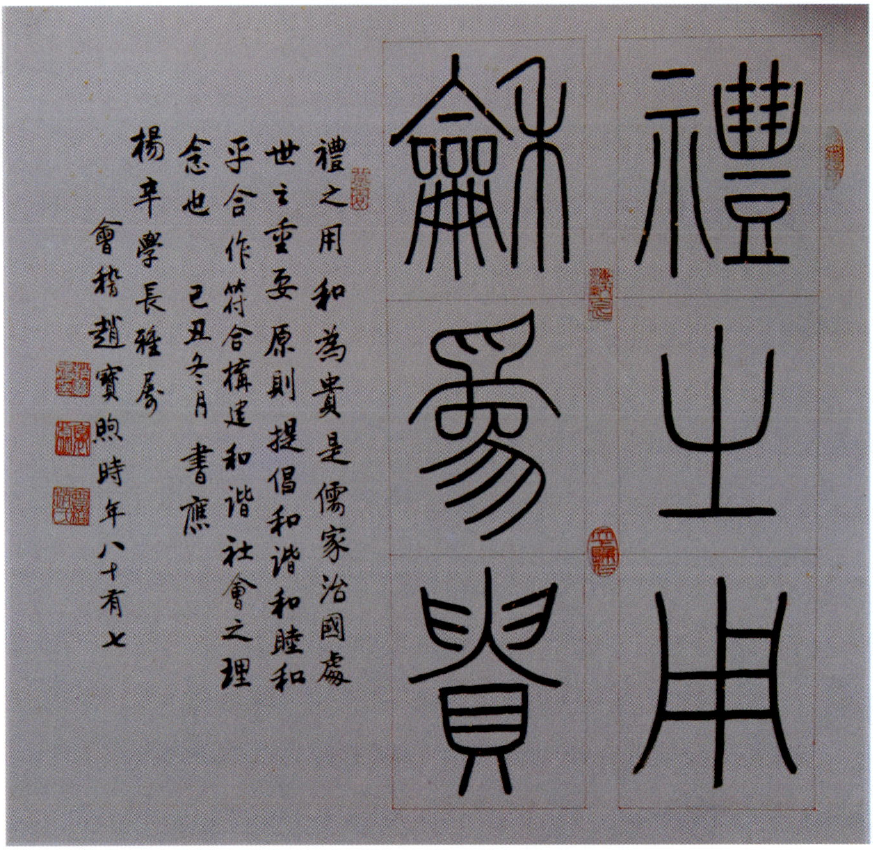

87 岁时书礼之用和为贵

谨以此书缅怀赵宝煦先生逝世一周年

赵宝煦教授纪念文集编委会

目　录

后学纪念文章及祝辞

书画艺术界好友和学生纪念文章及祝辞

赵宝煦教授的学术人生

——纪念赵宝煦教授 90 华诞暨从教 65 周年

赵宝煦教授，北京人，祖籍浙江绍兴，当代中国政治学家，教育家，北京大学政治学与国际政治双学科博士生导师，北京大学人文社会科学资深教授。当代中国政治学主要奠基人之一。

赵宝煦教授 1922 年 11 月 18 日出生于北京，自幼成绩优秀，1935—1937 年考入北京市立二中读初中，1938 年考入北京兢存中学，因家境贫寒，靠成绩年级第一名得以免除学杂费读完高中。1943 年初，他通过进步青年组织安排脱离日统区的北京奔赴抗战后方重庆，历经周折到达昆明，同年 11 月考入西南联大化工系就读。为追求进步思想立志改造社会，他一年后申请转入政治学系，师从张奚若、钱端升等老一辈著名政治学家。在西南联大学习期间，他参加了多个进步学生组织，宣传抗战和进步思想。抗战胜利后，北京大学复校，他遂回到北大政治学系继续学业，跟随吴恩裕教授学习西方政治思想史，并开始学习马克思主义理论（吴教授是启蒙老师）。1948 年毕业后他留本系任教。1952 年北大撤销政治学系后，他调至新建的马列主义教研室讲授马列主义基础理论，并先后任教研室秘书、副主任、主任。1960 年北大重建政治学系，赵宝煦教授是创始人之一。1964 年政治学系改名为国际政治系，其先后担任副系主任和系主任，为国政系后来的建设和发展打下了很好的基础。在上世纪 60—70 年代的岁月里，他仍然矢志不改积极乐观地面对人生并对国家前途充满信心。1975 年他出任国际政治系系主任、亚非研究所所长，团结领导全系师生全力推进教学和研究工作。1979 年，他会同国内部分老一辈政治学者，为重建中国政治学会和恢复政治学教学做了大量工作。在他的努力下，1980 年北大国际政治系正式恢复了政治学专业，在全国组成了首届政治学师资班。他为中国政治学的重建和师资力量的培养作出了重要贡献。

改革开放后，赵宝煦教授焕发了第二次学术青春，在频繁出国讲学的同时还承担了国内大量的教学和科研工作，在政治学基本理论、中国政治、中国对外关系、中美关系、台湾问题和国际政治等方面皆有建树，硕果累累，在国内外政治学领域具有崇高的地位。他 1982 年受国家委托主编出版了新中国成立后的第一部马克思主义政治学教材《政治学概论》。1981 年出访美国讲学，在哈佛、斯坦福、加州伯克利、普林斯顿等 23 所美国大学讲授中国政治与政治改革,并于 1983 年在美国出版了英文版学术演讲集《中国政治学的复兴》,该书被译成日文、德文、韩文在日本、奥地利和韩国出版。1985 年在德国讲学期间出版了《当代中国政治专题研究》,受到广泛的关注。赵宝煦教授还在我国政治学人才培养方面作出了卓越的贡献。1983 年北大建立了全国第一个政治学博士点,1985 年起正式招生,他作为第一位博士生导师,培养出中国有史以来第一批政治学博士。1985 年北大建立了全国第一个国际政治博士点,他成为国内为数不多的双学科博士生导师。如今他的学生很多都已成为中国政治学领域的重要学者和国家的高级行政人才。1993 年离休后他接受返聘,继续在国际政治系(现北京大学国际关系学院)和政治学与行政管理系(现北京大学政府管理学院)担任研究生导师。2005 年受聘为北京大学人文社会科学资深教授。在赵宝煦教授的学术生涯中,"不唯书、不唯上","学以致用"一直是他的学术思想的原则和诉求。他关心中国的政治发展,关注中国国情的实际状况和变化,期望中国政治学研究能够成为科学,为国家的发展和社会的和谐提供科学的有用的知识。1983 年他访问美国智库兰德公司和布鲁金斯研究所后,开始筹备成立中国的智库,并于 1988 年在北大创办了跨学科综合性学术研究及咨询机构——北京大学中国国情研究中心。该研究中心已经成为对中国社会、政治、经济发展状况进行多学科综合研究,为国家的战略决策提供政策咨询的重要研究机构,如今该中心已经出版了《国情与现代化》和《国情与世界》两套丛书,承担国家八五重点科研项目"中国政治体制改革研究",联合全国 10 所高校的政治学教师历时 3 年在全国进行 3 次大规模调查,出版了 3 本调查报告—《民主政治与地方人大》、《政治机构与党的职能》和《行政机构改革透析》,同时出版了《中国公民意识调查数据报告:2008》、《公民文化与和谐社会调查数据报告》等中国国情调查研究系列的大量成果。他为中国政治学的复兴与走向世界作出了巨大贡献。

从赵宝煦教授个人的主要著述,我们也可以领略到他的学术和思想的历程,这些著作有:《中国公共政策》(英文版)(合著)、《台湾之未来论文集》;主编有《跨世纪的中美关系》、《国情调查与思考丛书》、《21 世纪高校教材译丛》、《MPA 文库丛书》、《国际关系理论前沿译丛》等。主要论文:《论中国统一和中美关系》、《中国佛教的繁荣发展及其对世界和平的贡献》、《论中国政治体制改革中的横向分权与纵向分权(德文版)》、《说人间佛教(英文版)》、《论主权原则与台湾地位》、《崇尚和平:中国传统思想的重要特征》、《台湾问题:影响中美关系的重要因素》、《"和为贵"、"中庸之道"与"武士道"精神——关于日本政治文化的思考》、《政治转型：从人治到法治》、《中国政治学百年历程》、《德国的走向》等。

赵宝煦教授还担任过许多重要学术职务，其主要有：北京大学亚太研究院学术委员会主任，北京大学中国国情研究中心名誉主任，中国政治学会顾问，北京市政治学行政学会名誉会长，香港《中国研究》学刊顾问，香港中国研究基金会名誉主席。此外，他还曾经担任过：北京大学国际政治系主任，亚非研究所所长，北京大学校务委员会委员，校学术委员会委员；中央社会主义学院副院长、国务院学术委员会政治学评议组副组长，国家社会科学基金委员会政治学基金组组长，中国政治学会副会长，北京市政治学行政学会会长，中国世界民族学会副会长，中国欧洲学会理事，香港《中国研究》学刊主编，国际政治科学协会（IPSA）执行局委员、理事，《中国大百科全书·政治学卷》（国际政治分卷）主编等。

赵宝煦教授一直很重视学术的国际交流和跨区域交流，认为交流是文化和学术发展的规律，不能固步自封，自我封闭。1981 年以来，他曾赴二十多个国家和地区访问、讲学和参加学术会议，也邀请和接待过众多境外著名学者的来华访问。每次出外访问，他都要深入了解研究当地政治学和国际政治学的发展以及学术成就，积极介绍中国政治学研究的进展以及中国改革开放的成就和问题，澄清外人对中国各种不准确的印象和认识。他是改革开放后第一个“走出去”的中国政治学学者，曾被国外称为“第一位在国外讲授当代政治的中国学者”。他是改革开放后开辟中国与国外学术交流的重要使者，在促进中外学术交流和加强与各国人民相互理解方面做了许多有成效的工作。他也曾两次访问台湾，为两岸的学术交流和文化沟通作出了实质性贡献。

在 65 年的从教和治学生涯中，赵宝煦教授从不以营造个人象牙塔为荣，始终将自己的学术人生与国家的发展联系在一起。他坚持以马克思主义的理论和方法为基础，兼收当代世界政治学的优秀成果，将其学识和研究热情灌注在与中国的政治和社会发展相关的理论和实际等问题方面。无论是著述还是演讲，他“文以载道”的强烈使命感溢于言表，无论是辉煌还是坎坷，他都以永葆的一颗赤子之心投入到大量脚踏实地和富有成效的实际工作之中，展现了老一代优秀知识分子的高尚品质和精神魅力。他立足国情，胸怀世界，敏于学术前沿变化，善引风气之先，为当代中国政治学的建设和发展作出了卓越的贡献。

赵宝煦教授博学多艺、融贯中西，但他以天下为己任，淡泊名利、所求唯真。他的人生经历传递给我们的是这样一种精神的品质和人格的魅力：历经坎坷而不坠青云之志，享誉中外而不失质朴之心，先天下之忧而忧常怀时代之激情，后天下之乐而乐永不失儒雅之风。他的学术人生为我们树立了学习的榜样。

祝赵宝煦教授健康长寿!

编委会

2011 年 10 月 31 日

赵宝煦先生九十华诞
暨从教六十五周年庆典

2011 年 11 月 6 日，北京大学为赵宝煦教授 90 华诞暨从教 65 周年举行隆重庆典。应邀到会者有国家相关部委领导，中国政治学会、中国管理学会、全国高校国际政治研究学会的领导，北京大学、复旦大学、南开大学、中国政法大学、黑龙江大学校领导，全国三十多个兄弟院校的领导和代表，以及赵宝煦先生的海内外朋友、政治学界同仁和门生弟子等三百余人。赵宝煦先生因出院不久，受医嘱所限不能到会，特以视频方式向到会来宾表达致意，并由夫人陈司寇老师代为出席与嘉宾见面。

庆典大会由北京大学政府管理学院党委书记周志忍教授主持。北京大学党委书记朱善璐同志、复旦大学副校长林尚立教授、北京大学国际关系学院党委书记李寒梅教授、北大校友会副会长沈仁道同志、文化部部长蔡武博士、教育部副部长郝平博士先后致辞和发言。赵宝煦先生的夫人代表赵先生即席发言作为答谢。

庆典大会上，全国政协副主席罗豪才先生与陈司寇老师共同为赵先生的铜像揭幕。

庆典大会会场

北京大学党委书记朱善璐同志致辞

尊敬的罗豪才副主席，尊敬的各位领导，尊敬的各位来宾和我们的校友，尊敬的老师们、同学们：

大家下午好！

今天我们欢聚一堂，隆重庆祝赵宝煦先生九十华诞暨从教六十五周年。首先，我谨代表北京大学党委和学校行政，代表学校的全体师生员工，向赵宝煦先生表示衷心的祝贺，并对应邀出席今天活动的各位领导、来宾和朋友们，表示最热烈的欢迎和感谢！

赵宝煦先生是北京大学政治学资深教授，是我国政治学和国际政治研究领域的著名学者和学术活动家。由北京大学政治学系毕业后，赵宝煦先生六十五年如一日，始终根植北大这片沃土，毫无保留地奉献着自己的青春和智慧。他以高度的历史责任感、敏锐的学术洞察力和极其旺盛的研究活力，为当代中国政治学的恢复重建和开拓发展做出了重要的历史性贡献。1978 年，重新担任国际政治系系主任以后，赵先生响应邓小平同志“中国政治学研究要赶快补课”的号召，主编了第一部以马克思主义为指导的政治学原理教材，主持建立了全国第一个政治学理论博士点和国际政治博士点，培养了中国第一批政治学理论博士研究生，第一个代表中华人民共和国出任国际政治科学协会执行局执行委员。先生的学术地位和对学科发展的贡献得到广泛的承认和高度的评价，在国内外产生了广泛影响。赵先生培养的一大批优秀人才，也在国家建设的各个领域发挥了重要作用。

北大党委书记朱善璐同志在庆典大会上发言

作为富有时代感和使命感的学术活动家，赵先生在国际交流方面也做出了重要贡献，先后赴二十多个国家和地区进行学术交流，宣传中国政治科学的发展进程，宣传我国改革开放政策和建设中国特色社会主义事业取得的成就，向世界展示了稳定、友好和开放的中国。在积极推进国际交流的同时,赵先生在促进海峡两岸的学术交流方面,也做出了重要贡献。现在虽然赵先生已经是耄耋之年,却仍然以极大的热情关心北京大学的建设和政治学科的发展。

回看赵先生的治学施教历程,我们要衷心感谢他带给我们的宝贵财富。他立志把毕生心血献给祖国的爱国情怀,他利用一切机会为新中国政治学奔走的国际视野,他永不懈怠始终追逐学术尖端的创新意识,他甘为人梯培养新人的坦荡心胸,他恬淡质朴执着率真的人生态度,都集中展示了北大老一代知识分子的高尚品质和精神魅力。从他身上,我们能体会到北大精神。

我们感谢赵先生六十五年来为政治学界做出的杰出贡献,感谢赵先生六十五年来为北大赢得的荣誉,衷心祝福先生寿诞快乐,健康长寿。同时也希望全校师生以赵先生和老一辈知识分子为榜样,牢记党和人民的嘱托,肩负起民族的重任,深刻认识到我们北京大学在为国家振兴、民族繁荣、社会进步、科学发展和创建世界一流大学的进程中,应该肩负的历史责任和时代使命。要发扬爱国、进步、民主、科学的光荣传统,和勤奋、严谨、求实、创新的优良学风,脚踏实地、奋勇开拓,为早日把北大建设成世界一流的大学,为实现中华民族的伟大复兴,做出北京大学和北大人的更大贡献。

最后,我代表全校师生,再次向赵先生致以崇高的敬意,祝先生健康长寿,学术之树常青!

谢谢各位领导、各位来宾,谢谢大家!

复旦大学副校长林尚立教授致辞

尊敬的赵先生、师母，尊敬的朱善璐书记，尊敬的各位领导、各位来宾：

今天，我们欢聚在美丽的北大校园，共同庆祝我们敬爱的赵先生九十华诞暨从教六十五周年，我谨代表兄弟院校向赵先生表示最热烈的生日祝贺，向师母表示最崇高的敬意！

赵先生是新中国政治学建设和发展最重要的奠基者和开创者。改革开放伊始，先生凭借其雄厚的学识积累和对中国政治学事业的一腔热忱，身先士卒地投入到中国政治学的恢复和重建工作中，先生写的第一本《政治学概论》，好似一股春风，吹遍祖国大地，使政治学在各地如雨后春笋，竞相迸发。我们这些兄弟院校有今天的发展，都得益于赵先生当年的春风化雨。一个人的力量是有限的，但能够掀开历史新篇章的人所产生的影响是无限的。赵先生就是这样的贤人。

中国政治学一路走来，艰难曲折。作为开拓者，赵先生一直以其对事业和理想的无限忠诚，凝聚着全国各地的院校和学者不停地跋涉与努力。在困难的时候，先生伸出援助之手；在迷茫的时候，先生振臂一呼；在前进的时候，他全心呵护鼓励。先生不仅激活了中国政治学，而且给这个年轻的学科和团队注入了一个永恒的精神：为学，求真理；为政，谋天下；为人，行仁善。先生是中国政治学的一面大旗，挥舞出中国政治学的灿烂天地，引领出中国政治学发展的正确方向。

先生是在宏大的时空中推进中国政治学的建设和发展的。从时间的维度，先生考虑的是中国政治学的百年大计，所以，先生总是从实现国家兴盛、民族崛起的高度考虑中国政治学的责任与担当。先生不仅关注学科发展的科学性和专业性；而且关注年轻人的培养和成长。在每年举行的全国政治学年会上，先生都会以其深刻的学术洞察力和学科判断力给全国政治学界以新的启示，都会以其不息的学术激情和宽厚的学术心怀，给年轻学者以鼓励和教诲。先生一直认为只有人才辈出，

复旦大学副校长林尚立教授在大会上发言

百花齐放,中国政治学才会创造辉煌。从空间的维度,先生在恢复中国政治学之初,就开始身体力行地推进中国政治学的国际化历程。八十年代初,先生就带领年轻的王沪宁教授参加国际政治学年会,打开了中国政治学走向国际舞台之路。这么多年来,先生通过国际讲学,论著发表,学术交流,不断地向世界学者介绍中国的政治建设,传递中国政治学研究的最新成果。先生的努力,使中国政治学在三十年后的今天有了真正的国际地位和世界影响。

我是新中国恢复政治学后的第一届本科生,是先生的著作将我引进中国政治学领域的。我的老师以及我老师的老师,都得益于先生的教诲和帮助。所以,我虽然没有在先生门下求学,但我还是从先生给我的教诲,以及先生给我老师以及我老师的老师的教诲中,悟到了学问之真谛,做人之真性,为国之真情。先生不愧是国之大师。

今天是先生的九十华诞,作为晚辈,我们送给先生的生日的最好礼物,就是我们对先生开辟的中国政治学事业的忠诚和执着;这份礼物,不仅来自我,也来自全国各地的兄弟院系。我们在深深感激先生的同时,也无限地祝福先生。

再次祝先生生日快乐,祝师母健康幸福!

北京大学国际关系学院党委书记李寒梅教授致辞

尊敬的赵宝煦教授，

尊敬的各位领导、各位嘉宾，老师们、同学们：

大家好！

深秋时节，欢聚北国燕园，隆重庆祝我国著名的政治学家、国际政治学家、教育家赵宝煦教授90岁华诞和执教65周年。这既是分享先生鲐背之年的快乐，更是回顾先生九十载人生岁月的一次宝贵的精神之旅。

赵宝煦教授从出生到大学毕业，是中国现代史上艰难与抗争并存、正义与屈辱同在、追求与幻灭交织的岁月，对先生的人生轨迹产生了重大影响。他亲身经受了日本侵略的蛮横和残酷，强烈地向往光明，追求思想进步，积极投身于民族解放的社会实践。1942年，他摆脱羁绊，离开沦陷区北平，几经辗转漂泊，来到进步思想摇篮和学术圣地的昆明，成为西南联大的一名学生。在老一辈学者的悉心教导和人格魅力的吸引下，他最终选择政治学专业，先后成为张奚若、钱端升、吴恩裕等著名学者的学生。这既是他一生学术道路的抉择，也是他自觉承传中国优秀知识分子精神品格和文化血脉的新的开端。

建国伊始，现实政治中每一次细微的变化都影响着中国政治学的命运。无论是阳光普照，还是波澜起伏，先生始终保持一个学者的醇正本色，力所能及地守望着学术研究的田园。在1948年后马列主义教研室和1960年北京大学恢复政治学系后的工作中，先生尊重科学，清醒观察与思考中国政治社会，在当时条件下为学科建设做出了重要贡献，他的开放思想和严谨学风也深深影响了当年的学生。

北大国际关系学院党委书记

李寒梅同志在庆典大会上发言

1964年，根据毛泽东主席批示的关于加强外国问题研究的文件及党中央的指示精神，北大政治系改名为国际政治系，并成立了亚非研究所。赵宝煦教授先后担任国际政治系副系主任和系主任,兼任亚非研究所副所长和所长。为国际政治学系和亚非研究所的建立和发展付出了巨大的心血。“文化大革命”阻断了这一良好的开局,也无情剥夺了先生十年的黄金岁月。“文革”结束后先生虽已年过花甲,但毅然重新担任系主任,并参与筹备成立了北大同中国社会科学院合办的南亚研究所,开启了学术历程中重新焕发青春的重要阶段。

在邓小平关于中国政治学研究要“赶快补课”的号召下,从师资队伍的形成到学科规范的建立,从图书资料的收集编纂到教学科研的加强,先生全面主持和推动了国际政治系和亚非研究所的各项工作。1982 年,他受国家委托主编出版了新中国成立后的第一部马克思主义政治学教材《政治学概论》;1983 年,中断近 20 年的政治学专业在国际政治系正式恢复,这一专业成为北大政府管理学院的前身;1983 年和 1985 年,全国第一个政治学博士点和第一个国际政治博士点先后建立,先生成为为数不多的政治学和国际政治学双学科博士生导师。为了适应改革开放的形势,针对教条主义长期盛行的局面,先生力倡实证研究,并在 1988 年牵头成立了跨学科的综合性学术研究及咨询机构——北京大学中国国情研究中心,成为国家进行社会调查和战略决策的重要支持。

赵宝煦教授当之无愧地是促使中国政治学与国际政治学面向世界的开风气之先的学者。从 1981 年开始,先生先后到美、德、日及其他二十多个国家和地区进行访学和考察。他一方面注意学习总结外国经验,为提升中国政治学和国际政治学的水平提供借鉴;另一方面,他本着对国家和民族高度负责的态度,以学者的理性方式,对外介绍中国政治学研究的现状和问题,特别是改革开放以来在建设中国特色社会主义的理论与实践方面取得的巨大成就,澄清各种不客观的认识和印象。他还三次访问台湾,为海峡两岸的学术交流和文化沟通做出了实质性贡献。先生的这些努力和付出,使他成为中国政治学和国际政治学界在国际学术界具有代表性的著名学者。1985 年,先生当选为国际政治科学协会的第一位中国的执行局委员和理事,标志着我国政治学科国际地位的显著提高。

赵宝煦教授的学术活动始终建立在扎实研究的基础上,他以饱满的热情和强烈的现实关怀不懈地投入学术创造中。先生的著述包括:《中国公共政策》(英文版)(合著)、《台湾之未来论文集》;主编书籍《跨世纪的中美关系》、《国情调查与思考丛书》、《21 世纪高校教材译丛》、《MPA 文库丛书》、《国际关系理论前沿译丛》等。他撰写的代表性论文如:《论中国统一和中美关系》、《论中国政治体制改革中的横向分权与纵向分权(德文版)》、《说人间佛教(英文版)》、《论主权原则与台湾地位》、《“和为贵”、“中庸之道”与“武士道”精神—关于日本政治文化的思考》、《政治转型:从人治到法治》等,都受到学界、政界的广泛关注。

赵宝煦教授始终以教书育人为乐。在他退休之前,国际政治系的学生没有人不曾聆听过他那循循善诱、春风化雨般的授课。先生除了广播真知,还先后亲自指导了政治学和国际政治学两个学科的数十名硕士生、博士生,为两大学科的进一步发展准备了骨干力量。除了在北大的工作之外,先生还兼任过中央社会主义学院副院长、国务院学位委员会政治学评议组副组长、国家社会科学基金会政治学基金组组长、中国政治学会副会长等职务。在每一个岗位上,他都紧紧围绕学术建设和人才培养两个中心,以高度的责任感和谦虚谨慎的作风,团结同仁,埋头工作,他的思想成就和学术贡献得到了国内外的广泛颂扬。

赵宝煦教授被称誉为兼具经师和人师风范的一代知识分子的典型。他一直念念不忘青年时代曾深刻影响过自己心灵世界的两本书:其一是屠格涅夫的散文诗集《门槛》,其二是刘义庆的《世说新语》;前者激发了他殉道者式的执着,后者涵养了他自然率真的性情。因执着而坚忍不拔,任自然而宽厚通脱,这正是先生身上体现出的中国传统文人的弘毅和儒雅。作为一位现代政治学领域的教育者和研究者,特别是生活在这样一个社会生活剧烈变动、政治生态错综复杂的时代,先生的深邃高远和勇于担当让我们一代又一代的学子深受感动和激励。在先生身上,传统与现代、东方与西方、学问与人生、道德与文章互相滋养,相得益彰,达到了几近完美的统一。从八十年代以来,在社会各界的视野中,赵宝煦先生和季羡林、侯仁之、金克木等先生一道成为北大名师学术高度和为人风度的典范和象征。

今天,我们怀着欣悦的心情迎来了先生的九十华诞,这曾是我们一直真诚期待的日子。这些年,先生一路走来,一面调养身心,善待自然,多所创获;一面追昔励今,笔耕不辍,屡成佳篇。这种豁达和雍容,让我们这些弟子、弟子的弟子、弟子的再弟子,更加敬慕和感慨。我们十分贪恋和依赖赵宝煦教授高风亮节濡染下的生活,愿在此表达北京大学国际关系学院、政府管理学院、政治发展与政府管理研究所、中国国情研究中心全体师生的共同心愿——恭祝先生健康长寿,憧憬先生在期颐之年再创辉煌。

谢谢大家!

北京大学校友会副会长沈仁道同志的发言

尊敬的罗豪才主席,尊敬的朱善璐书记、北大校领导,
尊敬的各位朋友、各位来宾、同志们:

今天宝煦老师的海内外朋友、政治学界的同仁、他的众多门生弟子以及家人,齐聚于此庆贺宝煦老师九十大寿和他从教六十五周年,表达对他的尊敬和爱戴之情。尽管由于他刚刚出院、身体欠安,不便出席今天的会议,但是他依然是耳聪目明、思维清晰、热情满怀、身体正在康复之中。作为北大的资深教授,当代中国著名的政治学家,他的健康长寿对于北大的声望和学术地位,对中国政治学的建设和发展都是很有影响的。今天我们在此隆重聚会,既是表示对他的隆重祝贺,更是一次向他学习的绝好机会。

宝煦同志早年入党,长期接受党的培养和教育,也挨过批判和斗争。暖春、炎夏、金秋和寒冬,酸甜苦辣他都经历过,这也就造就了他许多可贵的品质,是非常值得我们学习的。我是宝煦老师的学生,毕业以后又有幸在他领导下的国际政治系工作。他既是良师又是益友,在和他长达半个多世纪的交往中,我有个深刻的感受:他一生追求真理,向往自由,珍爱民主,倡导法治,特别是在改革开放以后,期盼能在中国共产党领导下,在经济体制改革深入发展的同时,能够积极地推进政治体制改革,把中国建设成为一个民主与法治、社会主义的强大国家。对此,他身体力行,不管是处于顺境还是逆境,都一如既往。因此,我觉得我们要学习他追求科学和真理的执着的精神。

北京大学校友会副会长
沈仁道同志在庆典大会上发言

宝煦老师学才深厚、多才多艺、诗文书画俱佳,一生可谓成绩斐然、硕果累累。熟悉他的人都不难发现,他一生当中最重要最突出的成就,不是在他年富力强的青春时期取得的,而是在他晚年,即六十岁和九十岁之间取得

的。因为这个时期，国家的政治环境比较宽松，特别是这个时期他所从事的以政治学为重点的各项事业，党和人民有需求，又与他的人生追求和价值观非常吻合，所以这个时期他十分积极，其积极的程度令许多青年学者都十分惊叹。因此我觉得他那种不畏难、不服老、不保守，始终开拓创新、拼搏进取的顽强风格是特别值得我们学习的。另外我觉得宝煦老师那种精细、严谨、求实的治学态度，那种正直、宽厚的高尚品质等等方面也是使我们这些后辈收益匪浅，值得学习的。

今天我们大家都有一个共同的心愿，即希望赵宝煦老师健康长寿，能够一如以往地在完善和发展中国政治学，推进中国政治体制改革方面，在完善和发展国际政治教学与研究方面，与日生辉，继续给我们以教诲和指导。最后衷心祝愿宝煦教授和他的夫人福寿康林，祝他们全家幸福，也祝在座各位工作顺利、万事如意。谢谢大家！

文化部部长蔡武同志的发言

各位老师、各位朋友，刚才沈仁道老师讲的一个观点非常有意思。他说，赵老师最重要最突出的学术成就的取得是在他步入晚年的时候，也就是在他六十岁到九十岁的时候步入一个辉煌的时期。我非常同意这个观点。

赵老师的学术生涯六十五年，其中有三十三年，我们有幸和赵老师联系在一起。1978 年，我作为国际政治系恢复以后的第二批学生，进入北大国政系，当时赵老师是系主任。因为特殊机缘，当时系里面对我们这批经历过"文化大革命"的老学生格外地关照，我们学习也很努力。在赵老师、当时我们国政系的张汉清老师、沈仁道老师以及在座的很多老师的教诲下，我们这批人度过了非常难忘的大学本科生涯。我毕业以后留校，又留在系里面，有幸和赵老师在一个党组织，我们一个党组织当时参加学习班也在一起，更加亲身体会到赵老师的教诲。1990 年，我在工作一段时间以后，感觉到还需要继续加深学习，所以我申请在北京大学继续读硕士研究生。当时我报的是张汉清老师的硕士研究生，张老师和赵老师一商量，告诉我说："你不要读硕士了，直接读博士吧，同等学力，我们来推荐。"后来赵宝煦老师作为专家，推荐我以同等学历报考张汉清老师的博士生。我有幸成为张老师的学生，又在北大读了将近四年半的时间，因为我是在职攻读，是延长学制，读了四年半。1995 年，我获得了北京大学国际政治系的博士学位。此后，因为工作的原因，我曾经和赵老师有过多次直接的接触。因为大家知道我是北大国际政治系毕业以后沾光，因为说学国际政治毕业的，调到一个新的单位后，说"你就从事对外工作吧"。所以，这样我有幸在外事战线工作了整整二十五年。由于从事外事工作，所以有很多关于国际政治的问题、国际形势的问题，和我的导师们、和赵老师有过非常深入的一些请教和讨论，受益匪浅。这次纪念赵老师九十华诞和六十五周年学术生涯，一个月以前校友部通知我说有这个

文化部部长蔡武同志在庆典大会上发言

活动，我无论如何要来参加一下，表达我的一些想法、一些愿望。

赵老师给我印象最深的，或者说对我影响最大的，我想是两个方面。一个方面是赵老师的学术生涯、赵老师的学术成就。大家刚刚都讲了 1978 年，我们国家恢复了政治学科，赵老师是第一个在恢复我们政治学科上面做出重大贡献的。赵老师当时的《政治学概论》这本书，成为我们的热读，我们当时同学人手一册去读它。赵老师在国际政治学方面的造诣，我们大家都十分景仰。我记得我们读本科的时候，国政系有个非常重要的学术活动，就是每个月都聘请一个专家，来给我们做一场国际政治的讲座，赵老师为我们主持。当时听了很多非常著名的国际政治专家、学者的教诲，给我们的影响是非常大的。在这个学术生涯中间，赵先生是北大知识分子的一个典型代表。他的一个特点，是永不保守，一直与时俱进，敢为天下先，这是给人留下的一个非常深刻的印象。他既是非常传统的，因为他继承了我们中华民族、我们北京大学的非常优良的传统，同时又是非常现代的，他总是与时俱进的，总是永不停滞的。这个影响对我们非常大。

第二个非常大的影响是赵老师的为人。赵老师的这种温良恭俭让，中国知识分子道德文章的这个典型，对他学生的影响是极其之大的。我想赵老师在这个方面可以说是三个特点：一个是讲真话，不讲违心的话；第二是办实事，不做虚妄的事；第三是做好人。我们要把这些当做我们自己的座右铭，就要能够继承赵老师的事业，能够为赵老师的政治理想，为赵老师的学术理想，能够为我们整个中华民族的复兴，为我们建设社会主义的文化强国，来努力，来报答我们的老师，报答北京大学对我们的养育和教育。我想，从李大钊、陈独秀一直到今天，以赵老师为代表的北大老师们，我们一定是比肩担道义、妙手著文章，把北京大学的传统继承好，把我们所从事的事业做好。只有这样，我们才对得起母校的培养，对得起老师的教诲。

在此衷心地祝愿赵先生健康长寿，祝愿北京大学繁荣发展，谢谢大家！

赵宝煦教授夫人陈司寇老师在庆典上的答谢辞

同志们好！今天，其实呢，站在这儿讲话的不应该是我，而应该是宝煦同志。但是他今天病了，不能够来，那么对这次大会来讲是一件非常美中不足的事情，对他本人来讲也是一个很遗憾的事情。那么昨天晚上告诉我他让我来参加这个会，本来我没有打算参加这个会，他80岁的时候我就没有来，所以90岁呢，我也不打算来。两个礼拜以前，他估计他自己可以来参加这个会，所以他就问我，他说你去吗？我说我不去，我说让孩子们陪你去吧。他没有表态，可能不那么高兴吧，但是没有想到我今天真的代替他来参加这个会。

我昨天晚上简单地回顾一下，宝煦同志的这一生所走的道路还是比较曲折的。在这个整个的曲折的过程里面，他有两个（时期）处在一个非常低的低谷里。一个低谷就是在抗战时期，那时候，他在沦陷区北京，偷偷地离开了北京，和几个人到大后方去，作为一个流亡学生，到处流亡。流到重庆的时候，他跟我说重庆的时候很困难，生活上非常困难，那么困难到什么地步呢？身上的所有的钱加在一起只够买两个桃。我说那你怎么办呢？他说我就吃这两个桃过了一天，那即是他在经济生活方面处在一个非常低的低谷。但是后来在他政治生活里面也处在一个低谷。解放之后，知识分子都要思想改造，刚开始，是和风细雨地进行自我思想改造，那么这一关他很快地就过去了。但是不久之后，一个狂风暴雨似的运动把他卷入到里面去了，这个运动几乎摧毁了他整个的人生，所以在那个时候他真的是在政治上走到了低谷。

改革开放以后，他紧紧地抓住了当时的形势，奋勇地在自我发展的道路上努力地工作，经过多年的磨练之后，的确开了花也结了果。这时候，美国有一个大学请他做客座教授，要去一年，在这一年里面呢，这个学校就经常派他到美国各个地方参加学术活动，后来作专题报告。有一次他从纽约参加完活动之后，他就很有感慨地跟我说，说你知道吗？我在国际上的威信比在国内要高，我在国内的威信要比在北大高，我在北大的威信要比在家里高。其实呢，他这种比（喻）很不适当的大家都知道，家庭它不是一个研究机构，它是一个生儿育女啊、穿衣吃饭、教育子女的这么一个社会的基层单位，所以它没有办法来去肯定你的成果怎么样，而且我们也不懂，说实在的。

但是昨天晚上我回想到这一段的时候呢，我感到是不是可以从另一个角度来考虑这个问题。那就说他在改革开放之后,经过不断的努力,开花了结果了,而得到不同时间、不同空间、不同程度的肯定,是不是可以说明这么一个问题,所以呢我就想到了,这种肯定对他来讲还是很难得的。作为一个普通人来说,得到这样的肯定是不多的,不管在国际、在国内,在校内也不是很多,所以他自己应该感到很欣慰的。

赵宝煦先生的夫人陈司寇

另外一个方面,经过疾风暴雨之后,我曾经跟他说,你是不是要换一个单位,不要在北大了,离开北大吧,换一个环境可能心情更舒畅些。但是他跟我想的相反,他说我不,我不换,我在北大摔倒的,我要在北大站起来。他说我是在北大毕业的,毕业之后我留在北大当助教,一直到今天,最了解我的人是北大(人),所以我必须要在北大干着,我不去任何单位。后来我想想他的话有一定的道理。咱们不是常常说,在哪儿跌倒在哪儿爬起来吗,是不是?所以我后来我想一想,这还是有一定的道理的,就这样一直留在北大。

同学们,他这个人呢,是非常聪明的一个人,也很用功,兴趣也很广。说他聪明到什么程度呢?我举个例子跟你们说,我们在大学念书的时候啊,都有好多的男男女女同学在一起,有的男同学会给女同学写情书什么的。在我们那一拨人里面呢,有一个男同学给一个女同学写了一封追求的信。这封信啊我们都看了,我们看完了也就算了,谁还记得他的信的内容啊。可是他,你猜怎么样呢?当着这两个同学的面,把那封信一字不落地背下来了,那么当时那两个同学非常尴尬的。这就说明啊,这个人啊他脑子很好,记忆力也特别强。而且他的兴趣呢也特别广泛,对中国的文史他都有一定程度的了解,另外他对画画、他对写诗、他对写字也非常爱好。他一直到前天还在为同志们写字,我说算了,你应该休息休息吧,他说我不能休息,我这都是该着人家的账,已经好几年了,我要还,总得慢慢地还。可是就我说的,到今天可能他也没有还完,大概也看了当前的情况,他可能还不了这笔账了。

而且这人啊,性子啊是非常善良的,很善良。他对所有的人啊都尽可能地去帮助别人,可以说是有求必应。上次有一个同志就说了——我告诉他了他还不高兴——一个同志跟我说，他说赵宝煦啊，他敌友不分，对谁都那么好。所以啊，他只要有人求他，不管是认识的或者不认识的，通过中间人介绍过来的，他都尽最大努力地帮助。尤其是有一阵子这个留学的风气特别盛，找他写介绍信，哎呀他堆在那，挤时间给人家写。我就跟他讲，我说你呀是不是有些你应该拒绝一下，就不要答应了。可他怎么说呢？他说我不能拒绝。我问为什么？做这个证明我对大家还有用，这也是我的一种乐趣。所以他就一直都是对任何人的要求有求必应这么一个人。

从这儿说起来呢，这些都是过去的事情了，已经成了故事了。那么今天，现实里面，他已经走到人生旅途的最后阶段，而且这最后阶段一段路走起来非常非常地艰巨，也很辛苦，而逐渐地增加痛苦，所以看起来形势有些那个什么。这是一个自然规律，谁也不能违背，谁也不要想去违背它。在这种情况下，我觉得他应该很欣慰，欣慰什么呢？就是说他可以告诉他的朋友、他的同志、关心他的一切的人，说一声我没有虚度年华。这一个没有虚度年华的这一件事，对我们大家来讲真的很重要，但是真正做到这一点也不是那么很容易的。所以他，我觉得他应该自己感觉到欣慰了。

另外我就讲到我这个人不喜欢参加像这样大型的活动，我也不习惯，所以他80岁的生日我就没参加，他参加的一切活动我基本上也不参加。为什么呢？我不习惯，我也不喜欢。但是这一次我来了，而且不但参加活动而且发了言。为什么？我觉得喜欢习惯是一回事，应该是另外一回事。他不能来，我应该代替他来，代替他来干什么？特地来谢一谢大家。我知道今天到会的有北大的新的旧的领导，对他们来讲时间是很宝贵的，他们能够在繁忙的工作中挤出一点时间来参加这个活动，我感到非常地感谢。另外就是组织、安排、策划这次活动的同志们，还有一些工作的同志们，我也很感谢你们，你们辛苦了！再有就是，从不同的方面远道而来的同志们，你们不辞辛苦地来到北京，聚集到一起来表达对宝煦同志的生日的祝贺和你们的关怀，我特别地感谢你们，我也很受感动。所以今天，我虽然平时不喜欢、不习惯参加这种活动，但是我觉得我应该来，应该来的目的就是一个，来谢谢大家了。我也希望大家能够接受我对大家的感谢，而且我这种感谢不是形式上的，也不完全是礼节性的，是我出自内心的真正的感谢大家，而且我也很感激他。谢谢大家！

教育部副部长郝平同志的发言

尊敬的各位来宾，各位朋友，老师们，同学们：

大家下午好！

今天，我们欢聚一堂，共同庆祝当代中国政治学的泰斗、北京大学资深教授、我们大家非常崇敬的老师——赵宝煦先生90寿辰暨从教65周年。在此，我代表教育部，也以赵先生弟子的身份，向赵先生表示衷心的祝贺！

今天的庆典是北京论坛的一场特别的学术活动。北京论坛举办八年以来，得到了以赵宝煦先生为代表的一大批学术大家的厚爱和支持。前不久，我得知赵先生住院治疗的消息后，立即赶往北医三院看望。在病榻上的赵先生还非常关心我国教育事业的发展，也关心今年北京论坛的筹备情况，疲劳的他说着说着就睡着了，这使在场的我们都非常感动。

刚才，朱善璐书记代表北大，李寒梅书记代表国关学院非常全面地总结了赵宝煦先生的学术成就，蔡武部长和沈仁道副会长等也都从不同的角度发表了热情洋溢的讲话，特别是赵师母，虽然也已年过九十，亦然不顾秋末的微寒，前来与会，代表赵宝煦教授，向大家表示感谢。赵师母的即席讲话才思敏捷，生动感人，使在场的我们这些弟子甚为感动，深受教育。

下面我想结合赵先生的学术实践来谈谈我对赵先生有关"和"的学术理念的体会和认识。

一、赵先生在国内外政治学界有着崇高的学术地位和重要的学术影响，主要体现在以下两个方面。

1. 赵先生是当代中国政治学和国际政治学学术研究和学科建设的开拓者。先生从教65年来，辛勤耕耘，笔耕不辍，培养了一大批政治学和国际政治学领域的专家学者，为推动这两个学科

教育部副部长郝平同志在庆典大会上发言

的学科建设和学术发展作出了开创性的贡献,也为我国推进政治体制改革与构建社会主义和谐社会提供了学术理论支持。

2. 赵先生是在国外大学系统讲授当代中国政治课程的第一人,在国际政治学界具有广泛的影响。改革开放之后,赵先生在花甲之年远涉重洋,先后出访了欧美、日本、印度等二十多个国家和地区,在美国哈佛大学、加州伯克利大学、前苏联社会科学院、德国柏林自由大学等著名的大学和学术机构发表演讲,积极对外宣传中国改革开放的成就和中国政治学研究的最新成果,为促进中国的和平发展作出了应有的贡献。

二、在学术理念上,赵先生对"和"、对"和谐"有着一以贯之的追求与弘扬。

前几年,代表赵先生学术成就的中文和英文两部学术文集分别在北京大学出版社和北京外国语大学的外研社出版了。两部学术文集的书名都由赵先生本人亲自命名,分别是《政治学与和谐社会》与《和为贵》。两部文集的中心论题是一个"和"字,我认为这集中体现了赵先生的学术理念。

早在1998年,我们筹备美国总统克林顿访问北大并发表演讲的时候,选择一个什么样的礼品赠送给克林顿总统,是个很伤脑筋的问题。为此我专程前去向赵先生请教,也希望他能题写一幅字。赵先生听说我的来意,想了想说,可以写一幅"和为贵"的书法送给克林顿先生。赵先生说,"和为贵"三字出自孔子的《论语》:"礼之用,和为贵。""和为贵"这三个字,凝结了中国人传统的政治智慧,也可以表达中国人民对中美关系和谐发展的期盼。

在2009年赵先生八十七岁高龄的时候,他还用非常漂亮工整的楷书创作"和为贵"主题的书法作品赠送友人。他这样写道:"'礼之用,和为贵'是儒家治国处世之重要原则。提倡和谐、和睦、和平、合作符合构建和谐社会之理念也。"

赵先生临摹唐朝画家吴道子的工笔画《孔子行教像》也非常精彩。我在担任北京外国语大学校长的时候,还特意请赵先生惠赐墨宝。赵先生临摹的《孔子行教像》,一直作为珍贵的艺术品,挂在许多所海外孔子学院里。

回头来想,赵先生为什么创作这样的书画作品?这其中有着非常深刻的内涵,凝聚着赵先生对"和"、对"和谐"一以贯之的追求和弘扬。

三、赵先生的道德文章为同辈和晚辈称赞,不单单是因为他在学术上的成就和贡献,更因为他在为人处世上的表里如一,对后辈学人不遗余力的提携和关爱。

我最初见到赵先生,是在大学毕业留校之后,在一个有关"文化大革命"的研究生专题课上。赵先生以非常令人信服的语言、实事求是的态度对"文化大革命”作了科学的分析和批判，他的讲座给了我很大的启发。课上课下，我经常鼓足勇气向先生请教一些困惑的问题。每一次，赵先生都是认真解答，亲切交谈。听赵先生解惑，我受益匪浅。赵先生还鼓励我们年轻人走上讲台，我在北大讲台上的第一堂课，就是在赵先生的主持下开讲的，这次经历令我终生难忘。

赵先生带领青年教师开展科研。1987 年，赵先生在北大成立了中国国情研究中心并担任主任，他把我和其他几个年轻人叫来做副主任，亲自带着我们确定课题，开展研究，帮助我们在学术上进步。

1992 年，我在夏威夷大学学习时，恰逢赵先生在夏威夷的东西方研究中心作高级访问学者。我与赵先生有了更多近距离接触的机会，并经常聆听先生的教诲。先生鼓励我学好外语、多读经典。

1995 年，我回北大工作之后，又有幸在赵先生门下攻读博士。我先后从事的孙中山革命与美国、北京大学创办历史以及司徒雷登与近现代中国等研究，都得到了赵先生的指点和教导。

今天是赵先生的九十寿辰。赵先生给予弟子们无私的关爱，我们无以为报，只有勤勤恳恳地读书和工作，才不辜负先生的厚爱。

最后，祝赵先生生日快乐、身体健康、万事如意！

好友纪念文章及祝辞

致赵宝煦先生 90 华诞的一封信

丁石孙

宝煦同志：

当我收到关于庆祝你 90 华诞的通知，我一方面感到高兴，因为能活到 90 岁应该说是高寿，我记得在你 80 岁的时候，我写过一篇庆祝的贺信，在我的记忆中印象仍然很深。现在一晃十年过去了，感到时间过得太快。关于你一生中所从事的工作，我不是这一行的，所以可说的事情不多。下面就讲一点我印象比较深的一些往事。

记得五十年代初期，你为我们这些教员开了一门哲学课，讲的是列宁的唯物主义与经验批判主义，我学习是很认真的。当时，这个问题对我很重要。因为解放前后，我花了很多时间来学习你说的经验批判主义，这在当时我正考虑入党的时候，就成为我思想上一个很重要的障碍。列宁的理论对于解决我的这个思想问题至关重要。所以，你讲的课正好解决了我的这个问题，这在我一生中是个重要的转折点。可以说，在这个意义上你是我的老师。

第二件事，58 年初，北大有一批教员到郊区斋堂下放劳动，北大党委任命你为我们这一批下放干部的领导。当时我们的任务是修公路，你一方面在工作时间和我们一起劳动，另一方面在休息的时间你就为我们这批劳动的人画画，而且画得还不错。作为领导，你当时可能也并没有意识到这个事情的重要性，而实际上就拉近了你与我们这批知识分子的距离。在这个情况下，我们有什么思想问题就可以毫不顾忌地跟你讲。这不仅对于我们同志之间的关系而且对后来的工作进展也都是很有利的。

最后，我想重复一下，在你 80 岁的时候，我说过我们的心是相通的，现在我仍然这样想。

丁石孙，1927 年 9 月生，江苏镇江人。著名数学家，1952 年加入中国民主同盟。1944 年至 1947 年在上海大同大学学习。1948 年至 1950 年在清华大学数学系学习。1950 年至 1952 年任清华大学数学系助教。1952 年至 1983 年历任北京大学数学力学系助教、讲师、教授、数学系副主任、主任。1984 年至 1989 年任北京大学校长、教授。历任中国数学会副理事长,北京市数学会理事长。1992年12月当选为民盟第七届中央副主席。1994年7月任民盟第七届中央常务副主席。1996年11月当选为民盟第七届中央主席。1997年10月当选为民盟第八届中央主席。1998年3月任第九届全国人大常委会副委员长。2002年12月当选民主同盟第九届中央委员会主席。2003年3月,在十届全国人大一次会议上当选为全国人大常委会副委员长。是第七届全国政协委员,第八届全国政协常委。

俚句书贺宝煦教授九十华诞

夏书章

常言七十古来稀
而今九秩不为奇
南北依旧同声应
耄耋转瞬到期颐

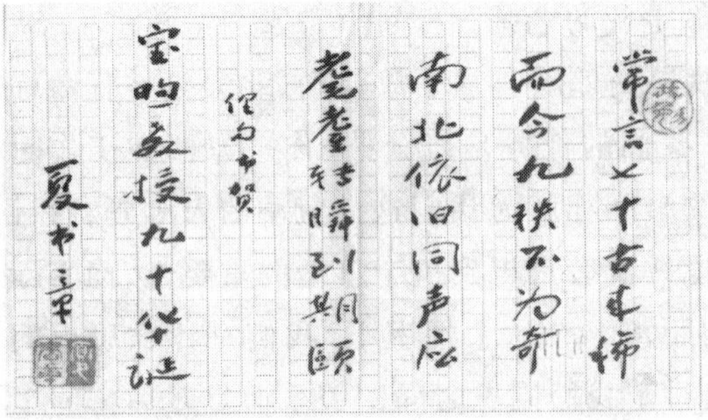

夏书章,生于1919年,江苏高邮人。我国著名行政学家,中国当代行政学的主要奠基人,“中国MPA之父”。早年毕业于原国立中央大学(1949年改名南京大学)法学院政治学系和美国哈佛大学管理学院(今肯尼迪政治学院)。回国后,在江苏学院任教一年,自1947年起任中山大学教授至今。现任中山大学政治与公共事务管理学院名誉院长、教授、行政管理专业博士生导师,教育部人文社科百家重点研究基地——中山大学行政管理研究中心名誉主任、教授,中山大学行政法研究所名誉所长,兼中国行政管理学会副会长,中国政治学会、中国老教授协会顾问,广东老教授协会名誉会长,武汉大学政治学系名誉主任,武汉华中科技大学公共管理学院、浙江财经学院法学院名誉院长,汕头大学、江汉大学名誉教授,中国政法大学、南京大学兼职教授等。

敬贺赵宝煦教授九十华诞

何兆武

差不多已经是七十年前的往事了，我在西南联大新校舍校园里，第一次听到了一个清脆的声音，而且是极为纯正的北京音。聆听之下不禁大大触动了我的神经，因为这正是我所熟悉的乡音。我祖籍虽是湖南，但生长在北京，自幼所习惯的正是北京话，更何况当时正值烽火连天抗日战争中在后方逃难的岁月，聆听之下，遂顿有万里他乡遇故人之感。后来我知道他就是赵宝煦同学，是政治学系的高材生。因为我们不同系，所以接触不多。当时我妹妹亦在西南联大就学，她有一个相熟的女学生似乎和赵宝煦先生熟识，所以我不止一次听我妹妹谈到赵宝煦先生。

有一天我去一个同学处看到了一幅水墨工笔画“仕女图”，上面题词为唐诗“天寒翠袖薄，日暮倚修竹”写杜工部诗意。我不懂绘画，但印象是此画系出自方家之手，功底深厚，并非玩票者之流所能及。及至看到题词，始知是出自宝煦先生的大手笔，当时不禁深深萌发一种敬慕之感。

当时正值抗日战争年代，青年学子们始终是关心国家大事的。随着国民党当局思想专政的强化，青年学子们的抗议声音在校园的各种壁报上也越发活跃。在国民党的全国代表大会期间，有一次我在一份壁报上看到了一幅漫画，画的是一位国民党的名教授，脚踏着他的大作正在攀登官场的阶梯，使人一望而知其人及其走上登龙的捷径。这幅漫画足以称之为反映当时青年一代人的热情的一幅代表作，可以传之不朽。而此画的作者非他，正是赵宝煦先生。先生的正义感和勇气正是时代精神的反映。

解放后，宝煦先生一直在北京大学主持国际政治研究，硕果累累，享誉士林。我的工作在城里，很少有见面机会。近年来偶有见面机会闲谈，聆听先生一些傥论，仍使我钦佩不已。今幸正值先生九秩大寿，仅聊缀数语如上，为仁者寿。

2011年9月清华园

何兆武，原籍湖南岳阳，1921年9月13日生于北京。1939年考入西南联合大学,1943 年毕业于西南联大历史系,1943 年至 1946 年在西南联大外文系读研究生。1956 年至 1986 年任中国社科院历史研究所助理研究员、研究员。1986 年至今任清华大学思想文化研究所教授,兼任美国哥伦比亚大学访问教授和德国马堡大学客座教授。长期从事历史理论、历史哲学及思想史的研究和西方经典著作的翻译工作。译有卢梭《社会契约论》、帕斯卡尔《思想录》、康德《历史理性批判文集》、罗素《西方哲学史》等,著有《历史理性批判散论》、《历史与历史学》、《文化漫谈》、《西南联大的那些事》等,口述《上学记》等。

筐

——忆往事兼宝煦同志九十华诞

陈荷夫

熏风裹恓惶,
我俩共抬垃圾筐①。
粪土掺杂物,
仿佛千钧压肩上。
步履蹒跚心惋伤。

熏风裹恓惶,
我俩共抬垃圾筐。
低语互激励:
"努力加餐有力量,
闷热天气不久长。"

熏风裹恓惶,
我俩共抬垃圾筐。
目光悄然云:
"天降灾罹要坚强,
屈辱、诬陷莫悲怆。"

---

① "文革"初期我俩在一起劳动。

熏风裹恓惶，
我俩不抬垃圾筐。
劳动偶相遇，
相对无言眼神亮。
预感春花将吐芳。

今日和风爽，
我俩又抬一个筐。
才华君出众，
著述文章扬四方。
一代学者人敬仰。

今日和风爽，
我俩又抬一个筐。
关心兴废事，
治国方策往里装。
昔日垃圾变宝藏。

今日和风爽，
我俩又抬一个筐。
特色阳光道，
社会主义不迷茫。
身心越走越舒畅。

今日和风爽，
我俩又抬一个筐。
同为耄耋老[①]，
上不封顶任徜徉。

---

① 宝煦同志小我半岁。

九九华诞我坐庄[①]。

2011年9月12日

陈荷夫，中国社会科学院政治学所研究员。

恭贺赵先生九十华诞

陈哲夫

诗书画堪称三绝，
真善美备于一人。

陈哲夫，北京大学教授，1923年生于河南省临颍县，1949年考入北京大学历史系，1952年参加工作，先后在北京大学中共党史教研室、马列主义教研室、政治学系、国际政治系、政治学与行政管理系、政府管理学院任教，长期从事政治学与行政学的教学与科研，主要专业领域为中国政治思想、行政管理与领导科学。出版的著作（合著或主编）有《二十世纪中国思想史》（上下册）、《现代中国政治思想流派》（三卷本）、《监察与监督》、《中华文明史》等。

领导，良师，益友

李良多

首先恭贺北京大学资深教授、我国著名政治学家赵宝煦老先生九十华诞，恭贺宝煦先生从教六十五周年。

我有幸曾经在宝煦先生的直接领导下工作过一段时间。宝煦先生认真负责的领导作风、对教学工作的严格要求、严谨的治学精神、渊博的学识和高远的视野，都使我终生受益。论年龄，宝煦先生长我三岁，而其闻道也不仅先于我，而且不知要长我多少，高我多少。最近我又拜读了宝煦先生近年出版的文集：《政治

---

① 吃饭“埋单”的意思。

学与和谐社会》，真是宏文一卷。它涉及的面非常广泛，从政治学理论到现实的政治制度和政治实践、从国内到国际、从历史到现实，侃侃而谈，秉笔直书，见解独到，发人深思。宝煦先生理论联系实际的文风特别突出。他非常重视对马克思主义理论的研究，又十分关注对实际情况的了解和分析。他对于国内外的相关历史和现实的资料和研究成果，均了如指掌，如数家珍，随手拈来。我从中深受启发和教益。

"文革"后期，我和宝煦先生曾经同住在一个楼里，即北大七公寓，他住楼上，我住楼下。我常常在晚上的空余时间去他家里向他请教一些问题，有时也话话家常。宝煦先生非常平易近人，总是热情接待，从不摆领导和大学者的架子。宝煦先生喜爱水墨丹青。印象里我见过他画的一幅彩色工笔画《麻姑献寿图》，画面很美。我虽不懂画，但我爱看赵老的画。

"文革"以后，我回到了人民大学，与宝煦先生见面的机会少了许多，但历历往事，尤在眼前。可谓艰难岁月育深情。

宝煦先生曾是我的领导，更是我的良师，还是我的益友。在此欢庆宝煦先生寿诞的喜庆时刻，容我深深一揖，恭祝宝煦先生寿登九秩不云老，更待期颐比山高。

2011年9月18日

李良多，1925年出生。中国人民大学国际关系学院教授，已离休多年。曾于1971年至1980年在北京大学国际政治系任教。

衷心地祝贺赵宝煦同志九十华诞

鲁　毅

在喜迎赵宝煦同志九十华诞和从教六十五周年之际，我谨送上衷心的祝福和崇高的敬意。

宝煦同志长我四岁，以往虽早已慕名，却迟来拜识。在动乱的年代，我任职的外交学院被宣布撤销，1973年，我从外交部五七干校奉调到北京大学国际政治系任教，才与宝煦同志初晤，由此我们在该系相处和共事近八年之久。他热情诚恳，质朴敦厚，谦逊和蔼的为人之道受到教师的尊重和学员的敬爱。

宝煦同志是位德高望重的老教育家，北大政治学的资深教授，国际政治学的著名学者，以及双学科的博士生导师。宝煦同志学识渊博，多才多艺，治学严谨，求真务实，教书育人，孜孜不倦，在我国政治学和国际政治学的教学和科研领域，为学科的建设与发展，为专业人才的培育和造就，都作出了开创性的重大贡献。在其老年仍不辞辛苦，风尘仆仆地奔赴国内外讲学，带头推动国际学术交流，积极宣传我国的学术创建与成就，影响十分广泛。其赤诚的爱国心和强烈的责任感可敬可佩。

我在国际政治系工作期间，多蒙时任系主任的宝煦同志以及其他系领导与教师的热情关照，帮助与支持。后经系领导班子的介绍和推荐，北大任命我为系副主任，校学术委员会委员，还派遣我随中国代表团赴巴黎参加联合国教科文组织届会，我对校、系两级组织的信任和鼓励一直心存感激。1980 年，外交学院复校，我怀着依依不舍的心情离开了北大国际政治系。返回学院任教后，我和宝煦同志在国内学术活动中仍时常接触和交谈。如：同时应邀参加一些单位学位授予的评议，参加博士论文的评审，特别是同被聘为中国大百科全书《政治学》卷的编委，他任国际政治分支编写组主编，我任副主编，参加条目的选定，撰稿和修改审定。在他的主持下，编写组成员都能本着严谨的治学态度，畅所欲言，求真求实，合作得十分愉快。

近几年，我们因年事已高，见面较少，但每逢节日，常打电话互致问候。宝煦同志著述颇丰，他撰写的或主编的学术成果都不忘赠我拜读，我获益匪浅。

在此，我衷心地祝福宝煦同志永葆青春，健康长寿！

鲁毅

2011 年 9 月于外交学院

鲁毅，原名胡惟溥，男，1925 年 12 月生，山东省即墨市人。外交学院教授。山东大学中国文学系肄业，华北联合大学政治学院毕业。1949 年前后为华北大学哲学研究生，中国人民大学外交史研究生。从 1950 年起，历任中国人民大学外交系国际关系史教研室副主任、外交学院中国对外关系史教研室主任、教务处副处长、北京大学国际政治系副系主任、副教授。曾赴法国参加国际会议。外交学院国际关系史教研室主任、教研处处长、《外交学院学报》主编、院党委副书记。曾应邀赴英国考察外交官培训。现为中国国际关系史研究会会长、中国联合国协会理事。长期从事国际关系和外交学等学科的教学与研究工作。曾应邀参编中国大百科全书《外国历史》卷（任国际关系史副主编）、《政治学》卷（任编委兼国际政治副主编)、《外交大辞典》(任编委);还参与编著《现代国际关系史辞典》(主编之一,获学院优秀著作奖)、《外交学概论》(获北京市哲学社会科学优秀成果二等奖)、10卷本《国际关系史》(任副主编兼第一卷常务主编、获中国图书奖)、《新时期中国国际关系理论研究》(任主编之一)。另发表论文数十篇。1992年获国务院颁发的政府特殊津贴和证书。

寄给赵宝煦先生的信

游允平

宝煦兄:

我在十月六日才收到为你祝寿和从教65年庆典活动的约稿,离九月二十日交稿期已过了半个多月,不过,我想这不会影响我对你深深的敬意和由衷的爱慕之心吧!

我想说的不是您在政治学和国际政治研究方面的卓越贡献,而是在与我的交往中,看到你为社会主义新中国的建立,为革命事业忠诚无畏的奋斗精神!

1947年7月我从四川国民党的陆军机械化学校毕业,绕道上海、天津来到北平。在丰台国民党的战车第三团装甲汽车第六营任少尉见习官。因为有左倾思想,追求进步,想到解放区去。经当时在国立北平美术专科学校学习的游允常(我的哥哥)介绍认识你。你竟然不怕我穿着敌军服装,毅然介绍我通过唐山到冀东解放区去。由于我的无知无能,在派回"国统区"工作时,在三河县被还乡团逮捕,关入通县监狱和北平傅作义的集中营(爱国青年第四教导大队)达半年之久。你竟然毫无畏惧毅然留在北平从事革命工作。我从集中营出来之后,你像大哥哥一样带我去理发、洗澡、换衣服,并问我今后怎么打算。我说:"还要到解放区去!"你又介绍我到北京大学当时在沙滩的学生宿舍里,并设法伪造了"国民身份证"第二次送我进入解放区。

北平解放后,我说要参加南下,解放全中国,你鼓励我进入华北大学南下工作团,并支持我参加抗美援朝、保家卫国的战斗。

一九五三年以后,我哥哥已不在北平,你就成了我的哥哥。我转业以后,进入大学,毕业出来工作,直到我也成为一名高等学校的人民教师,这和你几十年来对我的关心鼓励和教诲是分不开的。在此,我对你表示深深的感激!

我也热烈欢庆您的九十大寿和从教65周年的辉煌成就,并祝愿您和全家身体健康、快乐、幸福!

司寇嫂不另,同样健康长寿!

弟　游允平(刘云)

二零一一年十月二十日

游允平,1926年1月13日出生,祖籍福建福州。1948年参加革命,在冀东军区城市工作部从事地下工作,后转到东北人民解放军第13兵团敌工部工作。1949年参加南下工作团,参与了解放海南岛的战役。1950年10月19日参加抗美援朝。转业后于1955年考入中南财经政法大学,毕业后分配到贵州工作,曾任教于贵州大学农学院。1987年转调广东省科贸大学任教。现已退休。

贺宝煦学长九十华诞

马　句

赵宝煦教授1944年至1948年在西南联大、北京大学读政治学系,是我的老学长。西南联大政治学系系主任是张奚若,北大、清华、南开大学三校,最强的教授钱端升、崔书琴、吴之椿、邵循恪、赵凤喈、罗隆基、王赣愚等在联大政治学系开课。张奚若讲政治学、西洋政治思想史;钱端升讲比较宪法、中国政府;崔书琴讲国际法、国际关系;邵循恪讲外交学、中国外交史等。在教授阵容、课程设置和教学水平方面都居于国内大学之首。北京大学复校后,钱端升任北大政治系主任,崔书琴、吴之椿、楼邦彦、龚祥瑞、吴恩裕、王铁崖等教授在北大开课。张奚若、钱端升教授愤世嫉俗,在昆明和北京都抨击国民党政府的专制和腐败。张奚若公开反对国民党一党专政和蒋介石个人独裁。在北京,他们二位都支持北大、清华两校的爱国学生运动。宝煦学长在两校政治学系学习4年,1948年7月毕业,因学习成绩优良,钱端升系主任亲自留他在政治学系作助教。

宝煦学长在校参加爱国民主学生运动,既积极又稳重,1947年5月20日北京学生成功地举行了反饥饿反内战大游行,沉重打击了美蒋反动派。北大有些"左"倾同学在胜利之后头脑发热,竟以华北学联名义公开发动六月二日全国罢课、罢工、罢商,进行大游行。宝煦学长立刻认为这样做很不讲究策略,这会使国民党政府事先防范，加以镇压。他的意见告诉了政治系助教吴惟诚（地下党员），北大地下党总支部知道后完全赞成宝煦学长的意见，立即说服华北学联的负责学生，加以阻止。六月二日那一天，北平学生没有上街游行，改在北大民主广场集会，避免了一场流血事件。

宝煦学长爱好很广，在北大发起成立了阳光美术社和体育社，吸引了许多同学参加，他们由不关心政治，转而积极参加爱国民主学生运动。

1948 年 10 月，东北辽沈战役大捷，平津很快解放。北大校长胡适接到南京国民党政府命令，叫他把北大著名教授、贵重图书和仪器迅速迁到南京。北大政治系教授钱端升、许德珩教授带头反对，北大地下党组织很快发动全校师生组织护校。宝煦学长当时编入地下党北大教职员党支部，同吴惟诚同志等一起做法学院教授的工作，宝煦学长细心做政治系教授的工作，北大教授除胡适、毛子水之外，都留在北京，北大的全部图书、仪器都完整地保留下来。

北京解放后，宝煦学长刻苦学习马克思主义和毛泽东著作，认真研究国际共产主义运动史、苏联历史和国外政治，历任北大马列主义教研室主任、国际政治学系教授和系主任，北大中国国情研究中心主任，中国政治学会副会长，长期担任国务院学位委员会政治学评议组副组长和特约评议员等职。他两次到柏林自由大学讲学，曾任美国加州伯克利大学高级研究员。他的著作很多，他的主要著作《政治学概论》送我之后，我一直放在案头，遇到问题就翻书请教，受益很大。近十年对国内外政治问题，我常常向他请教，使我头脑清醒。

在宝煦学长九十寿辰之际，写了上面几段话，表示祝贺。

马句，1926 年 12 月 19 日出生，1948 年毕业于北京大学文学院历史系，建国后在中共北京市委工作，曾任彭真同志机要秘书，后为北京市委党校教授，研究生部主任。

贺双庆

高　放

七　绝

人生九秩现今稀，

六五名师更少几，
博导双科学问广，
桃李遍野共芳菲。

祝贺赵宝煦学长九十华诞
暨从教六十五周年

高放　敬题
2011 年深秋

高放，原名高元浤，1927 年 2 月生于福建省福州市。1946 年考入北京大学。1947 年 6 月加入地下党领导的民主青年同盟，任支部书记，在政治系学习。1948 年 1 月到晋冀鲁豫解放区，改名高放。1949 年 3 月随华北大学迁到北京。1950 年 8 月，调到新建立的中国人民大学马列主义基础教研室任教员，长期执教国际共产主义运动史、科学社会主义、当代世界社会主义等课程。著名学者、政治学家、共运史学家、马克思主义学家、社会主义学家，中国人民大学国际关系学院教授。1981 年被评为全国第一批博士生导师，2009 年被中国人民大学授予荣誉一级教授称号，改革开放以来出版过十五部专著和文集。

贺宝煦先生 90 华诞

徐大同

九十高龄学兄宝煦先生
福寿永驻

84 学弟　徐大同祝
2011 年 9 月

徐大同，1928 年出生，天津市人，中国著名政治学家，政治学理论专业博士生导师，天津师范大学资深教授，享受国务院特殊津贴。曾就读于天津育德学院法律系。1949 年 1 月参加革命，在华北大学（中国人民大学前身）学习和工作。

1949年10月为筹建中国人民大学被调学习俄语。12月调入法律外交研究室作研究生。在何思敬教授及前苏联专家指导下学习马克思主义法学(含政治学)并准备开设国家与法的理论课程。1950至1973年在中国人民大学法律系、国政系任教。1973至1978年在北京大学国政系任教。1978至今在天津师范大学政法系任教,并先后担任政教系主任和校咨询委员会主任,现任校务委员会副主任、政治文化研究所所长等职务。政治学理论学科带头人。曾当选第六届全国人民代表大会代表和华侨委员会委员、第七届侨委顾问;第八届天津市政协委员、天津市政府法律顾问委员会委员等职务。

贺赵先生90华诞

王云琨

我在1948年仰慕北大的崇高声誉,由燕京大学政治系转学考取北大政治系三年级。当时赵宝煦先生也刚步入北大政治系做教师。我和赵先生那时接触不多。直到1981年改革开放政策实施不久后,青年人都想出国学习新知识。我虽年纪已非青年,也向往留学闯荡见世面。我拿定主意后就请求赵宝煦先生写推荐信,另外钱端升教授也给斯卡拉宾诺教授写了介绍信,我遂顺利地被伯克利加州大学录取为研究生,两年后获得硕士学位。此时巧逢赵宝煦先生获得机会在1981年去伯克利做访问学者,我这才有机会和赵先生有较密切联系。我感觉先生高风亮节、温良诚厚的品性修养,待人和蔼、平等无私的情怀,是我学习的榜样。赵先生虽然年纪仅大我七岁,我始终尊先生为我的师长。先生对我谆谆善诱使我在政治学知识和人性修养上受益匪浅。值此赵宝煦先生九十华诞,我衷心祝愿先生福寿无疆。

附宝煦忠言:

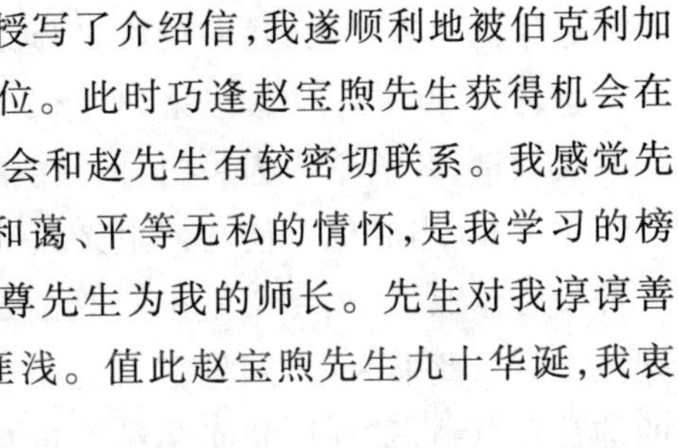

几年前赵先生就我受到某某人无端攻击一事,谆谆嘱我不要理睬并写出处世之道箴言如下。我铭记在心并用墨笔抄录压在桌面上。

赵先生曰:“人心不同,各如其面。个人有个人的想法,个人有个人的活法,不应该要求别人按照自己的想法生活,也不应该用自己的尺度衡量别人。自己有权利按照自己的想法生活,也应该尊重别人按照与自己不同方式生活的权利。谈民主,谈人权,这是最起码的要求。两条做人的原则:不趋炎附势,不做氢气球随风转;对人对己,对自己单位与对别人单位一个标准。”

王云琨,1928 年 1 月出生,北京大学政治系 1952 年毕业,曾任中学教员,1980 年调入中国社科院政治学研究所,1981 至 1983 年留学伯克利加州大学政治系 2 年,导师为斯卡拉宾诺教授,获硕士学位。1983 年任中国社科院政治学所副研究员,曾任中国政治学会秘书长。

既是好经师,又是好人师

杨彦君

赵宝煦教授写过一篇短文《经师易得,人师难求》,讨论博士研究生的德育培养问题,并阐明题意:能把业务教好的老师容易找,能教好业务又能教学生做人的老师不多见。他自谦云:虽不能至,心向往之。余曰:渠心向往,志已达矣。

做学问求真务实,是一位好经师

赵教授 1948 年从教以来,整整 30 年中丢掉了他的本行政治学。北大的政治系被取消,政治学作为一门科学在中国被取缔。我作为苏联专家翻译在他手下工作多年,当时他担任马列主义教研室主任。教研室培养研究生并给全校各系开设必修课《马列主义基础》,教的是《联共(布)党史》。毛泽东认为:研究马列主义应以此书为中心材料,说它是“一百年来全世界的共产主义运动的最高的综合和总结,是理论和实际结合的典型,在全世界还只有这样一个完全的典型”。此书的最后 4 章被列为干部必读、学习苏联建设社会主义经验的范本。然而此书:一、灌输了对中国危害极大的个人崇拜思想;二、扭曲了联共(布)和苏联的历史;三、传播了残酷的党内斗争方法;四、曲解了马列的一些重要观点;五、误导了社会主义建设模式。在“左”的大环境下,在频繁的政治运动中,宝煦坚决反对一种坏学风:“写文章先摸气候、赶风头,根据政治行情,先定调子,再凑材料,自圆其说。”他认为,做学问“如果只知唯上与唯书,不能摆脱现实政治的干扰,甘做氢气球随风转,则它本身就变成了伪科学”。所以,在约 30 年中,他在学术方面似无建树:未见他在讲《联共(布)党史》方面显山露水;未见他在连绵不断的学术批判方面出风头；他对被打成右派的著名老师没有反戈一击，反而申请缅怀；在康生受命组织队伍，围攻马寅初校长之际，作为北大学术骨干的赵宝煦，哑然无声。

改革开放给赵教授带来了金色的秋天。他的著作如潮水般地涌现！他成了我国政治学和国际政治研究的著名学者，活跃在俄、欧、美、亚非学术论坛上的明星！我在研读他的著作时主要体会有两点：一是他在研究马克思主义、资本主义、社会主义等诸多理论和实际问题时，始终把握着马克思在《政治经济学批判》序言中所阐明的观点："无论哪一个社会形态，在它所能容纳的全部生产力发挥出来以前，是决不会灭亡的；而新的更高的生产关系，在它的物质存在条件在旧社会的胞胎里成熟以前，是决不会出现的。"二是他认为"马克思主义不是僵死的供人重复背诵的教条，而是不断在实践中丰富、在实践中发展的科学"。他的这些话竟然与1887年1月27日恩格斯在一封信中说的话基本相同。而当时那封信的译文似尚未发表，故赵教授未必看到过！这两点使我认为他是马克思主义的真经师。他的论著言人之不敢言，既大胆创新，又脚跟稳定，令人信服。

品德高尚，足称师表

赵教授强调："立学先立品，国家不能培养'无行文人'。"大节小节都很重要。他要求学生具有事业心和献身精神，反对功利主义。他对学生平易近人，关怀备至。他的学生中冒出了前外交部长李肇星、现中央编译局副局长俞可平等名人和学者。我们这些晚辈对他也直呼姓名。在北大干部队伍中，宝煦与上下左右的关系都很好，有口皆碑，他表扬人，实事求是，不吹不捧；他批评人，和颜悦色，使你如服保健药。这两种情况我都体验过。但你别以为他是个不讲原则的好好先生！他从善如流、嫉恶如仇。在1957年的反右派运动中，北大是重灾区，有划右派足指标的任务。然而他领导的教师和研究生人数众多、与系平级的马列主义教研室中，没有一人被打成右派。他要顶住多大的压力，要担多大的风险！"文革"中，我作为北大人被充当向导派往中关园小平房找赵揭发中央编译局局长王惠德的问题。我和他四目相视，相对无言！当他被问及王时，他正气凛然，始终只有一句话："我与王惠德同志有交往，但说不出他有什么问题。"其间，以文弱书生著称的赵，作为"陆平黑帮分子"，曾拍案而起，愤笔疾书，发表声明，宣布"自我解放"！可敬也哉！可佩也哉！

一家三代都爱"赵宝书"

我仰慕赵的书法，请他为我写的两首敝帚自珍诗惠赐墨宝。他一口应承，给

《咏梅》配上梅花，并题词赞扬，后刊载在《杏林春永》中。我把他亲自赠与、已裱糊精美的两幅墨宝分别挂在两间房内，顿觉有飘飘欲仙之感！儿女回家时都惊叹：区区陋室已成大雅之堂了！

赵老过了85高龄之后，竟然背负他的著作从蓝旗营步行穿越北大东门—西门，亲自送给一些老友，使我的桃花潭水深千足之感油然而生！对政治学，我是个只知政治是阶级斗争的门外汉。我研读了《政治学与和谐社会》，他作为我的启蒙读物，使我开了眼界，特别是其中关于《现实政治》的11篇文章，与我观点相通，被我圈圈点点、勾勾画画、折折叠叠，读了个不亦乐乎。最重要的是《和为贵——赵宝煦英文文集》引起了我浓厚的兴趣。书名本身就具有特殊的耐人寻味的意义。有些材料我前所未见。我从学理、观点等方面做了许多记号，并从书中学到了近几十年中出现的许多中文词的英文表达，按当翻译的老习惯，作了一些中英对照的卡片。不过，一个既不动口又不动笔的80岁老人学有何用？但知，有高学术水平的著作影响深远。有事实为证：我儿子杨飞桥从小认识、尊敬赵伯伯，获北大EMBA学位，曾任EMC公司北京办事处总经理。儿媳王云珍是赵宝煦老师当国政系主任时的毕业生，属于赵的粉丝族，后来在英国获MBA学位，现任哈佛大学经济学院驻中国代表。他们都仔细研读了赵书，在与外国人交往、宣传、介绍中国改革开放成果等许多方面，大受其益，对此书赞不绝口。他们又把此书规定为女儿杨佩然的必读书。佩然初中后去英国，现为伦敦大学应届毕业生。暑假中她认真学习了此书，认为学到了在英国读不到的必修课。英文版的《和为贵》成了我们一家三代的“赵宝书”。

我在参加赵教授八十华诞庆典之后，曾赋一首诗云：

才高学绝集君身，马列钻研更独深。
世界风云能把握，国情复杂究其真。
亚非到处科研迹，欧美诸邦讲学声。
墨宝渊渊王故里，丹青吐艳杏坛春。

为庆祝赵老九十华诞，表达对他德高望重、学有大成、健康长寿之敬意，再写一首：

师表其人何处寻？白发苍苍宝煦翁。
高洁情操清若水，豁达胸怀似碧空。

求真务实科研本，唯书唯上视凡尘。
学为东海深千丈，寿比南山不老松。

杨彦君，1929年9月生，湖南省宁乡人。1949年9月考入北大西语系，1952年11月进马列主义教研室当苏联专家翻译。在赵的领导下工作多年。1962年调中央编译局，曾任副科、译审。获全国资深翻译家称号，享受国务院特殊津贴。应赵之聘，曾为国政系学生开英语课，为研究生开专题讲座，参加多名研究生的论文评阅和答辩。

复兴中华

——贺赵宝煦教授从教65周年

刘显生

光阴似箭，转眼间，我北京大学著名教授赵宝煦先生从教已是65年，并将是90高龄。但仍心存国家，一往无前，令人钦佩。

尽人皆知，在近现代，一个被帝国主义殖民主义压榨下的国家，能否走上复兴之路，不断进步，虽与诸多因素有关，但其关键在于其国家本身有否先进的政治制度，有否为实现先进政治体制而不懈奋斗的个人和人群。

当初尚且是一个青年，赵宝煦教授就投考西南联大，投考的系就是政治系，足以说明早在上世纪40年代赵宝煦就关心国家政治。毕业后即被留校主讲政治课，通过课堂对他的学生作系统的政治教育，并在欧美各名校讲政治学多年，享誉校内外，享誉国内外。

近年，中央电视台不时播一个名为“西南联大启示录”的节目，毋庸讳言，其中的每期都很有启示的作用，都在启示国人，当初西南联大师生（就包括当今的赵宝煦教授）读书不忘救国，救国不忘读书，为了救国，反对腐败，联大师生怎样的不懈奋斗！

我有幸看过几期，其中有一期恰好是有赵宝煦教授所讲的“洋狗坐飞机”。在那国难当头，日寇已侵占了我国所有沿海地区的情况下，仅有的香港和后方之间的航线是何等的紧要，重要的人员和物资急等运输。可就在那时悠然自得的孔二小姐竟把一条大洋狗带上飞机由香港运去重庆！此事由于西南联大师生的揭露，全国哗然，纷纷要求孔祥熙下台。竟使这个总是打着先师孔夫子第多少代孙招牌的国民政府法币发明人的大老儿和他的宝贝女儿全成了过街的老鼠！在节目播放的全过程中，赵宝煦教授始终面带祥和微笑，似乎仅仅在讲早在七十多年前发生过的一件小事。可任何人看过这节目，足可使其得出结论，腐败是不行的，国民政府（任何政府都一样）的政治腐败则是其败亡的主要原因！

只要见过赵宝煦老师几面，就会意识到他是一位学识渊博的传道授业解惑的教育大家！此外，赵宝煦教授还是一位在诗词、书画、篆刻方面有较高水平的国学大家。我北大校友多年来都在校友会的主持下举办春节联谊会，在会上，即有演讲和文艺等节目，也有很高水平的诗词、书画篆刻等展出，赵宝煦教授每次都不错过，而且送展不止一件。

2006 年夏月，已八十有四高龄的赵宝煦教授精心绘制了一幅（孔）夫子行教图（仿绘夫子图像的第一人前贤唐代吴道子），并在画像上方亲笔篆书礼运大同全文，于 2007 年春节联谊会上展出，令广大校友赞不绝口，更领会其深刻的现实意义。在当今世界上为学习汉语，了解中华文化，已经成立了一百多所孔子学院的时候，在全世界到处都极其混乱，形式复杂多变的严重时刻，要使人们，包括各国名人了解儒学、孔夫子的含义，了解儒学孔夫子的精髓及其重要。而恰在此时赵宝煦教授画这样一幅夫子行教的图画，并亲自篆儒学精髓礼运大同篇于图像上方，便可达到上述目的。

过去的中国两千多年以来，从历朝历代的封建土皇帝开始，一直到（前清）乱臣（民国）贼子袁世凯为止，无一不奉夫子之名，嘴讲的是仁义道德，干的无不是害民害国的无耻勾当，以维持其腐朽的统治。因而从古到今的各次革命，包括五四运动，大都要从打倒孔家店开始。无独有偶，设一阳谋引蛇出洞，自裁骨肉，也就罢了，还硬要发动无产阶级文化大革命，批林也能归结出批孔，夫子真是可怜！所有这些怎能不造成国人对儒学、孔夫子的误解?！所以消除误解也很重要。所幸尚有曾经是比邻而居，并是终身好友的两人，良心未泯，启示人们，要弘扬的是儒学、孔夫子的精髓，并要消除对儒学的误解。这两人，一位是哲学、国学大师、共产主义者、北大张岱年教授，而另一位则是本文所说的政治学、国学大师赵宝煦教授。

还是在 2007 年冬季，为庆贺下一年要在中国举办奥运会，特意在大钟寺举办书画篆刻展，几百件展品，无疑在国内都是高水平的。一天，一位远从东北来的参观人士诚心与当时值班的张桂英老师提出，要购买一幅只有几个字的展品，而那幅展品正是赵宝煦教授的作品。虽然张桂英老师耐心解释，所有展品不是为了出售，而那位爱好者，仍请张桂英老师记下他的通讯地址，期望赵老师能给予答复，以实现他收藏的愿望。

是的，北大赵宝煦教授诗词书画都有最高水平，有目共睹，更令后人应尊为楷模的则是他的以身作则。赵宝煦教授解放前参加中国共产党，是一位共产主义者（与解放后参加中共有何不同，国人自当思考）。有最高水平的书画，价值不菲，但全是对识者，以至于不识者相送。如此高风，几人可能？

赵宝煦教授为中华复兴献策献力，孜孜不倦，为人师表，从教六十五年，确值我北大，以及全国学人为之庆贺，并祝赵宝煦教授超过茶寿。

贺赵宝煦米寿

如梦令

刘显生

誉满美欧无偶，
艺比大师成就。
银发驻青春，
朝暮依然埋首。
高寿！
高寿！
前景辉煌长久。

2010年作

附：蒙北大学长赵宝煦教授惠赠孔夫子肖像志

北京大学当代精于书画诗词的著名学长赵宝煦教授，与二零零六年至圣先师孔夫子二千五百五十七周年诞辰之际，以八十有四高龄临摹唐吴道子《孔子行教图》亲篆《礼运大同篇》于肖像上方，并于今年春节校友联谊会上展出，博得各位资深学长重视与赞扬！

中华历史悠长，儒学、孔夫子为几千年文化之根，画夫子肖像的大家，古往今来，不乏其人，但首创则是前贤唐吴道子。而当今由学长临摹，意境非凡，为正需弘扬儒学精髓之各民族，收启迪之效。

国民国父孙中山先生，为光我民族，促进大同奋斗终生，并曾手书《天下为

公》,以昭示后人。建设有中国特色社会主义也与《礼运大同篇》不谋而合,是乃大道之行也。亲录《礼运大同篇》于肖像上方,是乃学长及其现实意义之高瞻远瞩!

学长以如此珍品慷慨惠赠于我,十分感谢。既永世珍存也必以学长为人治学之道,尊为楷模,规范来者。无以为报,仅作此志以敬谢学长赵宝煦教授。

北大校友　刘显生

二零零七年冬月

刘显生,原名刘显声,1929年生,1954年考入北京大学物理系,1958年入北京市化工局所属各工厂做技术工作,1990年退休,高级工程师职称。

祝宝煦师九十大寿

刘桂生

身心胆剑,丹青素绚[①],

九如冈陵,代不数现。

——一九四五年春,余识先生于昆明求实中学。时先生为西南联大学生,为稻粮计,执教于该校,任专职教员,授“美术”课。余时年十四,有幸为先生班上之学生,得以追随至今,历时六十六年矣!

祝宝煦师九十大寿

学生　刘桂生

2011年9月5日

① 诗:“素以为绚。”孔子曰:“绘事后素。”见《论语·八佾》。

刘桂生，云南昆明人，1930年出生。幼时在昆明读中小学，抗日战争胜利后转至上海读高中。1948年考入广州珠海大学外文系，1949初转入岭南大学政治历史学系，1950年转入北京清华大学历史系，1952年清华大学历史系毕业。1953年起工作于清华大学中国革命史教研室，1978年升副教授，1984年升教授，先后担任清华大学思想文化研究所副所长、校务委员会委员，同时任北京市第七、第八届政协委员。1993年改任清华大学历史系与北京大学历史系双聘教授、博士生导师，1998年转回清华大学历史系。同年，被聘为北京市文史研究馆馆员。兼任德国海德堡大学客籍教授，云南大学兼职教授。

贺宝煦学长九十华诞

杜康传

精神矍铄庆九十
学识德行称风范
同窗切磋学马列[1]
祝愿身体多珍重
迎来百岁寿无疆

——学弟杜康传敬贺
2011年11月

杜康传，1931年1月生，广东省茂名市人，中国人民大学国际政治系教授。主要从事马克思主义理论、国际共产主义运动，特别是社会主义国家的革命、建设和改革的教学和研究工作。科学研究成果颇丰，发表科学论文数十篇，编著、合编有教材、专著共10部，计四百余万字，其中主要有：《中国的社会主义与中国共产党》、《政权是革命和建设的根本》、《当代国际共产主义运动》、《世界社会主义共产主义运动》等。

① 指1952年中国人民大学马列主义研究班同班同学。

致赵宝煦教授九十华诞筹委会的一封信

于子桥

Dear Sir：

It is with the greatest of pleasure that I write to congratulate Professor Zhao Baoxu on his 90th birthday. Professor Zhao is among China's leading academics and he has made outstanding contributions in the fields of political science and international studies. Professor Zhao is world renowned for his teaching and scholarship, having taught with distinction at Peking University since the 1950s and served as visiting professor at the Free University of Berlin, Pomona College and other global universities and lectured at numerous distinguished international institutions of higher education; he is well known also for his prolific scholarship, publishing numerous books and essays. The 2008 published collection of essays, In Pursuit of Harmony: An Academic Anthology of Zhao Baoxu, is an example of the extensity of Professor Zhao's scholarship and writings.

My relationship with Professor Zhao is indicative of both his broad scholarly interests and his foresight and support for the further development/renewal of Chinese academic fields. In 1981, Professor Zhao was serving as Director of the Institute of Afro-Asian Studies, Peking University. This was the period following the introduction of the new policy of "Reform and Opening", during which, among others, China sought to reconnect and reach out to the world.

In the early 1980s Peking University, as China's leading university, was in the process of restructuring and reinvigorating its academic programs. Professor Zhao as head of the university's Institute of Afro-Asian Studies initiated a program (jointly with the Chinese Academy of Social Sciences) to develop further the African Studies program, knowing of China's existing and future role and needs in Africa. As part of the new initiative, I was invited to Peking University to present a series of lectures to Chinese academics and career professionals on African Studies in August 1981. A consequence of the visit, with an understanding of China's human resource and other needs in African Studies, upon returning to the United States, I applied for a Ford Foundation grant to provide training opportunities abroad at leading African studies centers for Chinese academics and career professionals in African Studies. The program was administered by the U. S. – China African Studies Exchange Committee, which I served as Chair.

Professor Zhao must be given credit for his foresight and understanding of the academic/career professional human resource needs of China in new era of "Reform and Opening" and for whatever success was achieved by the U. S. -China African Studies exchange program. That he understood and foresaw China's needs to be better informed and train and retrain African area specialists is to be commended. In many ways, he directly and indirectly contributed to China's successful African policy.

Again, my sincere congratulation to Professor Zhao on his 90th birthday. We salute him for his sixty-five years of outstanding academic and other achievements and for his leadership. We wish him continued good health and ever more contributions to the profession.

Sincerely,
George T. Yu
Professor Emeritus of Political Science

于子桥(George T. Yu),生于1931年,美国伊利诺伊大学政治学系退休教授。获加州伯克利大学政治学博士学位,曾担任伊利诺伊大学政治系主任,东亚和太平洋地区政治研究中心主任。

祝贺赵宝煦先生90华诞暨从教65周年

王　松、孙　力

九十个春秋,映衬中国政治发展沧桑巨变,
六十五年育才,造就大江南北栋梁擎天,
三十二个岁月,开拓谱写学科进程时代新篇。

祝愿公长久,天下共婵娟!

2011年9月21日

王松,男,1931年10月出生,福建省福州人,中国人民大学研究生班毕业。1956年进华东师范大学任教,1986年至1993年任华东师范大学政教系主任,享受国务院特殊津贴。1997年离休。上海市政治学会理事、秘书长、副会长;上海市行政学会副会长;中国政治学会理事、常务理事。主编《政治学基础理论》(上、下册)、《政治学》、《当代管理学基础》等著作和教材。

仁者寿

钟哲明

宝煦同志九十高寿了! 他八十岁时,我曾祝愿他过九十,跨百岁。为什么有此信念呢? 儿时念《论语》,记住了"仁者寿"。长大后对"仁"的理解,虽有过曲折反复,这是时代使然。但在北大与宝煦同志相处相知的六十年中,不知怎的,对他的印象渐渐形成了一个"仁"字:

抗战时期,他越过日寇封锁线,千里迢迢从北平进入西南联大就读,并参加地下革命工作,堪称"仁人志士"。

新中国成立后,他受党和人民委托,筹建并领导北大马列主义基础教研室(系级)、政治系、国际政治系、政治学行政管理系;从建立全国第一个政治学博士点到全国第一个国际政治博士点,成为双学科博导;学术活动从国内走向国际。这些都带有开创性、奠基性,可谓与时俱进,"当仁不让"。

在北大这一特殊政治环境中,他历经磨难。"文革"期间,我们一同呆过"劳改大院"。后来,他率先自己解放自己,一时传为佳话。人们担心他会受到"双倍打击";"文革"结束后,又认为以他的经历、才华和人品,会写出可信的"牛棚"佳作。然而这些都没有出现。作为一个坚持马克思主义信仰的共产党人,他不可能没有论敌,但我相信他没有私敌。这也是"仁者无敌"吧!

在同志、朋友和师生的交往中,他总是那样和蔼可亲,彬彬有礼,坦诚、透明、阳光！我1952年在人大马列主义研究班认识他，翌年回北大任教，就同许多人一样，称他为“宝煦同志”或“宝煦”，至今未改。他长我十岁，资质上是我的老师，又是我1953年入党的介绍人和多年的老领导，一直把我当作小弟弟，从政治、思想、工作、学术和生活上多方对我关心、照顾和帮助。1958年下放门头沟区劳动锻炼，中秋之夜，“北大下放干部工作组”的房子里只有我们两人，宝煦用铅笔素描，给我画了一幅侧面像，并写下“山月照人眠不得”的题句。同年我与宋诚结婚，没有举办任何仪式，他却订制了一对铜质人名印章送给我们。第二年，我们的女儿钟蓝出生两月，他为孩子拍了第一张照片，并亲为放大的照片着色添彩。如今，这些都已成为我家的珍藏。1960年，我被任命为北大党委宣传部副部长。历经社教、“文革”、“两校”案审查长达15年后，1979年，国政系和宝煦同志接纳我从事科学社会主义和马列原著的教学工作，直到1992年初调至马克思主义学院。宝煦同志桃李满天下，不少人已是著名学者或高级干部。凡我接触到的，莫不赞他宽厚仁慈，博学多能，是北大的好人和奇才。这就是“仁者爱人”，人爱仁者吧！

离休后，他继续治学，除参加必要的活动外，洁身自好，淡泊名利，关注天下而不心为形役，奖掖后学而不越俎代庖。对比时下物欲横流、信仰紊乱，某些教授退后发挥余热，头衔越来越大，腰包越来越鼓，一片冰心在术业者有几人？宝煦同志起于政治学，成于政治学，平生“目标始终如一”，不以物喜，不以己悲，襟怀坦荡，全心为民。人称君子之风，我说是党员学者之正气！这样的人，活得洒脱，活得充实，活得安康。“仁者寿”，宝煦同志是也！

钟哲明，笔名春阳、金重，男，1932年生于湖南武冈，苗族，北大中文系、人大研究生毕业。1952年起在北大从事马克思主义教学、宣传、研究工作，教授、博导。曾任马克思主义学院院长，校学术委员会委员等。退休后为中央马克思主义理论研究和建设工程专家，中国社科院马克思主义研究院特聘研究员等。专著有《科学社会主义专题讲座》，参著二十多部，主编《邓小平精神文明建没理论研究》和《科学社会主义常识》（教育部高中教科书），文章二百多篇。

赵宝煦与中国政治学的复兴

曹沛霖

赵先生是“中国政治学百年历程”中七十年的见证人。赵先生早年就读于西南联大和北大政治学系。毕业后留北京大学政治学系任教。新中国成立后，由于“一边倒”，教育也跟着苏联走，赵先生碰上了高校院系调整，遭遇政治学被判为“假科学”、政治学系被取消的痛苦时刻。随后，赵先生度过了将近三十年的“讲政治课”和“政治运动”不断交错演进的人生。直到20世纪的70年代末，随着改革开放序幕的拉开才喜逢政治学“正名”补课，迎来了政治学的春天。

正是有过这样的经历，所以当邓小平提出政治学“需要赶快补课”后，他就以满腔热忱投身于这项在中国政治学发展史上具有划时代意义的工作，为中国政治学的复兴作出了杰出贡献。

中国政治学复兴当时最迫切的，也最根本的任务是要把政治学作为社会科学的一门独立的基础学科建立起来。由此，赵先生首先孜孜不倦地在北大国际政治系内办起了政治学专业，当时机成熟之后，随即成立了政治学系（称政治学与行政管理系），把本科生、硕士生、博士生一层一层的教学体系建立起来，一步一步地完善起来，探索了一条政治学科教书育人的道路，为所有以后设置政治学科的学校办学建系树立了榜样，提供了经验，北大的赵先生的这一功劳是不可抹的。

赵先生是见证人，也是中国政治学科建设和发展的带头人。他为中国政治学科发展精心设计了一份路线图。赵先生认为：“政治学研究，要想得到社会认同，就必须能回答当前社会主义建设实践中提出的问题，提供解决当前中国现实政治问题的最佳方案。”政治学研究要面向现实，中国政治学要立足于中国现实。赵先生一直身体力行，与时俱进地研究中国问题。这从赵先生的文集《政治学与和谐社会》可见一斑。

如果说政治学研究要面对现实是研究的基本态度问题，那么政治学该怎样研究呢？赵先生认为：“政治学研究要努力达到本身科学的要求”，“政治学研究只能靠坚持自身的科学性来为现实服务”。赵先生一生坚持政治学是一门科学，是社会科学的一门基础学科，并不是现代行为主义出现后才成为科学的。所以，有一次他在美国听到美国某教授说什么“是行为主义第一次把政治学变成科学”,他感到吃惊。赵先生一辈子把政治学当作科学来研究,并以政治学科学精神严格要求自己,追求学问,追求真理,绝不甘做随风飘的氢气球。

赵先生还认为:“政治学研究,同任何其他学科一样,都不能固步自封。必须面向世界,敢于引进外国政治学的新理论、新方法进行研究、验证,以便参考、借鉴。”学术通过交流才会繁荣起来。“在学术的路上,企图只存在一家之言,是十分愚蠢的。其结果只能是扼杀学术。”赵先生在这方面做了许多工作,不但注意吸收现代西方政治学的理论、知识、方法,为我所用,而且通过访问交流,走出去,请进来,特别是注意利用一切机会向国际政治学界介绍中国政治学和真实的中国情况。一个七八十岁的老人,真是难能可贵!

赵先生为中国政治学发展设计的走向现实、走向科学、走向世界的路线图是中国政治学科学发展之路。我相信,中国政治学这样走下去,一定会复兴起来,一定会繁荣起来。

此文为赵先生九十寿辰而作。敬祝

赵先生健康长寿,合家幸福!

(注:以上引文均出于赵先生的《政治学与和谐社会》,北京大学出版社 2009 年版。)

曹沛霖,1933 年出生,江苏泰兴人,复旦大学国际关系与公共事务学院教授、博士生导师。1951 年考进复旦合作经济系,1952 年随院系调整到上海财经学院(现上海财经大学),1954 年毕业进入复旦马列主义基础教研室做教师,曾任复旦大学国际政治系系主任、复旦大学首席教授。

贺宝煦先生 90 华诞

钱 逊

我和宝煦先生相识,是在 1952 年。当时中国人民大学开设马列主义研究班,为高校培养师资。我和宝煦先生同被调入学习,又同分在马列主义基础班,还住在同一间宿舍。当时我还是大学三年级的学生,十九岁;先生已是工作数年的老师,长我十二岁。无论从学识上还是从年龄上说,我们是师生,却在一个特殊的条件下成了同学。当时先生给我的印象,是学识渊博,多才多艺,待人和蔼,平易近人,与他相处并不感到年龄差距的压力。

短短一年,从研究班毕业,我们就各自回原单位。以后一个很长的时间里,各忙各的,很少联系。其间经历了许多风雨、曲折和变化,互相也不大知晓。然后到上世纪80年代,比较意外地,收到先生要我参加他的研究生论文答辩的邀请。记得答辩的论文是关于孙中山思想的。我对孙中山思想没有研究,学识、能力都不足以胜任对论文作评价的工作。先生邀我,是对我的信任、鼓励和奖掖。我也只能勉为其难了。这以后,我们保持着联系,但不密切。先生常把他主编的刊物寄给我,有时也会在商场、超市遇见。

今年,先生九十高寿,同仁们筹划编辑纪念文集,约我写稿。冥思数日,总觉得与先生的交往极平淡,不知从何处下笔。再转念想来,稍有所悟。我与先生相识相交的这段时间,充满了雷电风雨,惊涛骇浪。在这样不平凡的年代,先生与我亦师亦友的关系,却能延续近一个甲子。这里面充分体现了先生关怀后辈、不忘故人的情怀,实在是弥足珍贵的。于是决定就把这平淡的过程简单记述,以资纪念。

2011年9月19日

钱逊,江苏无锡人,著名国学大师钱穆之子。1933年10月生,1952年至1953年先后毕业于清华大学历史系、中国人民大学马列主义研究班。1953至1981年先后在清华大学马列主义基础教研组、哲学教研组任教。1982年后转攻中国思想史。主要研究方向为先秦儒学、中国古代人生哲学。1982年至1985年3月任清华大学文史教研组主任,1985年3月至1994年任清华大学思想文化研究所副所长,1995年1月至1999年9月任所长。

忆起五十年前北大下放干部的日子

李明滨

在庆贺赵宝煦教授九十华诞的时候,我回忆起五十余年前北大下放干部在京西山乡锻炼的日子。想到当时的领导——下放干部工作组组长赵宝煦同志。

1958年1月,北京大学组织了一支三百五十多名教职员工组成的下放干部队伍,到北京远郊门头沟区斋堂乡去锻炼。那里在抗战时期属于河北省宛平县的抗日根据地,有光荣的爱国革命传统。下放干部以所属系为单位在山区分布于各个乡村中,由近及远为火村、白虎头、东、西斋堂、马兰、上下清水、达摩、大三里等十几处。我们在火村的这一组由俄文系、地质地理系和留学生办公室的教师组成,近30人。

学校对这次首批下放干部很是重视,出发之前特别以马寅初校长的名义邀请京剧大师梅兰芳来校作专场慰问演出,以壮行色。为充分表现京剧演出的效果,演出场地借用了中直西苑机关大礼堂,因为当年北大没有相应设备完善的大厅,以容纳北大全校那么多的教职员工来观看。

下放干部开头由史梦兰党委书记领队,他曾是当年游击区的老干部。谢青副书记任下放干部工作组组长,主管下放干部一切事宜。不久,谢青同志因病离开,便由赵宝煦同志为组长的校工作组来接替,副组长记得有张俊彦、洪君彦等同志,均为从各系抽调上去的教师,都很了解下放的教员们思想和劳动的情况,其新出的管理措施和工作部署能符合各村的实际,实行起来也容易。彼此相处融洽,尤其赵宝煦与大家的关系,他被亲切地称呼为"宝煦同志"或"宝煦"。

我们在宝煦同志为首的工作组指挥下,在山村锻炼了一年,至1959年1月顺利回校,达到了思想和健康双丰收。工作组也被评为北京市的先进单位。

回忆宝煦领导的那段时间,下放干部们顺利地经过了乡下几个方面的锻炼。

一为劳动生活关。宝煦同志等领导认真贯彻校党委定下的方针:下放山乡是为了培养骨干人才,要在生活和思想两个方面都关心。虽曰与农民"三同",即同吃同住同劳动,但执行起来却要从教师实际出发,都在村里自己立有伙房,三餐派人轮流自己做,而且粮食有粗细搭配,以便城里下去的教师逐渐适应,至于住所有集体宿舍用的房屋,劳动则实事求是安排,量力而行,为顾及身体,还逐步安排医疗保障及回校看病等等。总之,务使大家能健康。那一年在火村的劳动就是田间劳作、开水渠、建火力发电站和修公路诸项目。

二为向农民学习。除了地里农活外,宝煦同志等利用当地抗日及游击战的历史条件,提倡在农村采风,一是采访当年的抗日英雄,或烈士遗属,再则记录各种抗战的歌谣故事。这些都形成文学。我是火村的工作组成员,负责开展文化宣传的工作,知道校工作组对此项事务抓得很紧,自夏季始便要求每半月或一月汇报一次进展情况。火村曾记录下了不少歌词和民间故事,编成集子油印分发。我采访抗日游击队长李万丰的英勇事迹,写成短篇纪实小说《血的斗争》发表,并经李济生改编成话剧,由他和金玲年担任男女主角搬上舞台演出。那次演出是在清水河滩上搭建的舞台,引来了附近几个村子的老乡观看,盛况空前。那次活动过程,始终得到宝煦和校工作组的关照和鼓励。也可以说此类活动使北大的下放干部工作别开生面。

三为开展文化宣传工作。办村里墙报,开夜校扫除文盲。同时利用村里生产队晚上开会记工分、分派生产队任务的机会由下放干部读报纸,宣讲国内外时事。为此还在各村订阅分发《人民日报》或《北京日报》。在当年没有电视的情况下,这样做是很有创意的。那次普及文化知识的工作搞得很红火。

为此,还在斋堂乡公社举办文化成果展,请各村来观摩,互相学习,促进工作,宝煦同志不但热心指导,推进宣传,而且以身作则,提供自己的诗词画作。我看过的有他的各种写生画:《雁翅车站》、《东西斋堂交界口》、《西斋堂村口》、《斋堂68中》、《白虎头凿石打钎》、《大三里劳模杜存荣》、《马兰台杜春译》、《瓦罐窑贾玉琪》、《小学生石明辉》、《斋堂青年》、《清水乡下放干部》、《三级干部会一角》、《看三国演义》等等,均为1958年创作,反映了下放山乡的社情风貌。由此我认识到宝煦同志不仅是很有眼光的领导人,而且多才多艺,非同一般的"书生"。他既是有儒雅风度的学者,又是有远见卓识的领导干部。

正是因为宝煦同志的开阔眼界和领导才干,使得我这样刚留校任教一年即下放农村的青年从心里感到钦佩,不知不觉地主动向他学习。不但在下放期间对他主持各种工作会议或工作汇报时发表的意见都认真听取,而且在日后回校任教时,只要有机会接触,我都抱着虔诚的态度向他请教。

后来,无论是90年代初我有缘同他一起参加在北京燕山大酒店举行的"首届海峡两岸关系学术研讨会",我准备发言稿时,还是我主编一本高校统编教材《苏联概况》时,都能从他的指导意见中得益。

虽然,我们不在同一个系,接触的机会不是很多,但我还是从见面交谈中受益。我觉得宝煦同志是一位良师和益友。

2011年9月20日

李明滨,台湾台北人,1933年12月16日出生,北京大学俄罗斯学研究所所长、教授、博士生导师。1957年毕业于北京大学俄罗斯语言文学系,师承著名文学翻译家曹靖华。毕业后留校任教,先后晋升为副教授、教授、博士生导师。曾任副系主任、系主任兼研究所所长。长期从事俄苏文学史及中俄比较文学和苏联国情学的研究与教学,已出版专著有《俄罗斯文学史》、《俄罗斯文化史》、《俄罗斯汉学史》、《俄罗斯文化的灵魂——托尔斯泰》、《中国文学在俄苏》、《中国文化在俄罗斯》、《中俄文化交流志》等。

高德为人师

颜富明　张德修

赵宝煦先生是我们十分敬重的资深教授。在政治学和国际政治领域是当之无愧的前辈，作出了开创性的贡献。他博学多才，见多识广，他在书法和国画方面的卓越成就是有目共睹的。这方面我们就不赘述了，仅就我们与他接触过程中所发生的一些事情谈一谈，以表示我们对他的敬仰之情。

（一）

1955年秋天，我（颜富明）从中国人民大学毕业被分配到北京大学马列主义教研室当助教。那时候教研室主任是郑昕教授，宝煦同志当他的助手。郑昕教授是一位党外进步人士，宝煦同志作为一个党员有统战任务，他们之间相处得特别好。记得有一次宝煦同志带着我们几个教员到郑昕教授位于燕南园的家去拜访他。大家无拘无束地聊了一阵，突然郑昕教授的夫人提出来要我们留下吃她做的牛肉炒饭，盛情难却，我们便在那儿饱餐了一顿以后告辞回到宿舍。不是宝煦同志统战工作做得好，大家不可能相处得那么随便的。

1955—1956年间郑昕教授调离马列主义教研室，来了一位苏联专家帮助我校建立教研室的工作，和苏联专家打交道也是宝煦同志的工作。这是一项并不容易的事，语言不通，要靠翻译，专家不了解中国国情，沟通起来不很容易。苏联那一套是否符合中国等等，搞得不好就牵涉到国际关系。但是宝煦同志对此事处理得很好，做到不卑不亢，苏联专家很满意。临回国的时候，他和他夫人高高兴兴地和全教研室同志合影留念，这与宝煦同志的工作是分不开的。

（二）

宝煦同志"文革"前后都曾担任国际政治系的系主任，我曾经作为系教学秘书在他的直接领导下工作，那时大家都是兼职，同时都有教学任务。在他的领导下工作是愉快的，因为他总是对下级很放手。每学期教学行政会议讨论完教学计划以后，制定计划、排课、教学检查等等具体工作他就不再干预，学校开的有关会议也由我去参加，因为除了教学还有科研、后勤等各方面的事，如果事事都要过问就没时间潜心教学和科研。但是一些重要的事他则事必躬亲，深入细致，不辞辛劳。记得"文革"以后一天早晨我们刚起床还没吃早饭,宝煦同志已骑车来到我们家,说有事和我商量,他交待完事以后我们才吃早饭。他就是这样,早早起床骑车到处办事。那天他走以后,张德修不禁感慨系之:"像宝煦同志这样对待工作,对待下级真是不多见啊!"

(三)

宝煦同志一向平易近人,以诚待人。对同事对学生都是这样。"文革"以后他开始带第一届研究生,几个研究生都是以前本系毕业然后通过考试回校的。他和他们不仅是传道、授业、解惑的关系,而且十分关心他们,甚至他们对他无话不谈。有次一个学生告诉我,他约了宝煦同志谈心,到他家以后由于中关园住宅较窄,他们在厨房谈了 3 个多个小时,然后在中关园食堂吃了午饭他才回到宿舍。

"文革"以前的毕业生对他们的赵老师感情像亲人一般,每次老同学聚会都一定要请赵老师参加。大家在一起畅所欲言无所顾忌,有时有的同学说一点不大恰当的话,宝煦同志便循循善诱地予以修正,从不讲大话空话。有次 63 级的老同学聚会在福州,邀请他参加,当时他正在外地讲学,为了赴约,他以八十已过的高龄的人绕道赶到福州,大家为此十分感动。

2007 年 10 月 20 日国关学院院友理事会在合肥召开,我们有幸参加了大会,院友们济济一堂欢庆学院今日之兴旺发达。宝煦同志和同学们在一起握手言欢,亲切交谈,亲如一家。张德修说:宝煦同志和同学亦师亦友是我们学习的榜样。

欣逢德高望重的政治学家赵宝煦 90 华诞和从教 65 周年,恭祝这位前辈福如东海,寿比南山。

2011 年 9 月 16 日

颜富明 教授。1955 年毕业于中国人民大学教师研究生班。曾任教于北京大学马列主义教研室、政治理论课教研室、政治系、国际政治系、马列主义研究所。1989 年离休。

张德修 教授,经济学博士。1959 年毕业于前苏联莫斯科大学经济系,同年到北京大学经济系工作,历任教研室主任、国际经济系副主任、代主任、北大国际经济研究所所长、校学术委员会职称组副组长等职。2000 年退休。

宝煦同志二三事

沙健孙

宝煦同志是我的老上级。1958 年我留校任教时,他就是我的领导。1961 年到 1966 年我在政治系和国际政治系工作期间,他给过我真诚的关心、热情的鼓励和切实的帮助。

这里讲几件具体的事情。

一、提示授课要领

大概是 1962 年的春季,宝煦同志在事先没有通知我的情况下来到我上课的教室,认真地听了我的一堂课。事后他对我说:一堂课下来,如果教学大纲上规定的东西都讲了,也没有出错,但没有给学生留下什么深刻的印象,这不能算是成功的。每堂课都应当组织一两个高潮。一堂课下来,如果能在一两个重要问题上给学生留下比较深刻的印象,这就算是成功了。他的这一席话,给了我很大的启发。

在以后长时期的教学实践中,我一直很注意把握宝煦同志提出的这个要求。如果说我的讲课一般还能得到学生的认可,践行这个授课要领,是一个重要的因素。后来,当有的青年教师询问我如何才能讲好课时,我还不止一次地向他们传授过这个要领。

二、提倡练笔

宝煦同志很注意培养青年教师的写作能力。为此,他于 1963 年在政治系提出一个倡议:青年教师每人每月写一篇千字文。这些千字文都在系里办的油印刊物《习作》上刊登。《习作》一月一期,由青年教师轮流当编辑。每篇千字文由该文作者自己刻在蜡板上,交轮值编辑汇编成册。

现在回想起来,写作千字文,好处实在不少。因为每月要交一篇稿件,这就促使我更加自觉地去思考问题,搜集有关的素材,记录格言警句等等。就是躺在床上休息时,我也会在那里构思框架、推敲文字。

宝煦同志本人是写作千字文的高手。他的作品,被我们当成了范本。记得我在《人民日报》副刊上读到他的杂文《和与同》时,就很是赞佩,曾对他说:有的论文洋洋数万言,读后还是让人不得要领,而你的这篇文章不足两千字,就把一个重要思想讲透彻了。这不比那种空泛的长篇大论更有价值吗？我写的有些千字文，还直接从他的谈话中获取过灵感。比如，我的《单纯·复杂·单纯》一文，就是听他讲了“水至清则无鱼”的道理以后写的。

《习作》出了几期以后，宝煦同志把它们拿去给《光明日报》文艺副刊“东风”的编辑黎丁同志看。黎丁从中选了我的五、六篇短文在“东风”上陆续发表了。这是我在报刊上最早发表的杂文、散文。

三、鼓励写作

1964 年的春夏，宝煦同志带着我们几个年轻人在十三公寓写文章。他把我们当做自己的朋友，常常同我们谈起自己的经历和对于一些问题的观感。我自己有什么想法，也愿意同他交流。

有一次，我从《光明日报》上读到一篇科学院历史研究所一位研究人员写的批判蔡美彪同志的文章。其中说：蔡文关于农民反抗封建压迫、但不曾自觉到要反对封建社会制度的观点，是用封建正统思想看待农民战争，否定群众创造历史，陷入了“经济宿命论”等等。我读了此文以后，很是反感，曾对宝煦同志表示：这种讨论问题的粗暴态度，是令人无法接受的。宝煦同志向我介绍了这位研究人员的若干情况，建议我写文章与之论辩。

正是在宝煦同志的鼓励和支持下，我写了《“是历史唯物论还是经济宿命论”读后感》一文，为蔡美彪同志的论点作了全面的辩护，同时系统地阐发了我自己对农民战争性质问题的看法。

宝煦同志看了我的论文以后，立即把它推荐给《人民日报》理论版发表。但《人民日报》表示，该报不再发表有关的争鸣文章了。于是他又将此文推荐给《光明日报》，经负责“史学”专刊的田余庆老师同意，于 1964 年 7 月 15 日的《光明日报》上全文发表了出来。这篇一万字的文章，占了当天“史学”整个版面的绝大部分。这是我青年时代第一次在中央报刊上发表的长篇学术论文。

关于中国古代农民战争性质问题的讨论，是新中国史学史上的重要一页。要不是宝煦同志的鼓励和支持，我是不会直接参与这场争论，并在那里留下自己的一点印记的。

……

人们常常称道宝煦同志的“奖掖后学的无私情怀”。上面提到的这些事情，不正是体现他的这种情怀的生动例证吗？

沙健孙，北京大学教授。1934 年 2 月生。回族。江苏宜兴人。中共中央党史研究室原副主任，北京大学原副校长。是中共第十三届、十四届中央候补委员、第九届全国政协委员。现任国家哲学社会科学规划中共党史党建学科规划组（评审组）组长，中央马克思主义理论研究和建设工程《中国近现代史纲要》课题组首席专家。

学习赵宝煦先生的高尚人格与学术精神

王邦佐、孙关宏

赵宝煦先生不仅是北京大学的老师，同时也是全国政治学界的老师。

我们两个人有幸在20世纪60年代初政治学刚现曙光的时候就拜访过赵宝煦先生。他那儒雅的风度和博学的言谈给我们留下了深刻而难忘的印象。

80年代初，正值文革后百废待兴之时，高校纷纷酝酿发展新的学科，邓小平关于政治学"要赶紧补课"的号召如春风吹遍大地，全国部分高校闻风而动，建立起政治学专业。1980年底全国政治学第一届代表大会在北京召开，这次会议更是一次政治学界的亮相和动员大会。在这一背景下，编写出版政治学理论的教材就成为一件迫不及待和刻不容缓的事。正值此时，1982年赵宝煦先生主编的《政治学概论》一书正式面世，受到各高校政治学专业师生的热烈欢迎，纷纷以这本书为政治学课程的教材。我们要求学生认真阅读全书，特别是赵老亲自撰写的第六章"民族论"更要求大家仔细阅读、讨论和领会。当然我们自己也是如饥似渴地阅读，并受到很大教益。这本书是政治学恢复后全国第一本政治学教材，它承前启后，无论在体系、结构还是内容论述上既继承又大大超越了30年代的同类著作，当时在全国产生了广泛和持久的影响。

此后，我们有机会在各种学术会议、座谈会等正式或非正式的场合聆听赵老的讲话、报告和发言。赵老或全面阐述，或指点迷津，或交流切磋，每一次都给我们以教益和启示。

赵老讲话从不摆出教育人的面孔，而是从理论和历史的高度，细细铺陈、循循善诱。特别是在和别人争论时，他从不简单急躁，而是从容不迫，层层论析，丝丝入扣，最后让人无法反驳、心服口服。听他的讲话不仅是在受教育，而且是一种艺术享受。

赵老为中国政治学的恢复与发展作出了杰出贡献，他在当代中国政治学发展历程中有着特殊的地位，除他主编的《政治学概论》是学科恢复后出版的第一部教材外,他还是中国第一位政治学和国际政治学的博士生导师,1983 年他在北大建立了全国第一个政治学博士点,1985 年正式招生,三年后培养出中国有史以来第一批政治学博士;他又在 1985 年建立起全国第一个国际政治博士点,成为全国为数不多的双学科博士生导师。自第六个五年计划以来,赵老长期负责制定政治学学科发展规划,担任国家社会科学基金政治学学科评审组组长。赵老是改革开放后第一位出国系统讲学的政治学学者,他曾十几次访问美国,出国讲学遍及五大洲二十余国。1983 年他在美国出版了英文版学术演讲集《中国政治学的复兴》,此举使他成为改革开放后第一位用外文出版政治学专著的中国学者。他还是改革开放后第一位参加国际政治学会(EPSA)并担任常务理事的中国学者。赵老是第一位系统阐述中国政治学发展历史的学者。一般不了解历史的人都以为中国政治学会建立于 1980 年。赵老准确地指出中国政治学会在民国时期就已成立,1980 年只是重建。

赵老在学术研究中不唯书、不唯上,反对教条式地对待马克思主义,主张以科学态度对待马克思主义和学术问题。他认为政治学研究只能靠自身的科学性来为现实服务,如果只知唯上、唯书,不能摆脱干扰,或者甘当氢气球,随风转,则他本身就变成了伪科学。用伪科学来服务于现实政治,不仅于事无补,而且会大帮倒忙,会严重败坏政治学研究的声誉。赵老还指出,政治学研究不能固步自封,必须要面向世界,敢于引进外国政治学的新理论、新方法进行研究和验证,以便参考借鉴。赵老不仅以此苦口婆心地叮嘱学界晚辈,而且身体力行。几十年来,他对中国现实问题做了大量的实际调查和科学研究工作,取得了丰硕成果。这是我们深为敬仰和备受教育的。

赵老师的高尚人格与学术精神永远是我们学习的榜样。

2011 年 9 月 20 日

王邦佐,1934 年 6 月 28 日出生,湖北武汉人。1960 年毕业于复旦大学历史学系。毕业后任教复旦大学。1985 年任复旦大学校办主任,1986 年至 1996 年调任上海师范大学校长。1996 年至 2006 年任上海市社会科学界联合会党组书记、副主席。此外,他还担任过中国政治学会副会长、上海市政治学会会长、上海市行政管理学会副会长等职。2003 年起担任湖南大学政治与公共管理学院院长、名誉院长,现为中国政治学会顾问。1982 年他受托在上海复旦大学举办了全国第一期政治学讲席班,为 22 个省市培养了六十多名学术骨干。由此奠定了上海政治学界在全国的地位。王邦佐教授着力探索马克思主义政治学的体系架构，十分重视对当代中国政治学发展中现实问题的研究，发表了一百余篇论文，主编并参与撰写《政治学教程》、《政治学概要》、《西方政治名著释评》、《马克思主义政治学》、《新政治学概要》等二十多部教材，为政治学的教学和科研工作打下了坚实的基础。

孙关宏，1935年5月出生于上海，复旦大学国际关系与公共事务学院教授、博士生导师。兼任中国政治学会理事、上海市政治学会副会长、上海市科学社会主义学会理事。长期从事科学社会主义与政治学理论学科的教学与科研工作。主编有《政治学教程》、《政治学概要》等。

腹有诗书气自华

杜文棠

今天，北大和社会各界朋友齐聚燕园，恭贺赵宝煦同志九十华诞，我能恭逢其盛，深感荣幸和欣喜。

赵宝煦同志是享誉海内外的学术大家，我才疏学浅，从学术上品评他的卓越贡献非我之所能，自有业内诸贤去做。我想谈的是，许多年来，他高尚的人品、渊博的学识、深刻的见解、平易谦和的性格，尤其是他那至纯至善的心和循循善诱、润物无声的教育风范，给了我多方面的启迪、教育。

由于他数十年奋斗不息，硕果满枝头，桃李满天下，在学界享有很高的地位，因此，在会议上和通信中，我也尊称他为"赵老"，奉他为师尊，但有时我会脱口而出，称他为"老赵"，仿佛忘掉了几十年岁月流逝，回到了1958年那个严寒的春天。那时我和他作为北大首批下放干部，辞别燕园，去到京西矿区，在群山环抱的乱石滩上"大办水利""战天斗地，改造思想"。当时我二十出头，刚留校任助教，一起下放的还有年过半百的吴柱存等"海归教授"，也有像沈绍周、汪子嵩、赵宝煦等年纪不大，却有相当"革命资历"和"学术造诣"的中青年讲师。

那是一个人人争取"脱胎换骨"的"火热年代"，人际关系首重政治，年龄差异和学术地位则忽略不计，大家都在改造，都是同志，因此，我和大家一样，称呼汪子嵩、任继愈为"老汪""老任"，称呼赵宝煦也自然为"老赵"。这批北大人穿着五花八门，口音南腔北调，哲学系的刘泉清是调干研究生，他爱和当地老乡讲话，但他的湖南官话，大多数人听不懂，只好让西语系刘君强当翻译，但老赵讲一口地道的北京话，大小会上文件都由他念，给人印象很深，他不仅衣着合体，而且文质彬彬，用辞恰当，风度儒雅，我想“腹有诗书气自华”，不久后知道他虽在政治系，但能诗善文，还能即景素描，可说是多才多艺，颇有“老北大”的余风流韵。

后来我奉调提前返校，由上层推动的政治风浪越刮越猛，北大像历次运动一样首当其冲。老汪、老沈等人和邹鲁风同志一起在“河南农村调查”问题上跌入陷阱，就连我这样一个籍籍无名的后学晚辈也因跟不上“一日千里”的“大好形势”而受到批判，老赵作为系处级党员干部自然也战战兢兢，如履薄冰，一起下放的“战友”在校园里碰到也都“破帽遮颜”默然无语。

到了1966年，北大冒出一个聂元梓，她的一张大字报竟然使北大遭遇到一场政治地震，我从任教的北京国际关系学院骑车赶往大饭厅一带，以便见识一下这只天外飞来的怪鸟。这张大字报内容空洞，语言粗暴，半通不通，但居高临下，气势汹汹，有股蛮霸之气。我因不明就里，认为这不过是常出怪人的北大又出了一个狂妄之徒，故作惊人之语，因之一笑了之，但不久后的事态就证明了我的幼稚无知。这张大字报经过一番“点化”立即神功附体，化为中国的“巴黎公社宣言”，世人面前呈现出了一个光怪陆离的魔幻世界，北大变成了万众朝拜的“东方麦加”，同时又成了黑帮牛鬼蛇神盘踞的污水池塘。一夜之间，红卫兵造反派啸聚成群、杀声震天，以陆平同志为首的北大各级干部都被打翻在地，我素所敬仰的学术前辈也成了任何人都可以辱骂、殴打的“罪囚”，整个燕园顿时变成了暗无天日的鬼域世界。温文儒雅、谦恭谨慎的赵宝煦自然难逃噩运，历经屈辱，最终和季羡林、朱光潜等先生一同被关进了“黑帮大院”。

我本人不久也被关入牛棚，对北大当时的情形是几年后我被“解放”出来才有所耳闻。1978年年底我由下放地河北奉调回京，在社科院研究历史，已是青春凋谢、满脸沧桑，不断从友人口中获悉，包括老汪、老赵在内的一批干部重登杏坛，焕发了青春，取得了可喜的成绩。从此开始了我和他的二度交往。这时，他虽然雄心仍在，开拓学术新领域，但毕竟已渐近老年，青丝已变白发，人们也都改称他为“赵老”。

在第二阶段交往中，我和他有更多的接触，更多的了解，也领受了他春风雨露般的教泽和熏陶。

我在“文革”前的学生陈泉同志先在河北从政，后到深圳、香港从商，事业有成，他心系故园，在长江之滨的家乡创办了丹阳书院，为桑梓的文化教育尽一份力，他邀我出面，延请学界人士前往讲学，为此，我找了楚庄、赵宝煦等老友以及北京国际关系学院的老院长冯文耀同志前往助阵。这些人都很忙，年事已高，社会活动又多,但都欣然应允,尤其是老赵,不仅科研任务繁重,社会兼职不少,而且不时还要出访,开展对外文化交流。我自知才疏学浅,而且纯然是"一介布衣",他们肯于"出山相助",除了无私服务社会的责任感之外,也是看我确有"程门立雪"的一片赤诚,也是珍惜多年的友谊。十几年来,宝煦同志从各方面关心指导,亲赴丹阳讲学,凡有可能均出席书院的活动,为与会者解疑释惑,他无论谈论历史或剖析现实问题均能深入浅出,娓娓道来,举重若轻,使闻者受益匪浅,得到极大的精神启迪。

我和老赵有一些共同的朋友,如张俊彦、梁从诫,还有曾在北大留学的德国著名汉学家、社会活动家费路教授,老赵每有新作问世,均赐赠供我学习。读了他的诗文集,我眼界大开,对他的诗才和书艺敬佩不已,他还长于丹青,题材广泛,尤其是那些作于农村的素描,显示出他对人民群众的一片殷殷关怀之心。

他写的"南行记"生动地记述了他青年时代为了民族大义,跋山涉水、历尽艰辛,终于进入西南联大,投身到全民抗战的洪流。在昆明他不仅学业精进,而且,在进步教授闻一多、李公朴、楚图南、潘光旦、梁漱溟等人的感召下,挺身而出,争民主,争自由,争解放,反内战,参加了永垂史册的"一二一"运动,为我们留下了历史上光辉的一页。我由此也了解到他性格中另外的一面,即不畏艰辛,临危不惧,刚烈顽强。他表面上的儒雅只说明他的文化修养高,丝毫不说明他软弱可欺。他在"黑帮大院"里仍然"方寸不乱",吟诗作赋,透过表面的无奈,显出他蔑视暴政,凛然不屈,对嚣张一时的黑暗势力表示出"神圣的憎恶和讽刺的锋芒"(鲁迅语)。这两个方面在他身上融为一体,有时金刚怒目,有时引而不发,刚柔并济。这才是完整的战斗学者赵宝煦。

作为中外文化交流的使者,他不辞辛劳,足迹遍及亚非欧美,在国际学术讲坛上发出中国学术界的声音,凭借深厚的学术造诣、出色的口才、谦和严谨的施教风格以及娴熟高超的交际能力,为祖国赢得了荣誉和朋友。

改革开放为他铺开了施展才华的舞台,他没有辜负这千载难逢的历史机遇,出色地完成了使命,谱写了多姿多彩无比华美的人生篇章。

在赵宝煦同志身上比较突出地体现出北大的传统,即以先进的理想与丰厚的学养,为民族独立、社会进步而奋斗,为学术的繁荣昌盛,坚守独立的人格,恪守学术道德,几十年如一日,皓首穷经,乐而忘忧。

他对我的帮助和指教无法一一列举。

他的新诗婉约玲珑,他的旧体诗颇见功底,尤其晚年的作品沉郁顿挫,苍劲豪迈,佳句堪传,他对民族的贡献是多方面的。

“明窗简编在，长与物华新。”

杜文棠，1935年出生，河南开封人。中国国际文化书院副院长，中国社科院世界历史研究所研究员。1957年北京大学西语系毕业，1963北京大学西语系德语文学专业研究生毕业，1980—1981年德国哥廷根大学语言学院高级班毕业。历任北京大学国际关系学院、河北大学、中国社科院教员、主任、研究员。北京师大、河北师大、上海同济大学维也纳大学东方研究所兼职教授、中国军事历史委员会副主席、中德友协、中国友协会、中国德国史研究会理事。著译有《德国史》、《二战丛书》(16卷)、《奥地利历史文化丛书》(10卷本)、《犹太文库》(10卷本)等。主编有《奥地利史》、《奥中关系史》、《中国的大时代》、《奥地利历史文化丛书》等。其中，《中国的大时代》曾获2003年中国国家图书奖。

祝贺赵宝煦教授九十华诞

沈仁道

宝煦教授九十华诞

气清观宇宙，畅怀叙幽情

沈仁道敬贺 辛卯夏 王明明书

沈仁道，男，汉族，1938年5月生，江苏扬中人。大学文化，副教授。1965年毕业于北京大学国际政治系。毕业后留校工作，历任国际政治系教师、讲师、副教授，系党总支副书记、书记，区政协主席、党组书记。1993年后任中共北京市委统战部部长，第八届、第九届北京市政协副主席、党组副书记，北京市委统战部部长，兼任北京海外联谊会会长，中华海外联谊会常务理事，中国政治学会常务理事。第十、十一届北京市人大代表，第八、九届全国政协委员。现任北京大学校友会副主席。

赵宝煦教授与商务印书馆

陈　森

2012 年 11 月 6 日,我国著名政治学家,政治学界的元老,北京大学国际关系学院资深教授赵宝煦先生迎来了 90 华诞和从教 65 周年。在这可喜可贺的日子里,我们以十分崇敬的心情,衷心祝愿赵先生身体健康,寿元无量。

作为我国著名政治学家,赵宝煦先生在我国政治学教学和国际政治研究史上,可以说起到了承前启后的作用,在他的老师辈中,有钱端升等老一代政治学专家,新中国成立后,我国政治学教学和研究的重任就落到了赵先生这一代人的肩上。六十多年来,赵先生在政治学教学和科研第一线始终勤勤恳恳、认认真真、严谨治学、深入研究、开拓创新,为新中国培养了一批又一批杰出人才,也为新中国政治学的发展作出了奠基性和开创性的杰出贡献。特别是 1978 年改革开放以后,赵先生更是焕发了青春活力,走出国门,先后出访了美国、日本、德国和苏联等国的大学,参加了学术论坛,介绍我国的改革开放以及我国政治学教学和科研的成果,同时也汲取了近些年国外政治学研究发展的最新成果。这样,就把我国的政治学教学和研究水平,向前推进了一大步。

赵宝煦先生是我们商务印书馆政治学类书籍出版最热心的支持者,也是"汉译世界学术名著"丛书选目策划的资深顾问。自从上世纪 50 年代末,商务印书馆承担翻译出版外国哲学社会科学名著的任务以来,在总编辑陈翰伯同志主持下,商务印书馆制定了十年出版规划,此后随着社会和教学科研的需要,又多次对该规划进行修改、补充并不断创制新规划。这些出版规划都是集中了社会科学各学科众多专家学者的智慧而制定成的。在每次制订规划会议上,赵先生总是在繁忙的教学工作中抽出时间来出席会议,并且根据不同时期政治学教学和学科研究的需要,以及当时国外政治学研究的新动向,圈定入选书目并提出极为宝贵的意见和建议。在规划执行期间,我和商务印书馆前副总编骆静兰(已故)同志也经常去北京大学拜访赵先生,聆听他对商务印书馆出版的高见,从而使商务印书馆政治学术图书的出版得以与时俱进、积累成集。从 20 世纪 50 年代末至今,商务印书馆已经出版包括政治学学术名著在内的"汉译世界学术名著"五百余种,这其中就包含了赵先生的不可磨灭的功绩。赵先生将这套倾注了他很多心血的丛书评价为:"可以成为高等学校学生的精神食粮,可以大大弥补现在素质教育的不足。"这也是赵先生对商务印书馆学术出版工作的极高评价和肯定。

在这喜庆的日子里,我希望借此机会向赵先生对商务印书馆的一贯指导和支持表示衷心的感谢,并再次恭贺赵先生健康长寿!

陈森,商务印书馆资深编辑。

后学纪念文章及祝辞

知者乐,仁者寿

——为赵宝煦先生九十寿辰作

吴志攀

赵宝煦先生是当代中国政治学与国际政治学的一代宗师,也是我最敬重的师长之一。最近,北京大学和全国、全世界赵先生的弟子们将隆重庆祝他的九十寿辰。我不揣浅陋,写下这篇小文章,为先生祝寿。

赵先生一辈子历经沧桑,但与同时代的其他一些政治学学者相比,赵先生还是比较幸运的,他一身正气但心胸开阔、性情开朗豁达,身体健康,不仅高寿,而且是福寿双全。在花甲之年,他迎来了政治学和个人学术生命的春天,亲自参与领导了政治学在当代中国的复兴,为国际政治学在中国的发展奠定了基础,引领了一个时期中西方学术交流的风气,并且培养了俞可平、王浦劬、郝平等一大批杰出人才。在回顾赵先生的人生辉煌时,我总会想起龚自珍为阮元六十寿辰所作的《阮尚书年谱第一序》中的几句话,“任道多,积德厚,履位高,成名众”,“励精朴学,兼万人之姿,宣六艺之奥”。毫无疑问,赵先生也当得起这样的评价。

我虽然不是赵先生的亲传弟子,但我们一家两代人与先生都有极大渊源,而先生对我的深恩厚德,更是永生铭记。

第一次见到赵先生,还是三十年前我读大学时。因为学生活动的一个什么事,希望请国政系的赵宝煦教授出面,我和另外一个同学受命前往。中午休息时,我们来到北大四院二楼的一间办公室。敲门进去后,赵先生留给我的第一印象,至今还清晰地印在脑海里。时任国政系系主任的赵先生,一只手端着一个大搪瓷碗,是刚从食堂打回来的午饭,另一只手拿着毛笔,办公桌上铺着一张未完成的水墨山水画作。

他看见我们吃惊的样子,便笑着解释说:“有人索画,迟迟没有交账,只好这样挤时间了。”他放下笔,拿起筷子,边吃饭边与我们交谈起来。只记得当时谈得非常愉快,赵先生一点架子都没有。赵先生这么大的教授,又是系主任,还是大书法家、大画家,三者集于一身,却如此平易近人,而今真是罕见了。

后来,我向父亲聊起来,才知道原来他们是多年的好朋友。赵先生是西南联大政治系的,抗战后复员,留在了北大,我父亲是联大社会学系的,后来从清华毕业参加革命。在联大时,他俩都爱好文艺,一起参加过“阳光美术社”。赵先生长我父亲两岁，父亲对这位学长非常尊重，曾经多次对我说，赵先生在联大校园里就是有名的大才子，书念得好，既能写旧诗，又能写新诗，书画造诣都高。他年轻的时候，仪表堂堂，风度翩翩，虽成家较早，但还是跟大男孩一样，经常和大家一起玩。

当时联大学生办了“阳光美术社”，经常请闻一多先生讲课。因闻一多先生不仅是大诗人、大学问家，还精于篆刻。此外，叶浅予先生有一位远房亲戚也是该社的成员，所以叶先生跟他们联系也比较多。当时，赵先生和我父亲他们业余学画，并不太追求技巧，而更加注重思想内涵。闻一多先生的政治态度，对他们影响是很大的，这个美术社里的很多学生，后来都走上了革命道路。多年后，我父亲和他的同乡、挚友、杜诗专家廖仲安先生一起，还写过一部关于闻一多先生的剧本，可惜现在湮没无闻了。

我父亲晚年身体很不好，缠绵病榻多年。但赵先生、杨辛先生、关山先生等老朋友，始终对他关怀备至，多次来家中看望，带来书法作品册子给父亲欣赏，或者找来学生时代的一些文章请父亲读，希望他早日恢复，能够仍和往日一样雅集茶叙、唱和诗词。赵先生还曾专门给我写过信，教我不要着急，要好好服侍父亲，让父亲情绪好起来。

父亲去世前，当神智还清楚的时候，曾嘱咐我，要将赵先生和杨先生等老朋友借他的画册，如数奉还，还让我转告他的老学长们，这些画册真好，谢谢老学长关心。

父亲离开后，我常拿出赵先生的这封信来读，心里又温暖、又难过。我总会想起他们几位老人一起谈古论今的场景。西南联大的一代人，已经日渐凋零，那一代人的风流，只能是绝唱了。

我认真读过赵先生的字和画。先生是正人君子，字也如其人，一笔一划，都是老老实实练过的，字是规矩字，画是规矩画，没有浮华炫耀。现在的一些新人，坐不住冷板凳，不甘于寂寞，所以，作品看上去烟火气太盛，过于灼眼而不耐看。只有赵先生这样的字和画，才是经得住看、能够流芳百世的。

中国的书画艺术，本来就是文人雅士寄情之作，匠人技巧再高，总是比不过文人，像赵先生这样的大学问家，他经过岁月风雨锤炼，心境如光风霁月，他的笔墨自然意境高远，决非凡俗之徒所能够超越。

我留校任教特别是后来担任一定管理工作后，常到赵先生府上拜访。记得第一次到赵先生家之前，我先打电话约。赵先生在电话另一端说：“您要到我家来吗？好的志攀同志，请来吧，不过，志攀同志，我家里有点乱。”

家里有点乱？我不禁笑了。因为熟悉我的人都知道，我的办公室和家里才是真正乱，所有的地方都堆满了书报。可能是过去下过乡、当过工人，曾经一度读不到好书的缘故吧，我“敬惜字纸”简直成了癖好，什么书报资料都舍不得扔，只好乱成一团。

可到了赵先生家，我才明白，今天是“小巫”见“大巫”了。赵先生的客厅也是书房，满屋都是书，桌面上堆满了书，地上码了高高地几摞，除了赵先生坐的椅子外，其他椅子上也都堆满了书。赵先生让我站在客厅门口先等一下，他从一把椅子上搬起一大摞书，在地上垛起来，腾出椅子来，这样我们才能坐下来说话。

我是个爱书的人。好书自不必说，如同尊贵的客人，能在陋室与我相伴，实乃三生有幸。每天看到书在身边，我心里都默默地顶礼膜拜，这是千百年人类智慧的结晶，一代又一代的人，就是从这些书里汲取营养，多少苦闷失意的人，就是因为这些书重新获得了力量。

那些写得还有点不到位的书呢？只要流落到我这里，都在一个屋檐下，大庇天下寒士俱欢颜，风雨不动安如山，我说什么也舍不得扔掉。如同无家可归的流浪小猫小狗，进了家都是宠物，虽有缺陷，也不能慢待了。

于是，所有的书，不管内容怎么样，来自何时何处，都被我恭敬地保存下来。时间久了，就有感情。书已成为我的手足朋友，又如同老伴，每天陪伴着我，不管我高低贵贱，始终如一，不离不弃。看到赵先生家里的书，面对这位爱书如命的老人，崇敬之心，油然升起。而且，我更加感到我与赵先生有缘。

赵先生爱自己的学生，那是出了名的，当然，先生不是溺爱，他是为国家为北大爱惜人才。先生关怀我、爱护我的事情也很多。有的事情，现在不一定合适写出来，但我永永远远不会忘记。而且我还发誓，要像先生那样，做一个仗义执言的人，做一个正直无私的人。

在赵先生八十寿辰时，郝平副校长（现在是副部长）主编了一本《杏坛春永》来庆祝。这本书的扉页上印了一首小诗：

一位白发老人
保持着一颗永远年轻的心
虽经半世纪风霜雨雪
做人，治学
仍旧满怀火一样的热情……

十年过去了,先生的心仍然年轻,仍然火热。我真诚地祝愿赵先生学术青春永驻!

孔子说,“知者乐,仁者寿”,赵先生这样的智慧老人、蔼然仁者,必然寿比南山!

吴志攀,1956年12月12日出生,四川西昌人,现任北京大学常务副校长。1978至1988年在北京大学法律系学习,先后获得学士、硕士及博士学位。毕业后在北大法律系任教,教授、博士生导师。历任系副主任、主任、法学院院长、校长助理、副校长、校党委常务副书记、校务委员会常务副主任、法律总顾问等职。2008年11月任中国法学会副会长。最高人民法院专家咨询员,中国人民银行条法司《银行法》起草小组顾问。已出版《金融法概论》、《国际金融法》等十余部专著。

贺赵宝煦先生90华诞和从教65周年纪念

包心鉴

尊敬的赵宝煦教授:

在您90华诞和从教65周年纪念日到来之际,北京大学和中国政治学会隆重举办庆典活动,这是我国政治学界的一件盛事、喜事。这一活动,不仅是对您65年所走过的严谨治学道路、取得的丰硕成果和对中国政治学发展的卓越贡献的回顾与纪念,而且是对如何在传承优良传统、弘扬老一辈政治学家优秀品质和学术风范的基础上进一步繁荣发展我国政治学的展望与开拓。在此,我谨代表山东省政治学研究会和山东省政治学界的同仁,向您表示热烈的祝贺和真挚的问候!

尊敬的赵宝煦教授,您是我国政治学和国际政治研究领域的著名专家、学术泰斗,为新时期中国政治学的繁荣发展作出了奠基性和开创性的历史贡献。早在20个世纪70年代末,在政治学领域尚是一片荒原、百废待兴的时候,您遵循邓小平同志关于政治学要补课的指示,以强烈的政治责任感和历史使命感,在废弛多年的政治学荒原中辛勤耕耘,潜心研究,撰著出版了《政治学概论》一书,系统性地阐明了政治学基本理论。这部拓荒之作,与后来一批老一辈政治学家撰写出版的政治学教科书一道,成为培养新时期政治学理论工作者的基础教材,其中许多基本理论和基本观点,至今仍然闪烁着时代的光泽,具有重要的理论指导意义和实际应用价值。

尊敬的赵宝煦教授，您是中国政治学会主要创办者之一，并长期担任学会的主要领导和顾问，为中国政治学会的繁荣发展、不断壮大作出了不可磨灭的贡献。从办会方向，到办会原则；从课题策划，到成果形成；从组织建设，到队伍培养；您为中国政治学会的健康发展尤其是学术繁荣殚精竭虑、出谋划策，贡献了大量智慧与心血。几乎在每一次的学会年会和其他重要活动中，我们都能见到您矫健的身影，聆听到您精彩的讲话或主题报告，享受到您宽广的学术视野和睿智的学术见解。在您及其他政治学老前辈身体力行的带动下，三十多年来中国政治学会健康发展，已经成为凝聚全国政治学界的重要阵地、推进中国政治学的重要杠杆、培养中青年政治学理论工作者的重要平台以及加强与世界各国政治学界沟通与联系的重要纽带。中国政治学会的每一步发展、每一个成就，都是与您创造性的贡献分不开的。

尊敬的赵宝煦教授，您胸怀宽广、为人谦和，您儒雅高尚的学术情操、文以载道的使命意识、实事求是的宝贵学风、温良诚厚的品德修养、扶持新秀的无私情怀，给全国政治学界留下了极其深刻的印象，已经融化为我国政治学界宝贵的精神财富，永远是我们学习的榜样。在我的印象中，您总是那样地谦虚和蔼、待人如宾，从无丝毫学术权威的架势和盛气凌人作风，也从无半点矫揉造作之风和故弄玄虚之态。即使对我们这样后学之辈，您也素以“老师”相称，甚至虚心求教、不耻下问，足见您虚怀若谷的广袤胸怀和海纳百川的大家风范。在学术界愈益充斥着浮躁之风和功利色彩的今天，您这种始终如一、表里如一的儒雅之风和谦和品德，愈加显示出深刻的警示意义和时代价值。

尊敬的赵宝煦教授，您勤奋好学、博学多才，不仅在政治学研究领域有很高造诣、在教书育人方面有重大成就，而且在琴、棋、书、画等众多领域您都有扎实的功底和出色的成就。文如其人、文以载道，正是这种几十年如一日地对高雅文化的追寻和对风雅人生的坚守，成就了您的健康和谐人生和一代大家风范。如今，您虽入耄耋之年，但仍然学而不止、笔耕不辍，这样一种文人情怀和儒家风范，值得我们永远学习和传承。

尊敬的赵宝煦教授，在欢庆您90华诞和从教65周年纪念日的时候，我们衷心祝愿您多加保重、健康长寿，愿您学术青春永驻、学术风范长存。在您100华诞和从教75周年纪念日到来的时候，我们再来为您祝贺，与您共享百年人生的喜悦和政治学人的价值！

2011年9月15日

包心鉴,中国政治学会副会长,中国科学社会主义学会副会长,山东省马克思主义研究中心副主任,山东大学博士生导师,济南大学政治与公共管理学院院长。曾长期担任山东省社会科学界联合会党组副书记、副主席、巡视员(正厅级)。长期从事政治学与科学社会主义研究,主要研究方向为政治改革、政治发展、中国特色社会主义理论与实践。已出版《社会主义改革论》、《社会主义政治发展论》、《中国特色社会主义发展道路论纲》、《"三个代表"重要思想与马克思主义理论创新》、《马克思主义中国化的基本规律与当代走向》等专著15部。

赵老师

——我们的良师益友

黄宗润

赵老师九十华诞来临之际,作为他的学生,我要遥致最深挚的敬意,衷心祝愿老师健康长寿!

1960年,北京大学创建政治学,从中文、历史、法律三系抽调一批党团员作为第一届学生,我亦名列其中,从而有幸受教于赵宝煦老师,也开始了我们长达半个世纪的师生之谊。大学毕业后,我赴边疆工作,虽然相隔万水千山,但我们的心始终相连在一起。赵老师给我的第一个印象就是"良师益友"。他对我们同学总是谆谆教诲,有教无类,掏尽一片心,即使他成了国内外著名的学者,也依然保有平常心,从来不摆名人架子。他平易近人,平等待人,待人诚恳,对学生关怀备至,至老不变。对于我们同学来说,赵老师是亦师亦友,良师益友,是我们待人接物处事的楷模。

赵老师给我的再一个印象是"老当益壮"。每当我想起赵老师时,我脑中总是涌现曹操的名诗句"老骥伏枥,志在千里,烈士暮年,壮心不已"。我想这是对晚年赵老师的最好写照。不论什么时候相见,他总是生气勃勃,精神焕发,充满活力,对生活总是那么乐观,永葆赤子之心,决不因岁月的增长而衰退。可以说,他比现在的许多年轻人更富有生气,甚至还带有些许的童真。这源之于他对生活的爱,对事业的执着。这也是赵老师健康长寿的秘诀吧。

赵老师给我最深的印象就是"奋斗不已",不论在什么时代,处于什么环境下,始终心怀祖国,放眼世界,落实于事业中。他有那么一点书生气,但从不躲进象牙塔中,而是秉持中国知识分子的优良传统,"天下兴亡,匹夫有责",以天下为己任，忧国忧民，为国为民。赵老师极健谈，往往话题一起，滔滔不绝如江河奔流不可遏止，浑忘时光之流逝。但我们从来不谈个人私事，不谈生活琐事，只谈国事、天下事。我们常为一些不良的社会现象而担忧，而愤懑，但是，我们认为，中国几千年的历史发展，不类长江，那么清澈干净，而像黄河，总是泥沙俱下，但只要它不断流，只要向前奔流，我们作为黄河子孙，就应该欣慰。所以，我们对我们国家的前途，充满信心。

不知何故，收到筹备组的约稿函时已是9月17日，离截稿时间只有三天，不可能写什么像样的文章了，只能写点感想。我想把赵老师五十年中写给我的信选几封寄给你们，从中可以看出赵老师的人格，他对学生始终如一的关怀，对事业始终如一的追求，对祖国和人民始终如一的爱。我想这是对赵老师九十华诞最好的庆贺。

黄宗润

2011年9月20日

（附信四封，分别写于1964年、1981年、1989年、2004年。以下选摘2004年通信。）

宗润：你好！

这次见面，谈得较多，使我对你的方正刚直，有了更深刻的了解。

现在的国家社会，确实是清流、浊流并行于世。做人、治学（包括各行各业）都是清者自清、浊者自浊。而且各有传人，代代相传。当然，清者少、浊者众。然而清者是代表方向、代表未来。俗称是国家的“脊梁骨”。我们的国家、民族是有希望的。

匆此问好！

宝煦

2004年10月22日

黄宗润，北京大学国际政治系1960级。

敬贺宝煦老师九十华诞

刘兵海

贵为长者,丹心如火。
童颜鹤发,青春脉搏。
贵为师者,持道为乐。
杏坛春永,累累硕果。
贵为学者,等身著作。
谈古论今,率真执著。
贵为智者,从善选择。
途程轨迹,慧心把握。
九秩同贺,心吟祝歌。
体健神爽,寿比江河。

刘兵海,1938 年 11 月生。北京大学国际关系学院 60 级学生,1965 年毕业后分配到文化部工作。后调中共河北省委、省政府工作,直至退休。

满江红

——恭贺赵宝煦老师九秩华诞

吕世立

欣悉今年 11 月 18 日是赵宝煦老师九秩华诞和从教 65 周年纪念日,特填《满江红》词一首,以资恭贺。

玉树芳庭,凌云志,南行不歇。
拍案起,光明追索,浪涌风烈。
根扎春城师贤达,花开燕蓟辉皓月。
未等闲,杏坛六五春,情真切。
虚怀谷,纯如雪;华发骤,忧愁灭。

乘长风帆挂，梦无残缺。
国政科研齐泰斗，论坛争辩熬心血。
九秩诞，鹤寿溢童颜，登峰阙。

2011 年 9 月 16 日夜于融城

吕世立，为北大国际政治系 62 级学生。

恩师赵宝煦教授

顾宝昌、李先卉

收到北京大学发来“赵宝煦教授 90 华诞暨从教 65 周年庆典活动”的通知一下子把我的思绪拉回到了三十多年前的燕园。我 1963 年进北大哲学系学习，但和赵老师并无接触。只是在“文革”批斗中，赵老师总是衣冠整洁、满头白发、一身儒雅，显得十分醒目。我在 1968 年毕业后就被分配到甘肃去“接受再教育”了。1976 年“四人帮”倒台和“文革”的终结给亿万人民带来了新的生机，也使我面临一个人生的抉择。研究生招生制度的恢复给我带来了新的希望，但荒废了十年的学业还能捡起来吗？当我看到北大的研究生招生目录上有赵老师招收北大亚非研究所“民族解放运动”专业的研究生，我不知从哪里来的胆量居然贸然从遥远的甘肃给素无来往的赵老师发去了一封信，怯怯地询问，像我这样的有可能报考研究生吗？想不到不久我就收到了赵老师的回信。离开母校悠悠十年，突然收到一封信封上赫然有“北京大学”的来信，联想到十年前在“文革”中离开北大时的狼狈相，内心之温暖、情绪之激动，真是难以形容。赵老师的亲笔回信字迹那么工整、语句那么亲切，鼓励我积极报考研究生，好好准备迎考，对我真是天大的鼓舞，坚定了我报考赵老师研究生的决心！

1978 年 9 月，我居然相隔十年后又回到了燕园，成为赵老师的研究生，又开始了学生的生活。十年后又拿起了书本，这不是一件容易的事，但我和我的同学们都有一个共同的心愿，要尽量把“文革”耽误的时间夺回来，所以学习都十分自觉和刻苦。作为亚非所的研究生，研究国际问题没有外语肯定是不行的。可我和其他几位研究生同学本科都不是外语专业的，而且“文革”十年中不要说学习外语，在农村中是连一个外语字母都看不见。但赵老师对我们十分关心也十分耐心,多方面为我们创造学习和提高外语的条件,除了通常的英文课,还专门为我们几个同学请了英语老师开设小课,让我陪同外国学者游览北大图书馆,到新华社去搬回来过期的国外期刊,请中联部的专家给我们指导。三年的研究生学习是十分紧张和愉快的,赵老师对我们的潜移默化、言传身教,使我终生受益。

随着毕业的到来,又一个人生的抉择时刻到来了。我记得,那一天我正在上英语课,突然赵老师叫我去他的办公室。他给我看一个英文的材料,"United Nations Fellowship"。当时联合国人口基金为帮助中国发展人口研究事业,培养专业人才,提供了一批出国学习人口学的联合国奖学金,教育部给了北大一个名额,但时间紧急,他说我必须在一天内决定是否申请这个人口学奖学金。因为是一个从来没有了解的专业,我一下子脑子也转不过来,但赵老师鼓励我好好考虑。

申请奖学金必须要填表,这真是我平生没有干过的事。我记得,赵老师为了我骑着自行车到一个外语系的老教授家里借来了因为"文革"已经多年没用过的手动打字机,并为我一个字母一个字母地敲打打字机,填写了申请表。我出国学习的英文奖学金申请表居然是由我的导师用手动打字机为我填写的!在后来的几十年中,每当我想起此事都不禁汗颜。怎么可能想象我让一位老教授、我的导师为我出国学习去用英文打字填表!我也经常把这个故事讲给我的同事和学生听,他们都无不感到惊愕,感到这实在是一件不可思议的事,但却是真实的。这就是我的恩师赵宝煦教授。他对学生从来不是居高临下、肆意呵斥,而是细心扶植、尽心竭力!因此,我在自己的几十年的工作中,面对需要我帮助的年轻人和学生时,我的脑海里总是涌现出赵老师的身影,以赵老师来勉励自己,要像赵老师那样竭尽全力帮助学生,为他们的成长创造条件。

记得我在美国学习时,赵老师曾乘在赴美讲学之机到我的学校看望我。赵老师讲到了他在美国各地见到的正在美访学的北大国际政治系的学生和老师们,他发现其中最有收获的是一位在哈佛访问的学者。记得在北大进修英语时,大家都知道这位老师的英语基础比较差,在课堂上复述老师的英文都有困难,因此,有同学开玩笑说他"Too long to repeat",但他竟是最有成就的一位。赵老师说因为他有专业研究的基础,到哈佛后知道要寻找什么样的资料,知道什么对自己的研究最有用。这件事对我的影响很深刻,因为我往往因自己不是外语专业出身而感到自卑。赵老师讲的故事对我当时的学习十分有启示。英语是通向专业的工具,当然十分重要;但归根到底,一个人的学术功底是最要紧的。

我在1986年完成博士学位后回到北大,在社会学系任教。赵老师对我学成回国十分欣喜。虽然我们不在同一个系同一个专业工作,但赵老师对我一直十分关心。北京大学中国国情研究中心成立时,他把我收纳其中,使我有了和厉以宁、汤一介、乐黛云、罗荣渠等老一辈学者亲密接触、交流和学习的机会,这都是十分难得的。我爱人李先卉 1984 年在美国获得物理博士学位回国,1986 年也到北大,在物理系任教。赵老师对她同样十分关切。每次在校园中相遇,他总是亲切地叫她"小李"。每次见到赵老师,他不仅关心我们的工作,也关心我们的生活,就如同我们的家长一样,使我们感到非常的亲切。今天,我们也已到了花甲之年,但对赵老师在我们成长过程中各方面的关怀一直深怀感激。赵宝煦教授的确是我们的恩师。

工整地写上地址,粘好信封,贴上邮票,骑着自行车到北大三角地的邮局寄出,这对赵老师是习以为常的事。对学问严肃认真、一丝不苟,对学生勉励有加、言传身教,为人正直而低调,对后学真切关怀。我们从赵老师身上看到的是北大百年来形成的学术传统和醇厚文风,真是我们终身的无价精神财富。能成为赵老师的学生,是我一生的幸运;作为赵老师的学生,也的确改变了我的一生。在赵宝煦教授 90 华诞和从教 65 周年之际,我们谨向赵老师表示我们深切的感谢,并向我们的恩师赵宝煦教授送上我们深深的祝福。

2011 年 9 月 18 日

顾宝昌,出生于 1945 年 4 月。北京大学 1963 级哲学系本科生。中国人民大学人口与发展研究中心教授、博士生导师,北京大学中国国情研究中心研究员。

李先卉,北京大学物理系毕业。1984 年在美国获得物理系博士学位回国,86 年到北大物理系任教。

岁月沉积师生情

——对恩师赵宝煦先生几件往事的回忆

陈虎良

自 1963 年 9 月就读北大国际政治系,成为赵宝煦先生的学生,已整整 48 年了。在近半个世纪的岁月里,先生的胸怀情怀、学识学风和品性修养皆为吾辈楷模，熏陶指引着我们成长。作为当时最晚成立的一个系，国际政治系在文革前只招收过六届六班学生。在这几班学生中，先生与我们1963级的同学“最为熟悉，彼此了解也最多”（先生语）。在校期间，先生经常深入我们的学习、生活现场，慈父般地关切我们成长。我们曾一起在京郊南磨房公社搞“四清”，在当时比较复杂、比较艰苦的农村环境里，“同甘苦共患难，一起摸爬滚打”。“文革”期间，先生被打成“黑帮”，挂牌示众，监督劳动，我班同学虽也参与监督先生劳动，也参加批斗会，但从无一人对先生动粗侮辱。1968年年底离校后，先生始终关注着我班同学，四十多年来，他与我班近半数的同学保持着经常联系。“文革”结束后，北大一恢复招收研究生，我班即有4名同学成为先生门下的研究生。我班同学聚会，无论规模大小，无论在京在外，都会邀先生莅临指导，而先生亦总是拨冗亲临。先生曾于2006年5月撰写《他们在惊涛骇浪中健康成长——我与1963级同学》（刊北大国关学院院友会《院友通讯》第8期）一文，回顾他与我班同学的亲密关系，感慨我们“在桃李芬芳的时候曾遭狂风暴雨的摧残”，“挣扎过来后又健康成长”，赞赏我们“有一个共性，就是有风骨”，“能在任何情况下都坚持自己的做人‘原则’，无论是威逼利诱也好，高官厚禄也好，面对十二级台风，没有迷失自己”。先生之言，出于肺腑，先生之情，溢于言表。

谁言寸草心，报得三春晖。在先生九十华诞和从教六十五周年之际，回忆先生为人、授业、治学，往事历历在目，感恩、景仰之情油然而生。下面记述的几件往事，于先生也许是太小、太平常，或许早已忘却，但于我，却影响非凡，终生受益。

往事其一，发生在我进北大之初。作为一名出生在浙北农村的孩子，能考上北大，那是特大的惊喜。不用说在我村、我乡是第一个，就是在我的母校（浙江海宁一中）也是第一个。报到时，我的衣着很土，这倒没有什么，当时虽无以土为荣之说，但学生，特别是新生并不会以土为耻。入学教育还狠批“一年土，二年洋，三年不认爹和娘”来着。但我很快就出了洋相，几度陷入窘境。一是第一餐我错以为北京也是一斤十六两制（浙江当时还在用），在食堂买了二两玉米面粥和两个窝窝头，量实在太多，加上南方人一时吃不惯玉米面，怎么也吃不完，又不敢丢弃，最后虽然满头大汗硬吃了下去，却几乎动都动不得了，一时成了同学们的笑柄。二是我江浙口音浓重，常因黄王、郑陈、陆绿不分而被人笑话，而心里越想咬正读音，出口时越会出错。有一次先生和许多同学都在场，我又把当时北大校长陆平的“陆”读成了“绿[lǜ]”，顿时哄笑一片，我窘极了，脸飞红，竟至一时失声。但先生没有笑，他一边安慰我，一边以原籍浙江的身份向同学们解释我老家确实陆绿、黄王、郑陈不分，要求同学们不要笑话，要帮助我纠正发音。同学们的哄笑声停止了，我也从窘境中解脱了。从此后，即使我再发错音，无一同学哄笑。我也很快不再陆绿、黄王、郑陈不分。试想，如果没有先生当即为我解窘，原本有一点自卑的我，也许就此失去自信，也许就此与口才无缘，多么可怕。我一生感恩先生，可以说是自此始。

往事其二，发生在"文革"期间和其后。众所周知，先生在"文革"前夕就曾被进驻北大的"社教工作队"定为"走资派"，文革中更是被打成"黑帮"，无尽的"批斗"、"示众"，侮辱性的监督劳动，受冤枉、遭折磨成了家常便饭。许多同学(包括本人)虽然对先生到底是不是坏人存疑，但在当时的形势下，谁有勇气公开提出质疑呢！多数同学往往只是在"批斗会"上尽量声色俱厉地重复一番现成的套话，空喊几句"打倒"的口号而已。但同学中确实也有几个狂热者，他们为了显示自己的"革命性"，或对先生的言论、文章断章取义，无限上纲，撰文罗织罪名，或在"监督"先生劳动时厉声喝斥，甚至侮辱人格。十年浩劫过后，先生对这些同学不管是否道歉一概原谅，不计前嫌，依然关心、爱护有加。有一次，我私下问先生"XX、XXX 在文革中这样对您，您不记恨吗?"先生以淡然一句"都过去了，当时这种形势，能怪他们吗"作答。多么博大的胸怀，多么宽厚的包容心呀！先生的胸怀，感染了我，引导着我。我在职期间，也曾有人出于不同的动机告我的"黑状"，散布针对我的流言蜚语，但我始终能以先生为榜样淡然处之，从不记仇，从不报复。

往事其三，发生在 20 世纪 90 年代。我曾有两次提拔的机会，但由于种种原因，都失之交臂。有不少人为我抱不平，我虽做到淡然处之，但心中也有怏怏的时候。恰逢一次同学聚会，先生也来了。我在先生面前坦露心迹，先生微笑着对我说："我知道。"原来他已听我身边熟悉、了解我的人说起过。他还告诉我："人家说你不会再高升，因为你只知做事，但你也不会下岗，因为你能做事。"然后他对我侃侃而谈，从人的"风骨"至"做人的原则"，从坚持做人的根本到为官之道。这番话，可谓情深意切，发人深思，但全无说教。先生的教诲，使我大悟。对于官场进退，我就此淡然。退休后，我以先生教诲为本，曾以《定好位、做好人、办好事》为题，多次做讲座，听者反映出乎预料的好。我班有不少同学聆听过先生类似的教诲，无一人不入心入脑。有一个事实可以印证：我班三十余人，或从政、或教书，达到厅局级及以上的超过 20 人，但他们都能清清白白做人，踏踏实实做事，一直到退休，没有一个人因个人操守问题中箭落马。

往事其四，发生在 1997 年 5 月。我们 63 级老同学终于在庐山和黄山实现了毕业30年后的首次聚会。时已年届七五的先生赶来了。先生鹤发童颜、神采飞扬，与这么多的学生久别重逢，一脸灿烂的笑容，和大家一样兴奋。师生一起观景、聊天、叙旧、论今，个个意气风发、言辞激浊扬清。作为聚会首站的东道主，先生在庐山期间我得以陪随左右。先生作为我国政治学和国际政治研究领域的著名学者，早已名扬天下，远播海外，但先生虚怀若谷，博采广纳的求知精神，着实令我既吃惊，又钦佩。在美庐别墅，他详询蒋介石、宋美龄逸事，追问毛泽东为何只住一次美庐，后来就迁住别处；在庐山会议旧址，他倾听介绍，细看图文，品味历史风雷的回声；在佛教净土宗祖寺东林寺，他轻诵神秀、慧能的著名偈语，向僧人请教虎溪掌故，请教江西另一名寺百文寺禅宗祖师怀诲为何、如何制定汉传佛教的清规戒律；在白鹿洞书院，他由程朱而及陆王，甚至问及朱熹与陈亮在江西铅山鹅湖书院的论战。这次随行参观，先生极为精采地为我补了一堂求学课。

往事其五，发生在2005年。我班同学在福建省福清市第四度聚会，83岁高龄的先生风尘仆仆赶来。在座谈会上，他把自己一篇用一句话概括表述政治或政治学的论文复印发给大家，要求大家畅所欲言，谈看法和意见。我班同学与先生一贯亲密，该文虽是老师大作，先生要大家讨论，大家也就你三言、我两语地谈开了。有赞成、附和的，也有反对、质疑的；有以马列经典坚持阶级斗争（或斗争）说的，也有认为无产阶级取得政权后应为调和、妥协说的；有人大声赞赏"政治是摆平矛盾的艺术"，并以民间、官场均有"摆平就是水平，搞定就是稳定"之说佐证，也有人小声嘀咕"摆平"二字江湖气味太浓，不好登学术大雅之堂。先生静静地听，不时默默地记。最后还向同学们表示了感谢。后来我们才知道，用一句最通俗的话来概括政治或政治学是先生进入新世纪以来的夙愿。2004年一位韩国知名作家采访先生时曾请先生用一句话概括政治学是什么。先生的回答是"政治学就是一种摆平的艺术"。2005年5月在韩国讲学，同年8月在包头参加政治学会年会以及同月在北大国关学院院友会理事会二届二次会议上，先生均讲到这个问题。以先生文以载道强烈的使命感，耄耋之年仍坚持实事求是的严谨学风，听取我们这批虽非专业，亦非门外，来自各地区各行业的同学意见，也实在情理之中。先生发表于《北京大学学报》（哲学社会科学版）2005年11月第6期的大作《政治学与和谐社会》，对"政治是摆平矛盾的艺术"这一创新的论点作了详尽的阐述，观点鲜明，论据充足，逻辑严密。字里行间，我们再次读到了先生一以贯之的求真求实求是的科学精神。

陈虎良，北京大学国际政治系1963级学生。

难忘师生情

林明江

秋日在阵阵风雨中踏歌而来,我们北大国际政治系64级的同窗好友,约定于九月底相聚燕园;盼望中,恩师赵宝煦教授90华诞和从教65周年纪念日也即将到来。双喜临门,激动中彻夜难眠,不时拜读赵老师赠送的《杏坛春永——赵宝煦教授从教55周年暨80华诞》纪念册,翻看珍藏的有关北大师生的老相片。这纪念册和老相片凝结着深厚的师生情谊,难忘师生情,与赵老师的亲密交往的情景历历在目。

赵老师给人的第一印象是平易近人,和蔼可亲,博学多才,治学严谨。记得我们1964年秋入学不久,担任系主任的赵老师来到了我们班。当同学们称他为"赵主任"时,他连忙说,要叫"赵宝煦同志",不要称职务。这一下子就拉近了彼此之间的距离,使同学们感到十分亲切。赵老师对新入学的64级国际政治专业的学生十分满意,肯定我们在中学阶段学习基础好,还有5位同学是直接从部队考上的,素质较高。赵老师还着重介绍国际政治系学生的培养目标和专业要求,强调学习马列要读原著,要学以致用,勉励我们要勤奋学习,刻苦钻研,要学习好外语和国际知识,将来成为国家急需的国际政治、特别是民族解放运动的研究和实用人才。赵老师的一言一行给全班同学留下了深刻的印象。这是我们64级同学入学不久在颐和园的合影,虽然赵老师不在其中,但他在我们班的同学中,至今享有很高的威望。

图一

赵老师为人幽默,记忆力很强。他不但经常引经据典,而且善于捕捉生活中的事例,用生动有趣的比喻说明深奥的道理。记得有一次我们谈论知识分子参加社会实践问题,我用出身贫农的母亲由于生活在南方,从没有见过驴的事实,谈了自己的看法,认为知识分子要参加社会实践是对的,但不能要求对工

图二

农生产中的事，他应该样样都懂。赵老师十分赞赏我的看法并记忆犹新。2010年元月，他为65级的《燕园抒怀》一书所作的序言中还述及此事，至今令我感慨不已。

毕业后我回到南方的故乡工作，十分想念母校与老师，而赵老师也牵记着我们。1992年7月间，赵老师出差到海南，与我联系。得知消息后，我与中国(海南)体制改革研究院执行院长迟福林院友及二位北大校友，赶到海口南天大酒店与赵老师见面。瞧瞧熟悉的脸孔，听听他久违的声音，叙叙别离的情怀，师生们高兴万分，这是我们师生当时的合影(图二)。赵老师在言谈中，半句不谈他在“文革”中的冤屈与遭遇，侃侃而谈的是北大和国际政治系的变化，当前国际形势的新特点和政治学研究的新领域，以及海南经济特区发展的远大前景。展现出虚怀若谷的学者风度，体现了为人师表的大师气质，令人肃然起敬。

也许我与母校和老师缘深情长，1999年6月，正当我在意大利都灵、瑞士日内瓦、法国波恩，参加联合国劳工组织和劳动保障部举办的社会保障培训班时，中央的一纸调令，把我从海南省人事劳动保障厅厅长的任上调到全国侨联任副主席，我因此离母校和老师更近了。我曾几次单独或与同学一起到蓝旗营探望赵老师，聆听他的教诲。2000年5月26日，我有幸应邀到北大国际关系学院听取时兼院长的中共中央政治局委员、国务院副总理钱其琛同志的讲课，也见到了满头银发、精神矍铄的赵老师，以及张汉清、方连庆、张映清、梁守德、潘国华等老师，还见到我在中央党校学习时的同学蔡武院友(时任中联部副部长)等，这份难得的相片，再一次记录着难忘的师生情谊(图三)。

图三

赵老师的学识和声望为母校增光添彩。2001年11月，学校举办了《赵宝煦教授从教55周年暨80华诞》纪念活动，我也赶来祝贺。那时中外宾客云集，贺信贺电纷来，可见赵老师的人格魅力和桃李满天下。2004年4月，赵老师与我在北京华侨大厦会见了美国友人，进行了一次有益的中外文化交流。赵老师还是那么温文尔雅，光彩照人（图四）。

图四

每逢新春佳节，我们常互寄贺年卡。2007 年岁首，赵老师给我寄来一份极具特色的贺卡，有他老人家与陈司寇师母钻石婚的珍贵纪念照，扉页还有赵老师的亲笔题字："明江同志及夫人全家新春纳福。"一种受宠若惊、无限感激的心情涌上心头。

90 年岁月沧桑，65 载业绩辉煌。赵老师与北大众多的名师、大师一起，以他们的言行、他们的学识、他们的成就，进一步印证了北大"爱国、进步、民主、科学"的精神理念和"勤奋、严谨、求实、创新"的优良校风，也激励着一代又一代北大学子披荆斩棘，奋勇前进。我们师生共同培育的这份珍贵的情谊，将永远铭刻在学生心中！

衷心祝愿赵老师身体健康，万事如意！

林明江，北京大学国际政治系 1964 级，全国政协常委、中国侨联原副主席、党组副书记。

贺赵宝煦老师九十华诞暨从教六十五周年

丁广举

2011 年 9 月上旬，接"赵宝煦教授 90 华诞暨从教 65 周年庆典活动"筹备小组通知，要求撰写相关纪念文章（题材、形式、风格、字数不限）。接通知后即外出多日。我 1964 年 9 月入燕园学习时，赵老师是我们的系主任，从此受其言传身教，受益匪浅。多年不曾写诗，特拼凑几句，以表达对赵老师的尊崇和祝福。

烽烟滚滚奔西联[①]，

① 西联：即西南联合大学。赵老师正当中国人民抗日战争激烈进行的 1943 年入昆明西南联合大学化学工程系学习，后转政治系。

求索富民国家安。
栽培桃李有真情，
奖掖后学无私念。
学富五车是我师，
德高十教为吾范①。
天保九如筹满屋②，
福寿安宁比南山。

2011年10月2日

丁广举，男，1941年5月生，教授，安徽省亳州市涡阳县人。1960年参加工作，1964年从部队考取北京大学国际政治系，1969年毕业，2001年6月退休。退休前为国家教育行政学院教授、社科部主任等。长时间既做教学和教研的管理工作，又从事教学、科研和干部培训工作。退休后仍从事写作、讲课和一些社会工作。在北京黄埔大学（民办）任过副校长，主管教学科研工作。在教学和研究方面，涉及政治理论、国际政治、世界历史、教育（特别是外国教育和道德教育）等领域。

祝贺赵宝煦教授九十华诞暨从教六十五周年

施裕壬

铭记先生恩德继续奋力前行

——祝贺赵宝煦教授九十华诞暨从教六十五周年

今年十一月将迎来赵宝煦教授九十华诞暨从教六十五周年庆典。作为赵

① 十教：又称十义，是儒家十种伦理道德的教化，这里泛指品德修养。《荀子·大略》："立大学，设庠序，修六礼，明十教，所以导之也。"

② 天保九如：《诗经·小雅·天保》："天保定尔，以莫不兴。如山如阜，如冈如陵，如川之方至，以莫不增。……如月之恒，如日之升，如南山之寿，不骞不崩，如松柏之茂，无不尔或承。"连用9个"如"字，祝颂福寿绵长。筹满屋，来自海屋添筹。海屋，寓言中堆存筹码的房子。宋朝苏轼《东坡志林》卷二："尝有三老人相遇，或问之年。一人曰：'吾年不可计，但忆少年时与盘古有旧。'一人曰：'海水变桑田时，吾下一筹，尔来吾筹已满十屋。'"后以海屋添筹为祝寿之词。

宝煦教授的学生,受到恩师的培育、聆听恩师的教诲,已接近半个世纪。赵宝煦先生的高尚品德、崇高风范,潜心治学、育人和在学术上的巨大成就,永远是我们后生学习的榜样。仅就先生的一颗丹心、一贯精心和一片爱心,我就有很深的感受。

一颗丹心

赵先生早在青年时期,为了追求光明、追求民主,就以一颗赤诚之心、爱国之心,历尽千辛万苦,从敌占区奔赴大后方,就读于西南联合大学,投身于民主爱国学生运动,并由化学工程系转学政治系,从此与政治学结下不解之缘,并为此挚著追求近七十个年头。赵先生很早就加入中国共产党,在政治运动、社会活动、学术研究和学术交流活动中始终坚持中国社会主义方向,坚持实事求是,一切从实际出发,从不跟风、从不盲从。

改革开放以后,赵先生更加焕发了青春的活力,为中国政治学的复兴作了大量开创性的工作,为创立和发展中国的政治学和国际政治学奠定了坚实的基础,作出了杰出的贡献。他丹心依旧,赤诚如昔,老骥伏枥,壮心不已,先生做人、治学、教书、育人,始终满怀火一般的热情。"白发任凭衰彻底,丹心依旧火成团"正是他的真实写照。

一贯精心

赵先生不仅在学术上取得了巨大的成就,而且长期以来担任校内外大量的行政领导工作,参加广泛的社会活动和学术交流活动,为政治学、国际政治学的学科建设、人才培养、改善办学条件、建立良好的学术环境、协调各方面的关系,对北京大学(国际)政治系、国际关系学院的建立和发展,对北京大学中国国情研究中心的创立,都精心组织、精心实施,耗费了大量心血,付出了巨大精力。

赵先生在教书育人方面同样一贯精心,他对学生的学业和论文精心指导,精心培育了一批又一批高质量的硕士、博士研究生,使学生们在毕业之后得到很好的发展,并取得长足的进步,成为国家的有用之才。

赵先生有深厚的学术和艺术功底,他的专业学术著作、广告装潢设计、诗词、书画艺术作品,都是精心之作,堪称精品。

一片爱心

无论是教书育人,还是对学术研究和各项社会事业,赵先生都是一片爱心。从他走上北大讲坛时开始,就一直将自己的学识毫无保留地传授给一代又一代的莘莘学子。他热爱学生,关心学生,不管是传授知识、做学问,还是学生的成长，乃至具体的生活细节，他都无微不至。赵先生尤其是对我们1963级这个班级的学生更是关爱有加。我同赵先生也很有缘分，1963年暑假，适逢先生到四川招录新生，我如愿地进入北京大学政治学系。进校不久，先生就在他的办公室为学生“开天窗”（在课余讲述课堂上不能听到的国际上的大事和新闻），我们班的同学是最踊跃的听众。“文化大革命”前的1965年，先生和我们班的同学一起到朝阳区南磨坊公社参加“四清”运动，一起和贫下中农实行“三同”。从此，对我们班的同学更加了解，关系更加密切。1978年，先生招收第一批研究生，我和我们班另外三个同学又不约而同地一起投入先生门下。先生给我们言传身教，认真指导我们做人做学问。自1997年以来，我们班的同学有六次大的聚会，先生几乎每次都来参加我们班的活动，每次都给我们带来教益和新的收获。1997年在庐山，先生当时已75岁高龄，还不想坐轿，愿意同我们从三叠泉下步行上山。先生不畏艰难的精神和顽强的毅力令我们感动不已。2013年，我们班的同学还要举行一次聚会，先生表示，如果身体允许，还会参加我们的活动。我们期待先生的到来，祝愿先生健康长寿！

在赵宝煦先生九十华诞暨从教六十五周年之际，铭记先生的恩德，从中汲取精神力量，激励我们的余生，继续奋力前行。

2011年9月29日

（随文附上贺寿诗两首）

七律二首

祝贺赵宝煦教授九十华诞暨从教六十五周年

（一）

欣逢九旬庆典隆，
先生德才贯长虹。
传道授业六五载，
古今文化皆融通。
一代风范昭天下，
五洲历程显圣功。
荣辱不惊勤治学，

慈祥仁爱不老松。

（二）
抱定求学救国路，
虚怀若谷立宏图。
九秩岁月多风雨，
十分耕耘不荒芜。
高悬北斗明方向，
寿比南山更儒雅。
喜看桃李满天下，
庆贺恩师应大书。

施裕壬，1944 年 7 月出生于四川江津。1968 年 9 月毕业于北京大学国际政治系，1968 年 12 月至 1978 年 9 月在宁夏回族自治区固原县工作。1978 年至 1981 年 10 月在北京大学亚非研究所读研究生（1982 年获硕士学位），1981 年至 1984 年 10 月在北京大学亚非研究所从事科研和教学，讲师。1984 年 11 月至 2004 年 8 月在深圳市委政策研究室，体改办，劳动局，医疗保险管理局，社会保险管理局工作。高级经济师，中南财经政法大学兼职教授。曾任中国社会保险学会常务理事，广东社会保险学会副会长，深圳市社会保险学会会长，《特区社会保险》主编。中国管理科学院终身研究员，中国未来研究所特约研究员，中国世界贸易组织研究所特约研究员。与人合作主编《中东风云人物》，《中国经济特区经济社会发展》，《医疗保险学概论》。主审《社会保险信息化建设与管理》，著有《改革发展与社会保障》。发表论文和研究报告近百篇，获省部级奖十多次。

赵老师为人师表的人格魅力

陈维忠

赵宝煦老师是北京大学资深教授，国际著名的政治学家。2011 年 11 月 6 日，北京大学专门举办隆重的“赵宝煦教授 90 华诞从教 65 周年庆典活动”，这是大家共同的愿望。1963—1968 年间，我就读于北京大学政治系。赵老师是系主任。他历来注重从大处关爱学生,教学生如何治学,怎样做人。尽管半个世纪过去了,一些往事至今还记忆犹新。凡是与他相处过的人,对于那段经历,无不具有一种难以割舍的情感。这里,我记录其中一些片段。

我出生于福建福清市农村,对上层的政治斗争知之甚少。1965 年冬,平静的读书生活中断了,北大的文科师生统统到北京市郊参加"社会主义教育活动"。我被分配在朝阳区南磨房社教分团刻写简报,有幸与赵老师住在同一个宿舍。赵老师非常慈祥,经常找我谈心,从家庭状况聊到兴趣爱好,教育我要认真读书,学会做实际工作。他说,我们系是培养研究国际问题方面的专家人才,要立好志向,练好基本功。由于住在一起,他就挤时间给我讲课。一次讲毛主席《纪念孙中山先生》,没有现成文字,赵老师就亲笔抄写。当我见到那张字迹端庄稳重、古朴流畅、如印刷一般的文件时,真为赵老师的认真、用心、爱生的崇高精神所感动所折服。那情景,我铭记一生。当时,赵老师动情地说,毛主席这篇文章虽然只有六百多字,但层次分明,言简意赅,通篇体现了辩证唯物主义和历史唯物主义的思想,认真阅读,可以学到很多东西。譬如,怎样理解"虚心"两字,赵老师说:虚心不是人云亦云,虚心是要注重研究、体会历史和当前的客观状况,耐心倾听各方意见,去寻找最佳答案。那一节课,对我一生影响深远。赵老师还亲自为我们下乡工作队员上党课,讲群众路线方面的内容。那一段在乡下的日子,由于赵老师的精心安排,谆谆教导,使我们没有虚度时光。

"文化大革命"后期,赵老师甩掉"反动学术权威"帽子,又出来工作。他所带的研究生中有四位是我同班同学,我感到欣慰。我在福建基层工作,不能常去看望老师,但赵老师仍惦记着我这个远方的学生,每次来福建参加学术活动,都打电话给我,询问福建各位同学的情况,体现他对朋友、对学生的真诚和关心。2003 年、2005 年、2008 年、2011 年我们国际政治系 63 级同学分别在广州、福州、合肥、北京聚会,每次赵老师都不顾工作繁忙,年事已高,欣然应邀到会。记得 2005 年,赵老师还带来新作《政治学与和谐社会》,以自己的真知灼见,为学生提供精美的精神食粮。近年来,还见到他的多篇论文发表和多本专著出版。他是一位极其勤奋,富有强烈使命感的学者。回顾他从教 65 周年的历史,不管是道路多么坎坷,也不管是风浪多么险恶,他始终热爱共产党,热爱祖国,坚持追求真理。这种风格和品德是我们终生学习的典范。

赵宝煦老师是政治学大家,足迹遍布五洲四海,十几年来访问了几十所国际名校,为世界政治文化的交流作出了杰出的贡献。同时他又是一位和蔼可亲、平易近人,对自己的学生关怀无微不至的导师和长辈。我是一位很普通的退休干部,赵老师到福建曾两次登门看望,赞扬我们退休后还办教育为社会服务。我们全家激动不已。我们祝愿赵老师健康长寿、吉祥如意,为国家作出更大的贡献。

2011 年 9 月 20 日

陈维忠,1944 年 5 月生,福建福清人。1968 年毕业于北京大学国际政治系。1985 年后历任中共福清县委副书记、中共福清市委副书记、福清市政协主席。在任期间分管福清市文教、卫生、体育各项工作、勤政廉洁爱民,忠于职守,先后五次被评为福建省创建福厦文明路、省集资办学、省精神文明建设先进工作者。结合实际工作,曾发表论文十多篇,是福清市书法家协会名誉主席。2003 年因协助当地工作有成效获福州市委、市政府颁发的金质奖章。

铭记老师关爱　学习老师榜样

孙兰芝

值此赵宝煦老师华诞 90 年暨从教 65 年纪念之际,我作为老师当年的学生和从教三十多年的教师,深有感触的是:学生是在对老师的欣赏中接受教育的,是在老师的鼓励中健康成长的。正如苏霍姆林斯基所说:真正的教育者不仅传授真理,而且向自己的学生传授对待真理的态度,激发他们对于善良事物受到鼓舞和钦佩的情感,对于邪恶事物的不可容忍的态度。教师真正的教养性表现为:学生能从他身上看到一个引导他们攀登道德高峰的引路人,从他的话里听出他在号召他们成为忠于信念,对邪念不妥协的人。

赵宝煦老师经历了旧中国到新中国的巨大历史变迁,经受过“文化大革命”那场浩劫的磨难,他饱经沧桑而心高志远,成为政治学领域的开创者和奠基者。而给我留下更深刻印象的是他那慈祥的面容、文雅的举止和对学生“诲人不倦”的教导和关爱,他是我从教的榜样。

我于 1965 年考入北大国际政治系,当时赵宝煦老师是系主任。作为国际政治系的学生,外语要求很高,外语在教学计划中所占的学时也比较多。每周外语 6 节课,上课和自学的时间是 1∶2。就是说,一周要有 18 学时用在外语上。按照系里的教学计划,当时班上 2/3 的同学选学英语,1/3 同学选学法语。一般认为,这两种语言初学时法语比英语要难一些。我因高考俄语成绩满分,赵宝煦老师主动找我谈话,让我选学法语。赵老师在建议我选学法语时还特别告诉我:教法语的刘自强(女)老师是刚刚从法国回来的,法语特别好;并鼓励我一定要好好学习。果然,刘自强老师的课教得非常好,我每天都盼着去上法语课。刘老师不仅课教得好,而且气质高雅,衣着讲究,对学生和蔼可亲,成为我崇拜的偶像。有一次我感冒了,嗓子很疼,刘老师知道了,她为我做了鸡蛋羹,用饭盒装着亲自送到我的宿舍。一位科任老师,能够对一个大学生如此细心的关怀,是非常难得的,我非常感动。多少年之后,我都非常感激赵宝煦老师建议我学法语,使我有机会见识刘老师这样一位教师的榜样。当然,我也没有辜负赵老师的期望,非常用心学习,在将近一年的学习中,我的法语成绩全部是5分。

不幸的是,1966年突然爆发"文化大革命",大学停课"闹革命",中断了学业。并且,以后再也没有找到机会学习法语。1970年3月毕业离开北大,到辽宁农村做中学教师。大约是1974年前后,北京人民广播电台开办英语广播讲座,在辽宁当地可以收听。同期,上海电台开办法语广播讲座,但是在辽宁收听不到。我便开始跟着北京人民广播电台开播的英语广播讲座,断断续续地自学英语。1978年恢复大学招考研究生的制度,我报考赵宝煦老师的研究生,外语考的是英语,但主要因为外语成绩太低未被录取。确实因为是自学,工夫不到,囫囵吞枣,未学明白。其中的一道考题,其实很简单,都没有答对。那道题是:"你去过大寨吗?"就是个现在完成时的问题,但是就没有弄明白,而用了一般过去时。未被录取之后,赵老师亲自写来信,细心地讲解了几个英语句式的译法,也包括了"你去过大寨吗?"那道题。这封信,对我的英语学习有着启蒙和开窍的作用,对我后来的专业发展也很有意义。后来,我加强了英语学习,顺利通过职称晋级的英语考试和出国进修的英语考试,还参加了赵老师支持并作总序的《21世纪高校教材译丛·政治学与行政管理学》系列丛书之一的《政策分析和规划的初步方法》(华夏出版社2001年1月出版)的翻译工作。

1987年8月从辽宁教育学院调到北京,在国家教育行政学院工作,有比较多的机会与赵老师见面,聆听老师的教诲,高山仰止,获益颇多。2010年我所写的自传体文集《生命的远行》由山东大学出版社出版后,送赵老师指教,老师年近九十高龄,卧床养病,还写信给我,我特别感动。信文如下:

兰芝:你好!

请原谅这封信不能写太长,因我腰病复发写字不便。

大作已收到。谢谢!最吸引我注意的是"我的伟丈夫"一节。女作家写文章,用此题目,很是惊人。这让我想起李清照的词,一开头连用十四叠字:“寻寻、觅觅……”同样是石破天惊之笔!而你文中写得实在、贴切,完全不用什么浪漫的“一见钟情、山盟海誓”的浮夸套话。而你写的丁广举同志,确实写活了。他确实是一位“心里关怀别人,眼中老有事做”的人。威严的外貌下,待人热情如火……

只能写到这里。

与广举多日不见,但腰痛,怕是2010年底前不能接待你们了。医生说:伤筋动骨100天,是指年青人。如我年近90(88岁),肯定要行动自如、得做超过100天的打算,而且所有零件都超期服役了,有的就不能康复了。

不多及,祝

贤伉俪如日中天、前程万里!

赵宝煦谨启

2010年8月20日

我与夫君丁广举(北大国际政治系1964级)1970年3月离校后,在辽宁省昌图县工作9年半(长岭子中学3年多,县委党校6年整),后来到了沈阳,在辽宁教育学院任教8年;1987年调到北京,在国家教育行政学院任教,直到退休。从教三十多年,没有成为名师,更不是大师,但是可以说是个合格的老师,是学生和学员喜欢的老师。几十年来,或远或近感受师风滋润,始终向老师学习,关爱学生,鼓励学生,与许多学生保持联系。

当此纪念赵宝煦老师华诞90年暨从教65年之际,我要由衷地说:

作为学生,永远被老师记得;作为老师,永远被学生记得,都是人生的辉煌!

老师,您是春雨,滋润我的心灵!

老师,您永远走在学生温暖的视线里!

老师,愿欢乐永远陪伴您!

孙兰芝,1946年1月出生于吉林省长春市,北京大学国际政治系1965级,国家教育行政学院教授(退休)。曾任国家教育行政学院教育管理杂志社副总编、社科部主任。独立撰写与主编的主要著作有:《世界近代后期政治史》(1996年)、《政策分析和规划的初步方法》(译著,2001年)、《邓小平理论与中国现代化》(2003年)、《公民教育的国际视野》(2005年)、《感受美国》(2007年)、《生命的远行》(2010年)等。参加“九五”国家社会科学基金委托课题“中国现阶段阶级阶层研究”;主持“十五”国家教育科学规划课题“公民道德教育比较研究”。发表学术论文三十余篇。

“学术之路与人生之道”

金珍镐

1994年认识赵宝煦教授到目前为止已有17年了。对于在韩国、台湾、香港成长及读过书的我来说,中国和中国人是我人生道路上不可缺少最为重要的一部分。我时常向他们学习,同时,以他们的复兴及发展为荣。从1982年在韩国檀国大学中文系学习中文到目前在母校政治外交系任教,我的人生里“中国”不但是我谋求生存的空间,而且还是我不断成长发展的摇篮,她就是我生活和人生里的“养母”。

从1986年到1990年在香港珠海学院历史研究所攻读时,我的论文指导教授香港中文大学的王尔敏教授时常向我提起中国人的生活方式、思维观和历史研究精神。1983年在台湾的天祥认识了目前已成为我妻子的张襄如女士,也时常向我提起中国人的生活方式和尊重他人以及中国人为人处事的哲学。1994年认识了北京大学博士班导师赵宝煦恩师,受恩师影响深远,之所以有今天的成就和恩师殷勤教诲分不开,点点滴滴教诲记忆犹新,如“做人的道理和为学的精神”为现在作为学者的我打下了精神基石。在中国求学期间接触到各个层次不同的人和事,我都以一位学者的身份去学习研究,取长补短,获益匪浅,我就像在知识海洋里遨游,一点点去吸收,日积月累,我就慢慢变成研究中国的学者。“中国”对我来说是个大学堂同时也是我的根。因此,每次看到中国在世界上的新发展、复兴及海外交流,我心里自然而然地流露出喜悦之情,看到中国经历了艰苦的努力为中华民族伟大复兴的成就时就会让我激动不已。中国到底吃了多少苦呢?我相信21世纪是中国的和平发展并为世界作出贡献的时代了。

在北大学习的时间里,赵宝煦教授特意强调让我多学习从东北来的黄大慧同学。当时黄同学陪同夫人和小孩来到北大读书,生活非常艰难,赵教授特别强调说让我与他保持好关系。他就是我的同门同期同学,是赵教授的关门弟子。在一个外国人的立场学中国国情和国际关系并不容易,现在想来当时没有赵老

赵老师的韩国博士生

（最左边是金珍镐，右一李东律，右二金都姬）

师和很多同学的照顾，我就没法在北大毕业当教授了。因此回到韩国教中国留学生时，以报恩的心理对他们格外关照。教学本身以互相尊重为基础的人和人之间的学术交流，里面包含天时地利人和的哲学及社会艺术和宇宙观。赵教授特别强调中庸和人和的精神的同时，也很重视研究社会转变的西方社会科学的另外一方面。他是兼备东西方人文社会科学的理念和实践精神的大学者。

我写博士论文时，赵老师特意骑单车到我住宿之处，细心察看我的生活环境和读书的态度。当时我就体会赵老师很重视学生的品德和学习的精神。现在我在我的研究室里回想起老师当时的眼神充满了严厉和鼓励。这就是我研究中国和接触中国人的基本精神。

赵老师在韩国檀国大学演讲

我在香港和台湾接触老师时他的体力非常充沛,在大众面前演讲两三个小时。快结束演讲时,他还舍不得离开讲台,就表示他还有很多话没讲完。从他经历过的中国从挫折和失败改变为改革开放成功的目前的历史,他如何形容呢?就一言难尽了。

我回到韩国母校任教时,2005 年老师特意来韩国向檀国大学的学生演讲,站在讲台上连续讲三个小时,原本为老师准备的桌子和椅子变成装饰品了。演讲结束以后我与几个中国同学一起陪同他去韩国古都庆州和前总统朴正熙的故居。老师称赞韩国的传统艺术和朴正熙推动的韩国经济改革成就。我希望老师与我们一起爬庆州南山时一样,寿比南山,流芳百岁。

赵老师在朴正熙故居

师恩如山,因山高巍巍,使人崇敬;师恩似海,因大海浩瀚,无法度量。岁月无痕,只有师生友谊长存。

金珍镐(KIMJINHO),韩国檀国大学政治外交系教授。生于 1963 年 4 月 20 日,1995 至 1998 年在北京大学国际关系专业攻读博士学位。1998 至 2000 年任韩国檀国大学东洋学研究所(研究员)及香港珠海学院亚洲研究中心(研究员)。2003 年至今任韩国檀国大学政治外交系教授,2010 至 2011 年任香港珠海学院教授,2005 年至今任香港亚洲周刊驻韩国特派员兼韩国 KBS 和香港凤凰卫视时事评论员。主要学术成果有:《台日韩商大陆投资策略与布局》,《台北 INK》(金珍镐编著),《李明博自传经营未来》。人民出版社(特别编辑);"2005 年韩国世界华商大会筹备报告书",韩国产业知识部(总编);"韩国 CEO 总统之梦"封面报道(独家专访),《亚洲周刊》(2007 年 12 月);《KBS 韩国与教材》,韩国 KBS(檀国大学语学院出版后提供给 KBS);有关东北亚国际关系的论文五十多篇和时事评论一百多篇。

赵老师——经典是怎样塑成的

黄小明

忙中,收到北大"庆典小组"的邀请,要为赵老师纪念文集写一点东西。欣然应允。我很少写这样的文字,可是赵老师,我要写几个字。我 1979 年入北大的时候,赵老师是我们国政系的主任。可是不知什么时候开始,赵老师见到我就以"小明"称之,笑盈盈的,总是有很多东西要和我讨论,分享。当然,在如何称呼赵老师上,我们还是为难的。我那时就知道,老师从事政治学研究,解放前就开始了。按照这一辈份,我们是应该称呼先生的。可是,20 世纪 80 年代初,"先生"还不是一个正面的称呼;我们也不叫主任,都叫赵老师。

不知为什么,后来和赵老师的来往多了起来。赵老师是一个非常随和温暖的人,跟谁都能谈点什么,而且是高兴地,不敷衍地谈。见面总要说上几句话。我记得,费正清的英文名字,我就是从他那里知道的。当时也有点恐慌,费正清这样大的名声,赵老师也就笑着,平和地说:"Fairbank,我的朋友。"80 年代初,国政系有三位外教,是我们学科、系乃至北大(西语系除外)对外开放的先行。一位是李先生,不知从美国哪个学校来的,祖籍山东,说话有极浓的山东口音,给我们上国际关系理论。本来理论这个东西就玄乎,给他一讲,更玄乎,"Morgenthau...,"没几个人能听懂他在说什么。另一位是叫汤普森,也不知是美国哪个学校来的。此君脾气很躁。学生说:"Good morning, Teacher!"他回答:"Good morning, Student!"这并不是语言上的幽默,而是对学生问候所用语言的质量的不耐烦。据说,此君后来还和学生有冲突。第三位是伯克利的罗伯特·斯卡拉皮诺。斯君用英语讲,边上有翻译,缓缓道来,很是受益。虽然他本行是东亚研究,说起 balance of power 也是有板有眼的。赵老师当年对国政系"文革"后系科发展以及与国际接轨做了许多艰辛努力,通过这些事,可见一斑。那时候,国政系没有博士生。硕士研究生就算是很高的学历,到头了。赵老师是我的硕士论文委员会的主席,另外有外交部的薛谋洪和国政系的李石生。

我写的是"总统幕僚在战后美国外交决策中的地位和作用"。虽然薛谋洪、李石生是我的论文指导,但赵老师在论文答辩那天,坐在二院办公室临窗的座位上,和煦的春日阳光透过窗格照在老师身上,赵老师和我招手,“小明,坐这里”,还记忆犹新,口试的恐惧一扫而光。

1986年,硕士毕业。那些年,有一个北大硕士,工作是可以挑的。我的意向是到外交部去工作,做一个基辛格式的人物。基氏的博士论文看久了,就有这些偏想。我们当年都算是有一些理想、有目标的人。赵老师和薛谋洪都不赞同,认为应该继续学业才对。我就留在国政系当老师。所教课程,赵老师也十分支持。当时我有兴趣研究国际关系理论,那时主要是介绍西方国际关系理论。1986年,我就在北大开了这门课。当时的环境,应该是不容易的。但好像也顺利开了。那时候,我们还没有中国特色的国际关系理论。教材是依照 James E. Dougherty 和 Robert Pfaltzgraff 的 *Contending Theories of International Relations*,我自己编的。我记得当时国关学院陈汉文的《在国际舞台上》,是那时中国在这方面唯一的一本书,也很有帮助。我写的课程提纲,都拿给赵老师看,让他把把关。

1986年,赵老师说,联合国大学(在东京)的武者小路公秀(Kinhide Mushakoji)要请两位年轻中国学者参加他们的研习项目,找到我和唐亮。这就是我第一次出国,见见这个“花花世界”。这件事,应该是唐亮今天成为在日本的中国研究顶尖人物的一个非正式起点。这时候,美国一个叫作“与中华人民共和国开展国际关系研究委员会”(Committee on International Relations Studies with the People's Republic of China,CRCPRC),据说有福特基金会的背景,到学校挑人去美国读国际关系博士。美国在准备与将来的中国交往上,还是有一些很好的想法和做法的。该委员会当时就是由伯克利的斯卡拉皮诺主持。那年面试的是哈佛的文革专家 Roderick MacFarquhar。美国早期与中国接触的学者,他们的面还是很窄的,基本上是那些搞中国研究的学者。很多不同专业的学生去了美国,很多也跟了这些搞中国研究的学者学。赵老师跟我讲,这是个很好的机会,这些人我都熟,学几年回来,很有用。后来,我就去了。我还记得,那时我们对在美国如何选学校,是不知所以然的。赵老师就跟我推荐许多他在美国熟悉的学校和老师,告诉我密西根、纽约和旧金山的优劣,密西根大学、哥伦比亚大学和伯克利分校的差别,还有哪位老师是搞哪方面的,待学生如何,等等。阎学通、潘维、徐湘林是和我同一年去美国的。因为我学国际关系,知道 James Rosenau,所以去了南加大,成了 Rosenau 的学生。当时记得,Harry Harding 也建议说,如果以后在美国工作,学政治学比较主流。如果回北大工作,那国际关系是应该有很大作为的。去了美国后,我们还能经常保持来往。往后,基本上是隔着远处看中国,看北大。北大国政系变成国际关系学院，政治系分出来，后来成立了政府管理学院。每次问起赵老师，都说很好，很忙。见到越来越多的人，都是他的学生。

我说这些，不知赵老师是否都还能记得。回头看看，赵老师是一根红线，围绕着这根红线是我们国家当代政治学、国际关系学科的发展，从无到有；人的成长，一辈一辈的，一批一批的。赵老师对学生和学科的深久影响，并不是他拥有行政资源，运用地位，而是他对每一个人细心的、没有利害得失的关怀，分享他的思想和关系，在每个人大的转折点上提供帮助和支持，在关键时候能站出来替人说话，他是一个真正“教”和“授”的人。这种人本的关怀，对青年人在社会和事业上的建树，是不可缺失的。这种人文关怀并不虚，是具体的，实在的，是别人能想到却做不到，或有可能做到但并没有意识到的，对于机会的体认，方向的把握，关系的铺垫，与资源的融合。这种人文关怀也不俗，虽然我们都不能说，我们30年前，60年前，就知道我们的方向和目标，也照此来做；但赵老师的学识，人品，做事的风格，似乎是很自然地把这些要素融合在一起，建造起一个又一个这样有意义、建设性的师生、朋友、同事关系。

我近些时候经常想，一个人，一件事，如何经久时日，才能成为一个经典传统。赵老师是当代中国政治学科领域的奠基人之一。这样一个地位，在我看来，都是通过点滴的、经常日久的积累，通过不同时代的政风、观念、体制以及生活方式的历练，通过这些一个又一个，成千上万个有意义、建设性的师生、朋友、同事关系，积载起来的。如果这些关系又都是由在同样一个有意义的事业上的努力和追求来带动和塑造的话，我们就会有了经典传统。北大的精神，实际上就是由各个学科领域这样一些经典的人物和传统传承下来的。

2011年9月15日于新西兰惠灵顿

黄小明，北京大学国际政治系1979级学生，后留学美国南加州大学，获政治学博士学位。现在新西兰维克多利亚大学政治学与国际关系学院任教授。

赵宝煦先生九秩寿辞

葛　荃

盖闻学尊人瑞，必德猷之懋着；器重商彝，洵斯文之寿考。维宝煦赵老先生吉辰九秩，鹤算频增；洪范五福，松声益振。遥瞻光采，宣教化六五方至；大醉风仪，开寿域百二可期。南山集庆，祺缘泰斗；东海腾祥，悦本儒宗。荃等布藻难名，敬忱千万，聊申微悃，用彰仰慕。肃此

后学巢湖葛荃偕山东大学政管学院同仁恭贺

葛荃，1953年10月生，安徽巢湖人。山东大学教授、博导，山东大学政治学与公共管理学院院长，四川大学政治学院兼职教授，中国政治学会理事，中国行政管理学会理事，山东省政治学研究会副会长。主要研究方向为中国政治思想与政治文化，中国行政管理思想史，行政文化与行政道德。

恭贺赵宝煦先生九轶嵩寿

张小劲、景跃进

赵公国之耆宿，学林瑰宝，九轶嵩寿，高朋旧属，承惠后学，欢聚一堂，贺公福侔东海，寿比冈陵。九为至祥之数，《易》曰“乾元用九”，诗颂九如，曰如山，如阜，如陵，如岗，如川之方至，如月之恒，如日之升，如松柏之荫，如南山之寿。逢九为庆，祈长祈久，期颐在望。

近世中国，新旧驳杂，中外交冲，政道乖张，世运多变。为学之人. 进退往往失据，左右常属两难，立言固已不易，立德尤属难能。豪杰纵横，大师辈出，然于学界既有开创中兴之功，足资垂范后世，而终得保其神形完固、乐寿双全者，寥寥可数，赵公为其一。何以故？收其内则仁智双修，性，用世出世，浑然一体，外则学统相继，□命相传，为天地所钟。

仁者寿，智者乐。仁心为体，慧智为用，故能济物而不役于物，入世而不沉于世，保其本真，益老益健，全其德性，日进无疆。赵公始求学于西南联大，得真传于张（奚若）、钱（端升）、吴（恩裕）、王（铁崖）诸大师辈，后掌教于燕园北大，身藏政学火于乱厄，隐忍不作者，以限于力，而非盲于心也。故逢春风再绿，即能发病树为新枝，振臂一呼，乃可复建一科之学。上承先贤嘉学，守庭下之冰雪，下启后进群英，抚阶前之兰玉，身系如丝如缕之道，志兴如火如荼之业，中国政治学之传统，终得再续。古人云，振衰起敝，兴灭继绝，此言赵公乎？

劫余之后某年，美国某名校教授访钱端升先生，求荐一人而可担重任者往美

访学。钱公曰,「阳谋」之后,余遭生平未有之大难,期间对余不离不弃者,屈指可数,赵为其一。赵公遂荷命往美,此又为中国政治学重接世界学统之始也。余之业怖高放教授亦曾对余言,求真理于马列,而不厚诬古人、曲学阿世者罕有,赵公为其一也。

今小子侧身清华政治系,遥想清华先贤如钱公一辈者,德业昭著,树而立者,诚足千秋,后学跄步,难望项背,难追万一,常感觍颜。幸有赵公传续学统,使我辈得聆伦音,得亲学宗,诚为一生之幸事!

政治之学,息息关乎国运。吾公之寿如斯,岂非天意将留其身以有待也? 是以祈先生寿。

后学清华大学政治系张小劲、景跃进拜撰

张小劲,祖籍浙江,1958 年出生于黑龙江。在中国人民大学政治系完成本科、硕士和博士学历并获学位,后留校任教至 2010 年。现任清华大学人文社会科学学院学术委员会委员,清华大学政治学系主任,教授,博士生导师。主要学术研究领域:政治学方法论,比较政治学,比较政党政治。

景跃进,浙江省嘉兴市人。1982 年浙江大学哲学系本科毕业,1986 年天津南开大学社会学系研究生班毕业,2004 年中国人民大学博士生毕业(在职),获博士学位。曾任中国人民大学国际关系学院政治学系副主任、教授、博士生导师。现任清华大学人文社会科学院政治学系教授。主要学术研究领域:政治学理论,中国政治。

杏坛心耕,一代巨匠

王学俭、张新平、陈小鼎

赵宝煦先生是中国政治学学科的重要奠基人、领路人,先生倾尽一生守护着中国政治学科的发展。兰州大学政治学学科的发展得到了赵宝煦先生等诸位学界前辈的关心、支持,因此,我们心中常怀感激。2004 年,先生以 82 岁高龄亲临兰州大学参加"全国高校国际政治高层论坛",指导兰州大学政治学学科的建设,鞭策与勉励并重,其情其景历历在目。值先生九十华诞之际,兰州大学政治与行政学院全体师生以欣喜、感激、崇敬之情为先生祝寿。先生为人,光风霁月,丹心拳拳，感人至深；先生治学，文以载道，开政治学诸多先河，是政治学一代巨匠。先生的治学理念、学术思想对推动中国政治学学科的进一步繁荣、发展具有重要指导意义。

一

十一届三中全会之后，邓小平同志提出政治学要“赶快补课”，为响应这一号召，赵宝煦先生与政治学界前辈们苦心经营，为中国政治学学科的重建与发展作出了重大贡献。其中，尤为值得称道的是，1980 年 12 月，中国政治学会在北京成立，先生与其他政治学前辈一道为中国政治学会的成立作出了不懈努力。八十年代对先生而言可谓是一个耕耘与收获并重的黄金年代，这也是政治学科蓬勃发展的重要时期。1981 年先生在北京大学国际政治系创办了政治学专业，并于 1982 年出版了《政治学概论》。这是新中国成立后出版的第一本以马克思主义为指导的政治学教材。其后，1983 年和 1985 年北京大学建立了全国第一个政治学和国际政治博士点。先生则成为中国唯一的政治学与国际政治双学科的博士生导师。1988 年赵宝煦先生在北大创办了跨学科综合性学术研究及咨询机构——北京大学中国国情研究中心，亲自担任主任。由于在政治学和国际政治学研究和学科建设方面取得的突出成就，赵宝煦先生先后被推选为国务院学位委员会政治学评议组副组长、国家社会科学基金会政治学组组长、中国大百科全书政治学卷编委及国际政治分卷主编。

1993 年，赵宝煦先生离休之后更是志在千里、壮心不已，恰如其诗所言：“白发任凭彻底衰，丹心依旧火成团。”赵老离休后接受返聘，继续指导博士生，2005 年受聘为北京大学资深教授。先生一直强调交流是学术发展的必要条件，并身体力行，2008 年，《和为贵——赵宝煦学术文集》（英文版）出版，这对加强中国政治学的国际学术交流具有开创性意义。赵宝煦先生是改革开放后第一个在国外用外文（英文和德文）出版政治学专著的中国学者，还是改革开放后第一位参加国际政治学会（EPSA）并担任常务理事的中国学者。作为改革开放以来在国外宣讲中国政治学的第一人，先生在古稀之年依旧奔波于国际学术交流舞台，足迹遍及美、英、法、德、日、韩等二十多个国家，出色地完成了向国际社会“解读中国”的艰巨任务，用心之良苦与成就之斐然着实令人肃然起敬。

二

概括赵宝煦先生的学术历程，“锐意进取、经世致用”这八个字颇为贴切。先生倾一生之力为政治学科的发展奠基、铺路、护航，作为后学晚辈的我们更是责无旁贷。没有继承,就没有发展,因此,十分有必要系统总结、发扬先生的学术思想与治学理念,推动中国政治学的新发展。

惟治学有道方能有所大成。赵宝煦先生能成为中国政治学一代巨匠,与其独到的治学理念有密切关系。无论是从教还是治学先生始终以德为首,一直强调"治学先立品"。人品不端,作风不正,学风也会不正,不可能做出大成就来。他反复强调:"社会科学工作者之大忌就是唯上,唯书,甘做氢气球随风转。"治学应当有识有胆。有识就是能够辨别是非曲直;有胆就是要敢于坚持真理。同时,先生治学问题意识十分明确,他要求青年人:"若想为国家做贡献,首先要把双脚踏在中国的土地上。"先生言出必行,以身作则,在近六十多年的治学生涯中,先生从不以营造个人象牙塔为荣,始终把自己的研究同国家利益联系在一起,运用政治学原理及相关理论研究国家发展急需的政治、社会发展模式和发展方向等问题。

关于从事社会科学,赵宝煦先生一方面十分强调方法意识,反对坐而论道,主张实证研究,正是出于这种考虑,他才白手起家,成立北京大学中国国情研究中心,推动了对中国政治的实证研究。同时,先生指出治学必须知识面要宽,文史底子要厚,基本功要扎实,反对死背教条,纸上谈兵,主张深入社会,掌握实际,多读书,勤思考。这些独到的治学理念对后辈学人极富启发意义。先生一生治学始终围绕着对国家、人民大众利益和幸福的关切,践行着知识分子的崇高使命。民主、共和、和谐等理念贯穿于其治学脉络之始终,也是其学术思想的基本底色。

(一)提倡民主与法治理念。赵宝煦先生一直肯定人民民主共和的重要价值,强调民主的发展特性与多元属性。民主是政治发展的共同目标,但并没有一个终极模式,而是不断改进着向前发展。同时,各国的民主化进程也不可能千篇一律,而是受到各国历史、经济、文化、政治等诸多因素的影响。先生十分重视"文革"的教训及其对改革开放后中国政治改革进程的影响,强调建设社会主义法治国家的重要意义。

(二)强调政治学研究的中国特色。学术研究既有基于基本理论研究的普遍性,也存在研究问题与研究视角的独特性。赵宝煦先生反复强调中国政治的研究应立足中国的实际问题,为改革开放提供理论支持。中国的政治学研究不能食洋不化,完全照搬、套用西方的理论框架,把西方的问题当成中国的问题。与此同时,先生一贯强调没有开阔的视野与比较的态度也无法真正把握中国政治的运行与发展轨迹,应当以世界的眼光来看待当代中国面临的困惑,集思广益,对症下药。

（三）注重传统文化的现代转型。将传统文化的精髓与现实政治问题的探究有机结合起来是赵宝煦先生学术思想的重要方面。先生十分注意从中国传统文化中汲取丰富的营养，阐述传统文化价值观对于中国与当今世界的重要价值，提升中国政治研究的理论内涵与思想底蕴。近年来，先生围绕着儒家和为贵、中庸之道，墨家非攻兼爱的思想以及中国佛教不杀生的主张，既为中国的"和平与发展"与"和谐世界"的构建进行阐释、辩护，也为国际和平提供新的思想资源，有助于提升中国的文化软实力。

总之，赵宝煦先生的学术思想博大精深，有待进一步挖掘、继承与发扬。云从龙、风从虎，我们有幸在中国政治学发展的关键时期得遇赵宝煦先生等诸位博学笃行之士，正是他们的不懈努力才成就了今天中国政治学的发展与初步繁荣。现在值得我们深思的是，应当如何薪火相传，把前辈们铺好的学科之路进一步拓宽、夯实。

三

政治学乃治国之公器。在赵宝煦先生等诸多前辈的引导下，在广大同仁的努力下，政治学学科取得了长足的发展。学科体系日趋完整，学术规范日臻完善，研究领域不断拓宽，研究层次不断深化，研究方法不断成熟，研究队伍不断壮大。正是在中国政治学蓬勃发展大背景的推动和促进下，兰州大学政治学学科也逐步发展起来。作为中国政治学研究的一部分，我们从未忘记兰州大学对中国政治学发展应尽的责任与义务。这些年来，我们一直都在思考如何进一步推动兰州大学政治学科的建设与发展。明确区域特色、做西部文章，完善政治学科的区域布局，为中国政治学的发展做出应有贡献是我们应承担的责任。赵宝煦先生一直鼓励我们抓住西部大开发的机遇，埋头苦干，做出特色，做出成绩。值先生九十华诞之际，沿着先生的足迹，深入思考政治学的未来发展是一件意义重大的工作。我们认为，中国政治学的新发展存在以下几个切入点。

（一）应具有扎根中国的问题意识。这就要求我们必须深入调查，了解中国国情，提供解决当前现实政治问题的最佳方案。中国政治学要在借鉴西方理论的基础上构建自身的理论体系，深入研究中国社会的现实。现阶段中国面临最重要的问题便是"和平发展"，这一命题与政治学研究息息相关。中国政治学发展的最大动力就是社会主义中国的现代化。社会主义中国的政治现代化进程必将对政治学研究产生重要历史性影响，为世界贡献新的思维图景。而改革开放与和平发展则是中国现代化进程中关键的历史节点，也是政治学研究大有可为之处。如何通过政治发展确保中国政治秩序的稳定、推动经济与社会的共同发展、增强制度软实力将是中国政治学研究的重要突破点。只有扎根中国政治实践的政治学研究，才能开辟一条新的研究路径，完善中国政治学的学科体系。

（二）应强化马克思主义政治学的研究。马克思主义是一个完整的理论体系，马克思主义政治学理论是马克思主义理论体系的有机组成部分。改革开放以来，中国政治学的发展很大程度上受益于马克思主义理论的发展，尤其是马克思主义的中国化。现阶段中国的政治体制改革正步入深水区，将马克思主义的精髓与对现实政治问题的探究有机结合起来，意义重大。一则有助于坚持正确政治方向，维护政治秩序的稳定，推动社会主义现代化建设；二则有利于坚持理论与实践相结合，与时俱进，推进中国政治的发展。马克思主义政治学一直强调理论联系实际，以中国的政治实践为着眼点和落脚点，能够更加合理有效地解释、指导中国政治的发展。

（三）彰显政治学科的研究特色。盲目攀比、重复建设是学科建设的大忌。政治学研究的中国特色不是一句空泛的口号，而需要具体特色研究的支撑。由于历史、区域等诸多因素的影响，不同高校、研究机构在政治学研究上差异较大，各有所长。如罔顾自身特点，求大求全，就难以集中精力成就特色研究。政治学研究本身就具有丰富性、多样性的特征，无论研究问题还是研究方法都是多元并存。因此，在中国政治学科的建设中，应倡导"百花齐放，百家争鸣"的精神，鼓励特色研究。以兰州大学学科建设为例，政治学科发展面临的不利因素较多，但近年来我们紧扣特色研究，发挥后发优势，学科建设取得了较大进展，在中亚研究、民族政治、反分裂与西北边疆安全稳定的研究方面受到了广泛赞誉。

（四）强化社会主义政治文化研究。文化是国家民族灵魂之所在，政治文化则是政治学研究的重中之重。社会主义政治文化是社会主义核心价值体系的重要组成部分，关系到政治体制的改革及社会主义和谐社会的构建。改革开放以来，社会主义民主政治建设取得了显著成效，积累了丰富的政治实践经验，有待进一步总结、提炼。在全球化的大背景下，社会主义政治文化建设的重要性与紧迫性与日俱增。如何立足中国国情与传统文化，吸收西方优秀文化成果，加强社会主义政治文化研究是当务之急。

（五）提升中国政治学科的话语权。中国学者肩负着沟通中国与世界的重任，用对方能够听得懂的语言向国际社会解读中国独特的政治现象，是当今中国学术界面临的越来越紧迫的任务。国家实力既需要制度的表达，同样也需要学术的表达。中国政治学界必须要有足够的文化自信与学术能力总结中国政治发展的经验，凝聚中国社会发展的共识，予以系统化、理论化，向世界展示中国政治实践与理论的发展,为政治学科的发展作出中国独有的贡献。这有助于完善政治学科的知识谱系,提升中国政治学科的话语权与学术地位。

政治学的发展关系国家、民族的命运,吾辈任重而道远。国运其昌,命系维新。缅怀前贤,敢不自勉?赵宝煦先生等前辈贤哲为构建、发展中国政治学学科呕心沥血,为学科发展构建了良好平台。无需赘言,政治学科的欣欣向荣,蓬勃发展是对先生九十华诞最好的祝贺。我们决不能辜负先生的期待,这也是我们应尽的责任。

岁月如歌,情怀依旧。正是出于对国家、对政治学学科高度的使命感和责任感;正是这份难能可贵的赤子之心、爱国之心,一个白发老人才能永葆青春活力,与时俱进,不断攀登新的高峰。天荒地老,赤子不老,这正是先生最好的写照与我们对先生最诚挚的祝愿。

王学俭,生于1955年3月,1973年高中毕业后插队锻炼和工作,1977年考入兰州大学,毕业后留校任教。现任兰州大学政治与行政学院院长、教授、博士生导师、兰州大学思想政治教育研究所所长,兰州大学社会科学学术委员会委员,政治与行政学院学术委员会主任委员。

张新平,1964年8月生,甘肃武山人。1987年6月毕业于兰州大学历史系,2004年兰州大学西北少数民族研究中心获博士学位。现为兰州大学政治与行政学院教授,马克思主义中国化博士生导师,政治与行政学院院党委委员。主要从事政治学、外国政治制度、俄罗斯中亚问题的研究。

陈小鼎,2005年兰州大学政治与行政学院国际政治专业毕业,2007年、2010年南开大学周恩来政府管理学硕士、博士毕业,现为兰州大学政治与行政学院副教授。研究方向:国际关系理论、中国外交、政治学研究方法。

我眼中的赵宝煦先生

李路曲

当我们这一代政治学人进入政治学领域的时候,中国政治学的领军人物就是赵宝煦、夏书章、丘晓、王惠岩、徐大同先生等,我们这些晚辈在各种学术会议和交谈中,聆听他们的学术教诲以及对政治和社会生活的见解,获益匪浅。

我和赵先生的交往,多是在学术会议上聆听教诲,但也有几次近距离的交谈。翻开我1999年10月11日的日记,记录的是全国高校国际政治学术年会在浙江大学召开时,赵先生在开幕式上的讲话。其中讲到我国1952年取消了各大学的政治系,到了1960年,中苏两党的争论公之于世,中国感觉到需要掌握马列主义理论,因此在全国不少大学又重新建立了政治学系。但这时建立的政治学系,主要是讲授马列主义基本理论,并不涉及政治学广阔领域的其他方面问题。到了1964年春天,根据中央一个关于加强外国问题研究的决定,又把北京大学、复旦大学和中国人民大学的三个政治学系改成了三个国际政治系,任务是培养关于外国政治问题的教学和研究人才。

第二天,会议组织去绍兴旅游,一路上赵先生给我讲了诸多他个人过去的经历,他的经历是那么丰富和感人,又像是一部活字典,详细记录着1930年代和1940年代的社会生活。记得他还在鲁迅纪念馆买了一些有纪念意义的书签,送给我两张,还嘱咐一张送给我们山西大学的老主任吴敏中先生。他总是能记住每一位与他交往过的晚辈。

2001年12月5日,中国政治学会在温州召开第5次代表大会,会上赵先生讲了话,其中讲到1932年就在南京成立了最早的中国政治学会,并分别在1935年、1936年和1942年召开过三届年会,至1946年,拥有会员140人。当时积极发起建立或参与活动的中国政治学会的老一代政治学家有王世杰、钱端升、浦薛凤、周鲠生、萧公权、张汇文、张奚若、钱昌照、许德珩等。这是我第一次听到中国政治学的这一段历史,非常感动,深感责任重大。我们的先辈们在非常艰苦的条件下为中国政治学的发展而奋斗,我们这些后辈们更应该把这项伟大的事业进行下去,发扬光大。

2002年的8月间,我参加了在青岛举行的赵先生80华诞和从教55周年庆祝学术研讨会,与会的代表多是赵先生的弟子和北大的一些教授,还有一些地方领导,每个人上台发言时,都先向赵先生深深地鞠躬,这时,赵先生总是站起来也回鞠一个躬,而且非常认真,表现了一个学者极高的涵养。

每次与赵先生接触,总能从他那里受到有益的教诲,使我终生受益。赵先生在老一代学者中,是思想较为开放,同时又较为温和的一位,因此,直到现在,他仍能站在时代的前沿,阐述精辟的学术见解,给我们以启迪;同时,他为人的谦卑,让人看到一个大学者所应具有的治学和生活态度。

李路曲,男,1959年6月出生,1983年毕业于山东师范大学。现任上海师范大学政治学研究院院长、教授、博士生导师。曾任山西大学政治与公共管理学院院长，山西省高等学校职称评审委员会政治学科组组长；教育部高等学校教学指导委员会委员；山西省政治学会副会长。主要从事比较政治学研究，发表学术论文一百三十余篇，独立出版著作四部。曾获得“全国第一届青年社会科学优秀成果”三等奖；山西省第四届哲学社会科学优秀成果一等奖。主持国家社会科学基金重点项目一项，一般项目两项，省重大招标项目一项。

看得见的历史与文化

——为赵老“暖寿”而作

金安平

赵先生于我，就是看得见的历史与文化。

中国古人称88岁为米寿。赵老的米寿我没参加，但看到了赵老生日前后的一些文章和座谈会记录。我一直想找机会好好和赵老聊聊，听他讲讲西南联大，讲讲中国政治学的早期。说实话，看了《中国现代政治学的展开：清华大学政治学系的早期发展》（三联书店2005）那本书后，让我很受震动，也一直有点不服气和不甘心：中国现代政治学的展开与传承没有北京大学政治学系，那是不完整和残缺的！而从西南联大到北京大学，中国政治学的教学与学术的发展脉络，赵宝煦先生最有发言权。我曾拟定了一个梳理北京大学政治学的教学研究与中国政治学发展走向的写作计划，其中很重要的部分是希望借助和依赖赵老完成的。但在几次申请科研项目都没中标后，就变成纯粹的单独的个人行为了。人在没有外在的约束和压力下，就变得疏懒和随意了。一转眼，赵先生都要过“上寿”（古人称九十大寿为“上寿”）了，才猛然想起我还没好好采访赵老呢！但面对一个九十高龄的老人，还要不要打扰和劳累他老人家呢？要不要呢？要不要呢？实在是不忍和纠结。但我至少可以先用一点文字作为赵老九十大寿的“暖寿”（古人把在生日前的祝寿活动称为“暖寿”）。

我挺喜欢“收集”活的历史和“参与”动的历史，亲身接触那些参与历史和活得有些传说的人物并记下感觉。我相信那些负载着、传达着历史文化信息的人身上自然会有强烈的历史文化气息发出。余生也晚，1985年才得以进北京大学读研究生，但还是幸运地赶上了很有些文化气象的八十年代的北大，见过一些具有文化传统象征的人物。在北大我听过梁漱溟颇有个性的演讲，见过宗白华先生颤颤巍巍的身影，去过邓广铭先生、季羡林先生家有过简短的交流和请教。但他们离我还是太远了。而赵先生,作为中国现代政治学的重要传人和见证人,则因为学科的关系,离我比较近,特别是政府管理学院成立后,赵老成为我们学院的教授和导师,在前辈宿儒之外,我们还有了同事关系。当然,光是同事也许还不够,主要是赵老的平易近人和随和,让我们心无忌惮。对我而言,赵老那一口京腔,一下子拉近了我的心理距离,要知道,在北大这个全国精英荟萃之地,碰到操纯正京腔的老师还是很难得的,我一下子觉得这老爷子好脾气好接触好沟通,还有,好亲切!这可能与别人在他乡遇到乡音的感觉是一样的!后来知道赵先生果然从小浸染京师,小学、中学都是进的北京有名的学堂,他老人家的中学国文老师还是我大学老师的父亲呢!

这样,我就经常能在学院楼下看到鹤发童颜腰板笔直精神矍铄的赵老骑着自行车的身影。

1994 年,我在三十多岁时突发奇想地读起博士来,这样我就正经有了当一回赵先生的学生的机会。不过,这机会也许过于宝贵了,赵先生只给我们上了一次课就被请到美国访问讲学了,以后的教学和交流都是通讯完成的。不过,就这一次课却有了一个重要的收获。赵先生是美国学者邹谠先生的好友,那年《二十世纪中国政治:从宏观历史与微观行动的角度看》出版,赵先生向我们推荐了这本书并特地从香港给我们带回了若干本香港牛津大学出版社 1994 年的中文版!这已经不光是先睹为快了,这让我们在 1994 年就最早地拥有和阅读了到今天仍被认为是研究中国政治最重要的著作,知道了"全能主义政治"这样的概念和分析框架,这为我们后来的研究带来了很大的便利和先机!当今天我看到有的老师或者学生在阅读或者引用 1998 年版或者 2004 年版的《二十世纪中国政治:从宏观历史与微观行动的角度看》时,我就会想起赵先生帮我们带回的那本 1994 年一版一次的深宝石蓝色的书,窃喜并且万分感谢赵先生!

2000 年,我受学院和政治发展与政府管理研究所的委托,负责编纂《中国政治学年鉴》,得以有更多与赵先生接触的机会。赵先生是中国现代政治学的泰斗,见证了中国现代政治学的变迁,经历了许多人和事,我们只有经常向赵先生请教,才能把纷繁复杂的发展脉络搞清楚。偏偏赵先生又是一个极细致的人,不仅有问必答,还会告诉我们前因后果,连带钩沉爬梳,让我们身临其境茅塞顿开;有的细节问题,我们编委会都放弃或者定稿了,赵先生还会不厌其烦地对一些人和事做出更正建议,甚至亲自去考证核实。一听到赵先生那句"小金同志啊",我就马上会想是不是我们又把什么资料搞错了。现在深深体会到,老人的那种琐碎细致,其实是一辈子生活体验和知识积累产生的一种责任感,是将人生经验的宝贵财富努力传给年轻一代的期待和关爱。今天我才更明白为什么老话说"家有一老是个宝","不听老人言吃亏在眼前"！有了赵先生的支持,我们的年鉴编纂才顺利完成。

《年鉴》完成后不久,也是赵先生的一次生日庆祝活动,我收到了赵先生用小楷亲笔签写的邀请信,更感动的是活动结束后还收到了赵先生的感谢信。不知道这样的手书赵先生要写多少！

赵先生于我,就是看得见的历史与文化。那是中国现代史上一批知识分子的共同命运和道路。我曾在赵先生的书画展览上拍下了许多赵先生记录干校劳动场景的速写和水彩。比起那些山水国画和孔子画像,我更喜欢这些小画,因为我一直想探究那个时代的知识分子是怎样熬过下放劳动住牛棚的日子,也想知道经过那么艰苦的日子赵先生的身体为什么如此强健？那些小画告诉我内心拥有美的理想,身怀记录美的技艺,能让一个人在艰难的日子里更乐观、积极,充满情趣和希望。

有一年在哈尔滨参加中国政治学年会,会议结束,我自告奋勇护送赵先生回北京。从机场一路和赵先生聊了许多杂事,但是我的访谈计划却几次欲言又止,因为这样的回忆和访谈对老人来说可能太费时费力了。到了蓝旗营,我把赵先生送到他的家门口,没进屋,在门即将关上的那一刻,我看到赵先生略显疲惫的样子,最终还是把上门访谈的要求咽回去了。

也许我错了。一个经历过大历史的文化老人,其实可能是愿意说出来的。我祝福赵先生健康长寿,我要去听您说中国政治学早期那点事。

金安平,女,满族,1960年元月出生于北京。1988年毕业,获北京大学法学硕士学位,1998年毕业,获北京大学法学博士学位,现为北京大学政府管理学院教授。香港城市大学公共行政系和印度尼赫鲁大学国际关系学院访问学者,学术领域为中共党史、中国政治、政党政治、政治文化等。

现代雅士

——赵宝煦老师小记

任剑涛

由于学习哲学的缘故,我进入政治学界较晚:20世纪90年代初,才踏入政治学界的门槛。刚刚进入政治学界,为了摸清中国政治学的来龙去脉,便花费一番工夫了解政治学界的情况,由此对中国政治学界的理论状况有了一定的把握。不过这番了解对于我来说,收获最大的还不是学术上的,而是“人脉”上的,我知道了不少对于我做人和做学问都有极大助益的老一辈学人和中青年学者。我所了解的这些政治学家中,后来对我影响最深、提携最大的就是政治学界最为尊敬的“八老”。而我对赵宝煦老师的初步了解,就是他位列八老,令人敬重。在八老中,按照年龄“论资排辈”,赵宝煦老师的排位比较靠前,似乎与夏书章老先生、丘晓老先生同处于前三的位置。虽说这是一个按照年龄排出的次序,但经过我后来的深入体察,才发觉中间还有奥妙,不只是年资这么简单。赵宝煦老师当年入读西南联合大学,受名师点化,既形成了强烈的爱国心,又打下了扎实的学问根底,为后来推进中国的国际政治与政治学研究夯实了基础。八老中年纪较轻的其他几位老师,也都对“文革”后中国政治学的恢复作出了显著贡献。只是他们的经历就不如赵老那么丰富了。而且八老差不多都对改革开放时代政治学的重建,发挥了重大的影响力:要不直接建议国家恢复大学的政治学教育,要不在关键时刻力挽狂澜出手“拯救”政治学;要么对国内政治学后起之秀着力培养,要么对中国与国际政治学界交流的重启发挥开创之功。他们或从改革开放第一批政治学教材的编写着手,重建政治学;或以普及现代政治学为开端,重建政治学的学术规范;或者参与创办中国政治学会,为政治学打造学术共同体。就赵老师来说,他不仅对改革开放之后的政治学发展作出了显著贡献,而且培养出中国的第一批政治学博士,对改革开放愈到晚近的政治学研究,发挥了重要的跨代推动作用。

不过当时对八老虽然特别景仰,但因为我自己不善主动交际,所以也就将仰慕之情深深地怀藏心中。其中交流相对较多的是夏老及徐大同、王惠岩老师。我很荣幸,跟夏老同在一个学院任教,耳濡目染,颇长见识。王老师的学生跟我同事,来往自然较多。徐老师主要做政治思想史的教学研究,与我从事的政治思想专业相近,请益相对也多。相比而言,跟赵宝煦老师的直接接触不多。直到五、六年前,赵宝煦老师下赐一本纪念画册,我对赵老师的印象,才一时鲜明和丰满起来。打开印制精美的画册,印象极其深刻的是,作为著名国际政治理论家和政治学家的赵宝煦老师,不仅写得一手好字、还画得一手好画,令人叹服!我从来不曾想到政治学界的学人,能有如此深厚的古典艺术工夫。如果说一个资深的人文学者吟诗弄曲、舞文弄墨,在这个时代足以让人佩服得五体投地的话,那么一个在社会科学领域徜徉六十来年的学人,也能够具备精深的古典书法及绘画功力,再多的赞叹言辞也难以表达心中的感佩之情了。

2009年我调到北京工作。尽管不敢到赵老师府上打扰,但通过赵老师的乘龙快婿、也是著名的政治学家徐湘林,从赵老师处获益不少。也因此对赵老在政治学专业领域中所作的卓越贡献,有了更为具体的了解。赵老通过湘林兄赠送我两本大著——中文本的《政治学与和谐社会》、英文本的 *In Pursuit of Harmony*:*An Academic Anthology of Zhao Baoxu*,让人领略了作为老一辈政治学家的赵宝煦老师渊博的知识。一看两书扉页上赵老师亲笔题写的赠书言辞,油然感到亲切。而且赵老师的题字,柔中带刚、劲道十足,显现出老一代知识分子那种从容不迫的人生哲学、达观理念。拜读两书,使我对赵老学贯中西、融通古今的学问根底,有了一个全面的了解。在书中,赵老既深入论述了政治学的一般理论问题,也对中国传统政治思想的精华加以发掘,还对中国的政治转型问题进行了切合个人人生体验的独到讨论,对西方现代政治学理论加以了理性梳理。理论内容之丰富,论说之深入浅出,表达之娓娓道来,在在让人感叹。在书中,赵老还就做人与问学对青年一代耳提面命、循循善诱,显示出赵老作为政治学领域的教育家的情怀。

赵老这一代政治学家,可以说是近一个世纪的中国政治学的活词典。在他们的笔底,既流淌出中国近百年政治学的经典故事,也描绘着近百年中国政治学的理论愿景,更展现出政治学家们对学术师承的重视和学脉延续的殚精竭虑,以及对于国家现代政治转型的劳心费力。新生代的政治学者们,完全可以从其中获得理解政治学的最强大的精神动力。这不同于国内政治学界那些自以为横空出世、傲慢自夸的人士,不懂得尊重学有传承的政治学传统,更不懂得敬重老一辈政治学家的学术贡献。但实际上这些人士的所谓学术活动,仅仅是粗略缕述西方学人的观点却不知其究竟,同时又对国内政治学的发展不甚了了,其轻狂自大,未免贻笑大方。

对赵老的印象,是由两幅画面构成的:一幅画面是赵老精于书画,构成的文人雅士印象;另一幅画面是由赵老对中国政治学、中国政治转型及国际政治的理论论述,所凸显的现代社会科学家构成的著名政治学家印象。随着对赵老师了解的深入,两种不同印象迅速在我的大脑中叠合起来,赵老的现代雅士形象,即时浮现出来。现代之谓,是说赵老站在社会科学的视角,广泛而深入地观察国内政治、国际风云,从而对中国的国际政治和政治学理论的研究,产生了不可小觑的推动作用。雅士之说,是说赵老已经超出了人们关乎社会科学家的刻板印象,脱离了那种以正然的理论逻辑拼叠的高头讲章、冷峻得冰凉的言辞谈论严肃得不能再严肃的政治问题的传统人格模式，而将传统士人的琴棋书画修养，与现代的社会科学的论道，水乳交融地融汇起来了。就后者言，赵老师不再是单纯意义上的传统文人雅士，他具有深刻的现代信念；就前者言，赵老师也不再是西学意义上的刻板政治学家。赵老师是一位将传统雅士趣味和现代社会科学家刚毅言述巧妙结合起来的学人，以现代雅士名之，恰如其分。

任剑涛，1962年8月出生，1982年西华师范大学本科毕业，1996年中山大学获哲学博士学位，曾任中山大学政治与公共事务学院副院长、院长。现任中国人民大学政治学系教授、博导，主要从事政治哲学、西方政治思想与中国政治转型的研究。

北大最美的风景线

王振海

架子与水平成反比，越是水平高学问大的人越没有架子。常言也说，艺高者德馨，德高者言逊。季羡林老先生为刚入校报到的新生看守行李的趣事印证了这一点，在赵宝煦老师身上这也得到了极好的验证。在北大求学期间，我们住在十九号楼，1997、1998级政治学与行政管理系博士研究生最引以为豪的是赵老曾几次光临寒舍，向我们推荐一些新近出版的有思想的书，介绍一些政治学界的新观点、新动态。每当我们看到白发苍苍的赵老骑着自行车向我们宿舍走来，或在校园里远远地向我们打招呼，我们的心情就激动得了不得，既油然而生对北大老教授高风亮节、谦逊超然的无比敬佩，也进一步增加了对北京大学这个中国高等教育旗帜的无比崇敬和作为北大学子的无比自豪。由是，年届八旬的赵老骑着自行车在校园穿行的形象，在我们脑海中永远的定格，这一形象，也成为北京大学在我们心中永远最美的风景线。

按照辈分，赵老是我的师爷，我的导师宁骚先生是赵先生的学生。记得第一次有幸见到赵先生是1984年在济南举办的中国政治学会第二届年会上，以后的岁月里又多次听取先生的学术报告与讲话，每每受益良多。到北大求学时尽管赵先生没有直接给我们上过课，但在我的心中始终把在赵先生等政治学界老前辈亲自缔造的北京大学政治学系里学习，并有幸多次聆听先生的教诲而作为终生的自豪。赵先生是北京大学政治学资深学者，是享誉海内外的政治学与国际政治研究领域的著名专家，是新时期中国政治学的奠基者、开创者和泰斗级人物。上大学时受到的政治学的启蒙教育就是赵先生的《政治学概论》，这是新中国成立后第一部以马克思主义为指导的政治学教材，从这里起步，开始了自己政治学的学习与研究生涯，政治学的"十论"也永远地在脑海中定格。

先生平生淡泊名利，仗义执言，保持着一代知识分子刚正不阿的气节和明理求是的可贵学风。先生学养深厚，注重交流，为中国政治与政治学走向世界作出了巨大贡献。先生温良敦厚，平易近人，诲人不倦，提携后生，在年轻学人中享有崇高的威望。先生能书善画，诗文俱佳，在政治学界很难见到这样德艺双馨、多才多艺的长者。赵先生给我留下的最大印象则是他尽管已是耄耋之年却思想前卫，永不落伍。记得当年在北大读书时，有个下午我们正在准备功课，忽然听到敲门声，原来是赵先生又来造访了。先生一进门就兴高采烈地对我们说，最近出了一本新书叫《交锋》，你们一定抽时间看看，随后又向我们谈了一些他的体会和新见。言谈中，流露出一位老人对学界动向的关注和对国家发展大计的关注。直到目前，赵先生依然思想敏锐、见解犀利，对政治发展、机构改革、和谐社会构建等都提出自己的高见，这种活到老学到老的精神和忧国忧民的情怀为我们树立了最好的榜样。

赵先生是北大的财富，是整个政治学界的财富。在赵先生90华诞和从教65周年庆典之际，我由衷地祝愿他老人家思想常新、身体永健。

王振海，男，汉族，1961年5月出生，中共党员，教授职称，研究生学历，博士学位，现任青岛市委党校副校长，青岛市行政学院副院长，学术委员会主任（市管正局，副厅）。主要社会兼职为山东大学兼职教授，中国政治学会理事，中国青年行政学会常务理事，山东省科学社会主义学会副会长兼秘书长，山东省政治学研究会副会长兼秘书长，山东省青年社会科学协会副会长等。

师恩永记，师言永念

王春英

中国政治学界著名前辈众多，赵宝煦先生是其中最富盛名的学者之一。他是当代中国政治学的奠基人，为新时期中国政治学的发展作出了奠基性和开创性的历史贡献。先生毕生从事中国政治和国际政治的教学与研究，言其学术研究乃笔耕不辍,创获甚丰,论及培植后学则诲人不倦,桃李满园。我有幸成为先生的学生,尽管与先生直接交往的次数不多,但忆及往事,每每为先生的学养所折服,为先生的精神所感奋。今年恰逢先生九十华诞和从教六十五周年,北京大学政治发展与政府管理研究所借此倡导编辑出版《赵宝煦教授纪念文集》以表庆贺,这是一件意义非常的事。我谨献上馨香一瓣。

初识赵先生是在大学二年级,我们开设了政治学理论的课程,赵先生亲临主讲。和所有景仰大师的后生一样,我们既振奋又不安。讲台上的赵先生,以他广博的知识、深刻的见解加深了我们对大师的理解,以他的平易慈祥打消了我们的紧张,使我们真切地感到,赵先生是我们可敬可爱的老师。渐渐的,在课堂内外,同学们在学习上和生活上遇到困难和问题,总会想到向赵老师求助,而赵老师不经意间流露的只言片语就会让我们茅塞顿开。更重要的是,先生"文以载道"的强烈使命感深刻地影响了我们,多年以后,回想北大的生活,觉得北大留给我们最宝贵的精神财富就是对国家、民族的责任感。而这与赵先生以及当时北大国政系、政治学系众多老师的言传身教是密不可分的。

爱生如爱子,是先生一直奉行的为师原则,对待学生,先生除了学业上严格要求外,总是以长辈的身份关心我们,并竭尽全力扶助后学。2003 年,先生主编"MPA 文库",我负责撰写其中的一部《当代中国政府》。八十高龄的赵先生不仅提供了指导思想和写作思路,还逐字审读,为我提供了非常宝贵的修改意见,并且对我给予热情的鼓励,使我受益匪浅。2006 年,外交学院决定加强政治学的教学与研究,我们决定通过举办学术研讨会的方式沟通学者,扩大影响,因此,我们以"和谐社会与中国政治改革"为主题举办学术研讨会。当我把会议信息告诉先生,并邀请先生参会时,先生欣然同意。满头银发,精神矍铄的赵先生,思维敏捷而又清晰,不仅发表了"和谐社会是一个不断克服矛盾的过程"的学术演讲,还积极参与讨论,那份对学术的热情与执着给所有与会者留下了深刻的印象。

谨书数言,是为先生九十华诞献上一份祝福。"鹤发银丝映日月,丹心热血沃新花",先生一生淡泊名利,筚路蓝缕,治学做人,为我国的教育和研究事业作出了巨大的贡献。二十载光阴忽焉而过,昔日情景恍然如昨,历历在目。由于种种原因,我与赵老师的接触少了,但是老师对我的教诲却从未忘记,我对老师的敬仰也未曾减损。如今我也担任了研究生导师,在指导研究生的过程中,先生的影响无处不在,虽然竭尽全力亦不能望其项背,但我一直在努力。我知道,唯有如此,才能回报先生的厚爱。

王春英,1985年至1992年,先后在北京大学国际政治系、政治学与行政管理系学习,获法学学士和硕士学位。现为外交学院外交学系主任、教授,兼任中国政治学会理事、北京市政治与行政学会理事。主要从事比较政治、中国政府与政治等领域的教学与研究。主要成果:《当代中国政府》(河南人民出版社2004年版);《当代西方政治制度导论》(合著,中国人民大学出版社2011年版);"和谐社会视阈中的公民素质"(《社会主义研究》2010年第1期);"论全国人大的外交职能"(《外交评论》2008年第3期);"试析中美两国的议会外交"(《新视野》2007年第3期)。

对"和谐"理想的不倦追求

——《和为贵——赵宝煦学术文集》英文版读后

王 勇

我国老一辈杰出政治学家赵宝煦的个人英文文集《和为贵——赵宝煦学术文集》,2008年11月由外语教学与研究出版社出版发行。文集共收录文章21篇,主要为赵宝煦先生自改革开放以来走出国门,向国际学术界介绍中国政治理念,反思"文革"等历史问题,论述对外政策与国际问题的部分英文论文和演讲。

赵宝煦先生身为北京大学资深教授、中国政治学会资深顾问、北京外国语大学荣誉教授,长期从事政治学和国际政治的研究和教学,在国内外学术界享有崇高威望。该文集的出版对政治学界来说具有特别重要的意义,这是因为:一是赵宝煦先生作为老一辈政治学家的杰出代表,文集收录其主要英文著述,是这一代中国政治学学者第一部个人英文文集;二是文集收录了作者改革开放30年中向国际学术界介绍中国政治学的发展及论述有关重要政治问题和对外政策的文章,可以作为老一辈政治学家在改革开放时代学术思想轨迹的重要见证。因此,该英文文集的出版本身就是中国政治学界的一件大事,值得大家关注和研究。

在有关政治理论的研究方面,文集收录了《民主理论与联邦制》、《政治转型:从人治到法治》、《政治变革时代的价值机制》等论文。《民主理论与联邦制》一文是赵先生在参加中德民主理论双边学术研讨会上的讲话。他首先强调,"民主是世界各国进步人士和学者们长期以来追求的政治理想之一。到了信息和科技高速发展的今天,民主已成为大势所趋"。这里,赵先生肯定了民主作为政治发展的共同目标的价值。在这个大前提下,他强调了民主的发展特性与多元特性,主要从以下几个方面加以论述。首先,他指出,民主是一个“发展过程”,“它不可能有一个最后完成的模式,它将永不停止地不断改进着向前发展”。其次,世界各国的民主化问题是一个不均衡的发展过程。发达国家的民主制度谈不上尽善尽美,广大发展中国家也在经历着从人治到法治的民主化过程。再次,他强调人类文明史的多元性发展,各国民主化的过程也不可能是千篇一律。在回顾比较了德国和中国政治传统后,他强调了历史因素、民族因素、经济因素、政治文化因素等在形成各自不同政体过程中的重要作用。最后,他指出德国代表的联邦制和中国代表的单一制“两者不是对立的”,两者面临如何有效分权等共同难题。他还强调不同政体相互借鉴吸收的必要性,提出“在世界上现存诸种不同制度中,如何求得和谐,彼此借鉴,优化选择,共同发展,将是人类共同的努力方向”。

在《文化大革命的原因与结果》一文中,赵先生谈到“文革”的教训对于当前中国政治改革的影响,其中特别论及在中国特殊的历史背景下建立社会主义法治国家的重要意义。他强调,“文革”的灾难使人民觉醒,使人们认识到中国必须改革,必须对外开放,必须在稳定的环境下发展经济,必须实行法治抵制人治。这是当代中国不断进步的重大历史动因。另一方面,他在肯定发达国家民主政治建设进步的同时,还强调允许不同发展模式共存的重要性。相信这些得自于切身经历的肺腑之言,对国外听众心灵震撼之大是可以想见的,无疑有助于他们形成对改革开放中国的新认识。

向国际学术界介绍中国政治学恢复与发展的曲折历史及其教训,是赵先生国际访学活动的重点之一。相关几篇论文写在不同时期(1982 年和 2001 年),分别发表于美国等国的学术刊物。赵先生系统回顾了中国政治学从创立、发展到中断,以及改革开放后重新恢复的整个历史过程。在加州大学伯克利分校所作的题为《中国政治学的复兴》(1982)的演讲中,他解读了中国废除政治学科的历史背景,态度坦率真诚。他指出,当时由于按照苏联模式重建中国的社会科学这一特殊历史背景,苏联没有政治学,我们也在 50 年代院系调整时将政治学加以摒弃。他写道,“过去 30 年一系列历史和政治事件已经表明,废除对于政治作为科学的独立研究是一个错误”,使得我们长期在“主观理想主义”的指导之下犯下包括“文革”等严重错误。他认为,未能对与中国政治体制相关的重要问题,包括政府体制、政府机构的权力范围及其相互关系、党政关系、官僚机构以及决策过程、人民民主权利的保护等问题缺乏认真“科学”的研究,是导致我们犯下严重错误的重要根源。他感叹道，中国政治学的命运与中国的现实政治紧紧连在一起，“一门社会科学的发展与现实政治越靠近，越容易受到现实政治的干扰”。不过，他坚信，改革开放事业面对政治制度与文化重建的诸多挑战，为中国政治学的繁荣创造了空前的机遇，他对政治学在中国的前途始终抱乐观的态度。此外，他还强调，中国的政治学研究不能完全照搬西方的教科书，应当深入研究中国国情。

在有关中国外交的论述中，他谈到了“革命”与“发展”在不同时期中国对外关系中的地位，精辟分析了毛泽东与邓小平外交风格的异同，同时也论述了“和谐世界”的外交理念与中国传统文化的关联。其中提出不少让人读后掩卷深思的重要观点，比如提出革命虽是毛泽东外交的指导思想，但同时认为毛泽东并不缺乏现实主义的精神，他并未盲目地向超级大国做出鲁莽挑战便是一个例证。又如，赵先生在分析中强调了毛泽东与邓小平外交之间更多的共性，如都致力于建设社会主义国家，反对霸权主义，维护国家主权与尊严，在国家建设总目标上的一致性等等。我想，这些论述十分有助于国际学术界和政策研究界了解中国对外政策的连续性。

中美关系也是赵先生多年研究中着墨较多的一个问题，曾为此出版过专门论著。中美关系对两国乃至世界的重要性是显而易见的。赵先生曾在美国加州大学伯克利分校、波莫纳大学（Pomona College）等机构担任访问学者，从事研究与教学工作，文集中多篇论述中美关系的文章即是这一时期工作的产物。赵先生在文章中强调中美合作的重要性，提出中美作为两个大国“谁也不可能将对方踢到别的星球上去”，必须和平共处，除此之外别无其他选择。他强调，中美作为联合国的创始国，应当对世界和平与发展做出更多的贡献。尤其值得一提的是，他从历史研究的高度，说明在中美关系的发展史上的确存在所谓“丧失的历史机遇”问题，在这个方面他列举出三个重要的例证，促使两国有识之士认识到抓住历史机遇，大力发展双边互利关系的重要性。

文集中几篇论文从中国文化的视角论述了世界和平问题，阐述了中国传统文化价值观对于当今世界的现实价值。这些研究生动反映出赵宝煦先生对于传统经典的深刻理解与得心应手的运用。比如，通过阐述佛教在中国的发展历史，中国与国际佛教界联手促进世界和平的历程，以及中国政府宣布不首先使用核武器、不针对无核国家使用核武器，有力地证明中国是一个爱好和平的国家，拥有核武器的目的是自卫。文集的开篇之作题为《建设和谐世界：中国传统思想的理想》，是作者应邀出席 2007 年在夏威夷举行的“第一届全球非暴力领导人论坛”所作的演讲。演讲系统阐释了中国古代哲学家包括孔子、孟子有关“和谐”、“中庸”的思想，墨子“兼爱”、“非攻”的思想，以及《孙子兵法》关于“慎战”思想的精髓，他向国际社会提出，研究中国古代哲人的这些伟大思想，将十分有助于国际和平的事业。

文集最后几篇文章述人述事、忆师忆友，记述了赵先生对钱端升、王铁崖等先师的回忆，以及与美国著名中国问题学者鲍大可（Doak Barnett）、斯卡拉皮诺（Robert Scalapino）等人的感人交往。从这些引人入胜的篇章中，可以了解到赵先生对先师的感激钦佩之情，对朋友同道的真挚情感，从中也可体悟到赵先生为人、为学的风采。

读罢赵宝煦先生的这本英文文集，留给晚辈学人的启发和思考很多，我想大概包括以下几个方面：

第一，胸怀“兼收并蓄”、“万物并育而不相害，道并行而不悖”的自信而开放的精神，这种精神本身体现着“中庸”的智慧。

第二，读万卷书，行万里路。学者不能闭门造车，要在参与实践的过程中将自己的研究心得拿出来接受国内外公众的检验。通过不同思想的碰撞，可擦出更多的灵感火花，使自己的研究更上层楼。

第三，将传统文化的精髓与现实政治问题的探究有机地结合起来。中国学者在这个方面拥有独特的优势和资源，将独特的中国政治现象放入传统文化和世界政治文化的框架中加以参悟，是十分必要的。

最后，中国学者肩负着沟通中国与世界的重任。用他们能够听得懂的语言向国际社会解读中国独特的政治现象，是当今中国学术界面临的越来越紧迫的任务。赵先生曾多次说过，其英文底子并不好，加上多年政治运动冲击造成的荒疏，使其难以在对外交流中达到随心所欲的境界。但是，就是在这样的条件下，他出色地完成了向国际社会“解读”中国的艰巨任务，其用心之苦与成绩之斐然使我们读罢文集肃然起敬。

赵宝煦先生作为改革开放以来在国外宣讲中国政治学的第一人，足迹先后踏遍五大洲二十多个国家。他的心始终与中国改革开放的事业，与祖国的前途命运紧紧连在一起，这一思想情感在文集中清晰可见。同时，他对于中国问题的解读又不是简单的宣传或对现行政策的重复，而是参照对比中外历史政治经验得出的独立思考，学者的独立人格是他能够打动国际学术界的最重要原因。

我想，赵先生将 2007 年的近作作为全部英文文集的开篇，切实反映了他作为一名政治学学者的毕生追求，那就是为“和谐社会”与“和谐世界”努力终身的理想。从中我们也能体悟到,学者在秉持科学精神的同时,更需要有一种理想和价值观的追求,也许正如宋代哲学家张载所言,学者应当有“为天地立心、为生民立命、为往圣继绝学、为万世开太平”的壮怀。

《和为贵》英文文集的出版,既是对赵宝煦先生改革开放30年治学成果的总结,同时也是献给那些呕心沥血推动中国和平发展事业人们的珍贵礼物。

王勇,男,1966年出生,法学博士,北京大学国际关系学院教授,北京大学国际政治经济研究中心主任。

慈爱化甘霖,师恩伴终生

黄大慧

在每个人的一生中,除了生养自己的父母外,还有一个人令我们崇拜敬仰、终生难忘,这就是传授给我们知识、更教我们做人之理的老师。赵宝煦老师作为当代中国政治学的奠基人,其学识、其品格、其精神、其风采,让莘莘学子仰望追慕不已。早在大学时代,我就阅读过赵老师的著作,对先生仰慕已久。后来考上博士,成为赵老师的“关门弟子”,聆听教诲,多年的夙愿终于达成,让我倍感荣幸。

在学业上,赵老师不断为学生创造条件,争取机会,铺路搭桥。硕士毕业后,我一直从事日本研究,赵老师了解我的情况后,用心细致地设计了我的培养方案。我还清晰地记得,我入学那年,恰逢老师即将前赴美国波摩纳学院讲学一年,于是他特意给我打来电话,让我提前来京报道,并当面嘱咐我了许多,安排我的学业,关心我的生活。工作繁忙的他,在远赴重洋临行之前,对新入门的学生便如此关心,那一刻起我就对赵老师充满了感恩。赵老师曾说:“最好的年华在文革期间过去了,我现在能做的,就像搭台阶一样,为你们年轻人创造机会,希望你们能做出更大的成就。”这句话既体现了老师谦逊的品格,更饱含了他对弟子的殷切希望。出于对我研究基础和研究方向的考虑,老师希望我能在读博期间赴日留学,将之写入培养方案并积极为我争取赴日机会。后来我有幸赴日本国立政策研究院留学,在一年多的时间里,查阅了大量的研究资料,结识了不少相关领域的专家学者,为我博士论文的写作和后来的研究奠定了良好基础。

在生活中,赵老师也对学生给予了无微不至的关怀。我是工作之后读的博士,入学时女儿刚满一岁。新年到来时,远在大洋彼岸的赵老师,从美国寄来一张自制的精美贺卡。贺卡上不仅给我捎来新年的祝福,还写上了我妻子与女儿的名字。当时,手捧着贺卡,看着那关切的话语,尤其是那句"代问高旭、天凝好",我和妻子都仿佛看到赵老师慈父般的目光,内心洋溢着无比的温暖。求学期间,我和妻女租住在学校一处较为破旧的单间里,赵老师来宿舍看望我时,勉励我说:"困难是暂时的,度过这一段,未来会很顺畅的。要把逆境看作对自己的锻炼和给自己的机遇。"后来,我的工作环境和生活条件都有了大的改观,但这些饱含哲理的话语依然在我耳边萦绕,催我努力奋进。赵老师不仅对我非常关心,对我的孩子也十分关爱。一次,我的女儿在北大院内玩耍时,不小心磕破眼角,血染面颊,正当我和妻子不知所措时,恰巧遇见骑车路过的赵老师。老师急忙指引我们在校南门乘出租车去了附近的海淀医院。第二天,赵老师又特地来到我的住处,询问孩子的伤情,离开时还塞给我两千块钱,说道:"这钱你一定要收下。两千块钱对我来说可有可无,但对你来说,一定能用上。"

毕业将至,原定的工作去向突然有变,而我当时还在日本撰写博士论文,赵老师给身处国外的我打来电话,询问我的就业打算,并给予指导。在他的建议和推荐下,我最终选择到人民大学国际关系学院工作。老师在我就业问题上的费心,换来的是我学业上的不分心,让我能埋头完成论文,顺利获得博士学位。

毕业之后,恩师依然在教学与科研方面为我提供许多有益的指点,甚至还给予帮扶。2006 年"东亚合作论坛"上,年逾八旬的恩师特意提交了论文,亲临会场,发表主题演讲。恩师的到来,不仅提升了会议的规格,更是对我工作的大力支持。十余年来,我在人民大学工作非常愉快,所取得的点滴成绩都是与恩师的关心分不开的。

多年来,我一直与赵老师保持着密切的联系。我和妻子都特别愿意去老师家里,这既是去探望老师,也是难得的与老师交流的机会。我们每次拜访时,恩师总是亲自以茶相待,让我们倍感亲切。无论谈严肃的学术话题,还是聊生活中的点滴,老师都如慈父一般,平易而又真诚地给予教诲。师母也会和我妻子畅谈生活的各个方面。此外,赵老师也非常关心我女儿的成长,时常询问她的学习情况,甚至挂记孩子的升学问题,就如祖父关爱自己的孙女一般。长期以来,恩师与师母对弟子及家人的关爱之心,我始终无法忘怀。每当想起这些,我们全家人心中都会涌起阵阵暖流,一种感恩的情愫油然而生。

青松欲百,育弟子无数;桃李万千,感师恩不尽。如今恩师年近九旬,弟子无数。不仅是我,每一个和老师相处过的人都能回忆起很多感人至深的故事。正是老师给我们这些后辈的关怀,为我们的成长点亮了一盏明灯,让我们在人生的旅途上脚步更加坚定。

“高山仰止,景行行止,虽不能至,然心向往之”。我深知自己难以达到恩师的境界,但自己作为一名教师,我将在人生的道路上继续“修炼”,学习和秉持恩师的人品和学品,教育培养自己的学生,让恩师的精神薪火相传。

值恩师九十华诞暨从教六十五周年纪念之际,衷心祝愿恩师福如东海,寿比南山!

黄大慧,1999 年毕业于北京大学国际关系学院,获法学(国际政治)博士学位。曾留学日本国立政策研究院,历任日本立教大学国际中心奖励研究员、立教大学法学部客座研究员(日本国际交流基金会高级访问学者)、国立神户大学国际文化学部特任教授等。现任中国人民大学国际关系学院教授,外交学系主任,东亚研究中心主任,博士生导师,中国人民大学日本人文社会科学研究中心副主任,中华日本学会常务理事,中国亚洲太平洋学会理事,中国中日关系史学会理事等。主要研究方向包括东亚国际关系、日本问题、中国对外政策、公共外交等。著有《日本大国化趋势与中日关系》(北京市哲学社会科学优秀成果奖)、《日本对华政策与国内政治》(宋庆龄基金会孙平化日本学学术奖)等,主编《构建和谐东亚:中日韩关系与东亚未来》、《变化中的东亚与美国:东亚的崛起及其秩序构建》、《中日友好交流三十年》、《中国改革开放与东亚》等。另有译著多部,在国内外发表学术论文数十篇。

一本好书与三位老人

孙英春

20 世纪 90 年代初,我从北京大学毕业,来到人民出版社做学术编辑。虽然当时的出版环境与今天迥异,但要找到一本真正的好书,多少就像买彩票中大奖一样,可遇不可求。在近十年的编辑经历中,我作为译者和责任编辑出版的《中国西部四十年》(*China's Far West: Four Decades of Change*),算得上是一本好书,也是缘于这本书,使我有机会接触、结识三位老人。我一直认为,这可能是我一生中最重要的幸事。

第一位老人,就是北京大学的资深教授赵宝煦先生。那是 1996 年底的一天,我的导师、时任北京大学国际政治系教授的龚文庠先生打来电话,说赵宝煦先生手中有一本书,作者是美国著名的中国问题专家鲍大可(A. Doak Barnett),赵先生正在与国内许多出版社联络,希望能在国内尽快地翻译出版。说来惭愧,那时年轻浮躁、阅历甚浅的我,并不确切地了解鲍大可的其人其事,倒是赵宝煦的赫赫大名让我产生了兴趣,能让德高望重、著述等身的赵先生如此牵挂费心的,一定不会是本寻常之作。

作为北大国际政治系的毕业生,我与这位老系主任虽少有直接沟通的机会,但大致知道的情况是:在烽火连天的抗战岁月,赵宝煦从北京只身南下,来到西南联大读书;60 年代初,年仅 38 岁的赵宝煦被任命为北京大学的政治系主任;80 年代,他在北京大学建立了全国第一个政治学和国际政治的博士点。在国政系当年的办公楼"二院",我们这些在读的学生也大都见过赵宝煦的几件书画作品,也因此对这位"传奇"教授多了几分敬重之心。我本人也在"二院"几次遇见赵先生,但每次都是紧张地鞠躬说声"赵老师好",待他笑眯眯地说出"同学好"的时候,我已经脸红心跳地跑开了。

在龚文庠先生的安排下,我很快就在北大见到了赵宝煦先生,也见到了他携来的一本厚厚的大书《中国西部四十年》。据赵先生的讲述,鲍大可是早就享有国际盛誉的美国"中国通",也是赵先生的老友。鲍大可于 1921 年生于杭州,并在上海度过少年时光,直到 1936 年。在美国读大学时,他就开始系统地研究中国。之后,无论是做记者服务于政府,还是从事研究工作,他都把研究新中国的政治与外交作为主要目标,是美国当代中国学的重要开拓者和奠基人之一。1981 年,赵先生第一次访美,就在约翰·霍普金斯大学的高级国际研究院会见了鲍大可,两人一见如故,此后又多次在北京、香港等地会面,交换对国际问题和中美关系的看法,并一直保持着密切的联系。对于这位与费正清、斯卡拉皮诺齐名的"中国通",赵先生的评价是,"头脑明敏睿智,见解不同流俗"。1995 年,赵先生应邀到美国加州讲学,鲍大可把这本书从华盛顿寄送给赵先生,并在信中表示:自己毕生从事中国研究,这是他最后一本关于中国的著作,希望有机会用中文奉献给中国读者。赵先生收到书后,手不释卷,回到国内后就开始了联系翻译出版的工作,几经周折之后,通过龚文庠先生找到了我。

我至今清楚地记得与赵宝煦先生见面的情景。印象中温和慈祥的赵先生仍然是慈祥温和,但把书交给我之后,口气也变得郑重起来:"要大力发展中国的社会科学,只靠坐而论道是没有前途的,必须坚持研究的科学性,认真深入下去,做大量的实证性研究工作。这本书,就是一本实事求是,可以做实证性研究范例的重要学术著作。”赵先生还说，虽然这本书的出版费用会高，销售量也不会太大，但对中国学者来说，却是一部十二分重要的著作，应该尽快出版，必会大有用处。

与赵先生的第一次会面后，我很快也手不释卷地看完了这本书，对鲍大可的了解也逐渐清晰。在1947—1949年间，鲍大可作为美国当代世界事务研究所的研究人员和《芝加哥每日新闻》的记者，访问了中国西部的许多地方。当时，他的任务是研究动乱年代的中国现状和趋势并撰写评述文章。悠悠40年之后，鲍大可在1988年又沿着过去的足迹重游故地，踏上了40年前曾走过的地方。在这次旅行中，他访问了内蒙古、宁夏、甘肃、青海、新疆、山西、云南，鲍大可还来到西南中国人口最多的四川省，重访了甘孜藏族自治州。1993年，鲍大可关于中国西部40年变化及现状的大部头著作在美国出版。这本书详细和生动地叙述了近40年来中国西部边远省区所发生的政治、经济和社会的变化，涉及中国西部八个地区：包头（内蒙古）、宁夏、巴彦浩特（内蒙古）、甘肃、青海、新疆、甘孜（四川）、云南，内容庞大，全书有近700页。一经出版，《中国西部四十年》就在全球汉学界引起了轰动，何汉理（Harry Harding）的评价是：“这是一部报道和分析的杰作，所有想全面了解当代中国基层发展状况的人，必须要读读这本书。”

在赵先生的帮助下，我很快就与鲍大可建立了直接联系，开始了此书的翻译和出版工作。当时互联网还没有普及，人民出版社的通讯条件很差，总编室的传真机在夜间和节假日还要关机。无奈之下，鲍大可先生从另一个时区给我发来的传真，都是先发到赵宝煦担任主任的北大国情研究中心，再由赵先生亲自转发给我。为了帮助减轻出版费用的压力，赵先生还向鲍大可写信，详细说明了当时中国学术著作出版的状况和具体困难，希望免去这本已经在美国和欧洲多次重印的图书的所有版税。

鲍大可欣然同意免费授予版权，还亲自安排了与美方出版社之间的一些具体协商工作。在随后长达一年的翻译过程中，针对我与几位译者遇到的许多问题，鲍大可都认认真真地亲笔答复。特别是书中涉及的人名、地名很多，由于年代久远，许多资料都要由他亲自从当年的笔记中查找。每隔一段时间，他总要给我寄来厚厚的一摞资料。当时我并不知道，鲍大可先生已经身罹重疾，正与癌症病魔做着痛苦的争斗。

在几位译者的通力合作下，到了1998年年中，翻译工作基本完成，鲍大可提出，由于身体原因，他不能亲自审阅译稿，所以要请他与赵先生共同的老友，定居纽约的马大任最后校订一遍译稿。赵先生告诉我，马大任先生——本文所说的第二位老人——是美中文化促进会会长,著名的图书馆学家,时任纽约公共图书馆的东方部顾问。抗战期间,他在国民政府的宣传部门工作,抗战胜利后不久,他公费赴美攻读,而后在欧美各地奔波数十载,以毕生心血参加和指导了欧美各地许多著名汉学图书馆的建设。给马先生寄出译稿数月后,马老寄回了一部逐页用红笔修改的译稿和一封篇幅很长的修订意见。读不到一半,作为译者之一的我,已经惭愧得满头大汗。为了完成老友的嘱托,这位已经年过八旬的老人,一诺之下,竟用去了半年多的时间,他提出的修订意见,竟是如此准确慎实、精辟练达。

1999 年 1 月,《中国西部四十年》在人民出版社出版,引在封面勒口上的,是鲍大可为中文版写的一句话:"我衷心希望中国读者能够对本书感兴趣,能够发现它的价值。由于这是一本美国人的著作,难免有着一些与中国人不同的角度,但我是用一生的心血去认识中国,以及几十年来中国发生的历史性变化。如果本书能够为美国人和中国人自己了解中国提供帮助的话,我将感到十分荣幸和欣慰。"

两个月后,鲍大可在美国病逝,退隐在历史的深处。是月,《纽约时报》等世界各地的重要报刊都发表了讣闻和纪念文章。在生前给赵先生和我的最后一封信中,鲍大可写了这样一句话:"我一生与中国结缘,但还对中国所知不多,这是我最大的遗憾,相比我需要去学习和了解中国的知识而言,这些不过是沧海一粟。"收到此信后,赵先生专门约我见面,并郑重地告诉我:鲍大可这话并不是简单的谦虚,而是传达了他心中的一种深深遗憾——中国的问题太大太复杂,任何匆忙的结论都会失于偏颇,只恨生而有涯,学而无涯!关于本书的学术价值,以后自会有专家的评说,但这样一位一生挚爱中国的美国老人,应当永远活在我们的心中。

2001 年初春,马大任作为南京大学留美同学会的会长,回国参加南京大学校庆的活动,在停留北京的一天里,专门安排了与赵宝煦先生和我的会面,三人在马老下榻的北大勺园宾馆聊了近 6 个小时。见了面,我才发现,在过去通过信件交往而印象中严谨严肃的马先生,却是心思纯真,甚至有些"顽皮"。寒暄未久,两位老人就比起了身体,马老"炫耀"说,"我最大的毛病就是没有毛病"。还向我们大声朗诵了他最近得意的诗作。谈到鲍大可和《中国西部四十年》时,两人却都有些唏嘘。我见状,赶忙引开了话题,为马老担纲校订说些感谢的话。

一说到翻译,马老突然一脸严肃地问我:"最后出版的书我仔细看过了,有一处地方你没有按照我的意见修改,为什么?"赵先生见我窘迫,忙问究竟。原来，在一处译文中，马先生认为“大龄女青年”的译法不妥，就改为“未婚的大龄女青年”。在马先生数百处的修改中，这是我唯一没有采纳的。当时，我以为是件小事，就没有特别地向马先生说明。没想到，他会如此认真，竟在洋洋数十万字中找到这一处，而且事隔三年，他还会想起这件事。在赵先生的解释下，马先生才知道这个“大龄”一词即是有“未婚”之意，所以不必重复。这一下，倒换得马先生有些惭愧了，他认真地向我道歉，并自责说：“我学了一辈子英文，越学越不自信，没想到中文也越来越差了，真是惭愧。”远离故乡半个多世纪的他，根本无从知道这个产生于特殊历史背景下的新词，这个误解倒是个小小的趣事。但眼见这位当年中央大学（今南京大学）英文系的高才生，早已闻名于国际汉学界、图书馆界的老前辈的此言此行，我心里却有别样的滋味。

谈到深夜，赵先生和我一起离开。那天刚刚刮过沙尘暴，初春的风依然凛冽，马老却一定要送出很远。几番来回相送之后，赵先生骑车回家，马老转身慢慢地走回宾馆。看着两位老人离去时陡然显出老态的背影，我站在昏暗的路灯下，呆呆地怔了很久。

数年后，我从出版部门调到了中国传媒大学，开始做教学科研的工作。闻知此事，马大任先生专门从纽约给我写信，希望我要培养学生“为国家读书”的精神，要让年轻人学会做一个有尊严的人。初入学界的我，不久便体会到个中的苦辣艰辛，一次与赵先生通话，憋不住唠叨了几句。没过多久，赵先生通过邮局先后送来了已经装裱好的两幅字，一幅挂在了我书房的东墙，是赵先生的70年代诗作“临江仙——读闻山自咸宁来信”：“风气云飞明月夜，蛙鸣水涨湖边；荷花菱叶抚八弦，怜君清兴好，我亦梦魂牵。忍教壮怀随鬓老，心潮百尺狂澜；秋江风浪险千般。但酬革命愿，未解避惊弦。”另一幅用镜框镶嵌，挂在我书桌的正上方，是赵先生手书的古诗：“好雨知时节，当春乃发生。”

长夜漫漫、心浮气躁时，抬头看看这两幅字，想起自己与三位老人的过往，有时会让我冷静，有时也会在心里激起阵阵热流。我渐渐明白，在属于学者自己的历史中，一切都会成为过去，能够留下的，就是一部部像《中国西部四十年》这样用心血打造的著作，薪火相传的精神，和永远不会散去的人间情谊。

2011年9月10日于北京石佛营

孙英春，字惕远，祖籍山东文登，1971年1月出生于新疆塔城，1987年起先后就读于国际关系学院中文系和北京大学国际关系学院，获博士学位。曾任人民出版社副编审、中央电视台编导，目前担任中国传媒大学国际关系研究所暨国际传播研究中心教授，主要研究领域：跨文化传播、国际传播、文化研究、文化与国际关系等。著译近400万字，主要著作有：《跨文化传播学导论》（北京大学出版社2008年、2010年）、《大众文化：全球传播的范式》（中国传媒大学出版社2005年）等。主要译著有：《世界经济谈判》（世界知识出版社2003年）、《道德剧》（中国友谊出版公司2001年）、《南京暴行》（东方出版社1998年）、《财富与权力》（新华出版社1999年）、《中国西部四十年》（东方出版社1998年）。

高山仰止　景行行止

——祝贺赵宝煦先生九十华诞

王宗礼

赵宝煦先生是我国著名政治学家，当代中国政治学的主要奠基人之一。对我们从事政治学教学科研工作的中青年学人而言，赵宝煦先生无疑是一座“虽不能至，然心向往之”的巍巍高山。在参加中国政治学年会和政治学学术研讨会期间，我有幸与赵宝煦先生多次谋面，并亲耳聆听先生的教诲，真有如沐春风、醍醐灌顶之感。先生的大家风范、学者情怀，给我留下了深刻的印象，永远是我学习的典范。

我于1981年考入西北师范学院政治系学习，当时正值我国改革开放初期，整个社会涌动着渴求知识、追求真理的春潮。政治学作为刚刚恢复重建的学科，也正处在一个新的奠基时期。从“文革”中走出的我们，希望能从“文革”的惨痛教训中找到国家新的发展方向。这就亟需学习政治学等学科的知识。1982年，赵宝煦先生主编的新中国第一本以马克思主义为指导的政治学专著——《政治学概论》正式出版，为我们学习政治学提供了一个基本的教材。因为我所在的学校地处偏远，一时无法买到此书，学校图书馆有限的几本《政治学概论》一时间“奇货可居”，大家争先恐后借阅。机缘凑巧，在我们班级我得以先睹为快。《政治学概论》也成为我读的第一本政治学著作。可以说，我是在赵先生《政治学概论》的引导下走上学习政治学之路的。大学毕业后，我考入吉林大学政治学系攻读硕士研究生，在先师王惠岩先生的课堂上，经常听他谈到赵宝煦先生的思想和学问，王先生还多次把国内几本已经出版的政治学教材进行比较分析，使我们对两位先生的学术思想有了更加清晰的了解，对两位先生的敬仰之情也与日俱增。研究生即将毕业时，王先生对我们说，赵宝煦先生希望他推荐学生报考赵先生的博士生，让我们先自由报名。由于当时社会风气已经变化，社会上开始弥漫着“造导弹的不如卖茶叶蛋的”、“拿手术刀的不如拿理发刀的”等情绪，读博士的人较少，加之我天性愚钝，无长远之见，由此错失了被推荐报考赵先生博士生的机会。我的同学中有人报名，并经王先生推荐顺利地考取了赵先生的博士生，现已成为国内政治学界的知名学者。

虽仰慕先生已久，却一直无缘得见。直到2001年中国政治学会年会在温州召开，我才第一次见到了已年届八旬的赵宝煦先生。由于先师王惠岩先生的引荐，我得以近距离地感受赵先生的风范，聆听先生的教诲。先生温文尔雅、平易近人，谈话不疾不徐，思维慎密，使我很快地消除了初见大师时的那种紧张感。尤其使我感佩的是，当我提及在西北师范大学任教的北京大学国政系1965级毕业生王家驯老师时，赵先生仍能清晰地记得他当年教过的这位学生，向我详细询问了王家驯老师的近况，并嘱我回去后一定要向王家驯老师转达他的问候，老师对学生的关切之情溢于言表，虽历久而弥新。当时，赵先生还担任着中国政治学会副会长的职务，在每次政治学年会上，只要赵先生参加，他都要应与会者的要求发表讲话，每次讲话赵先生都能切中主题、深入浅出，并屡有新见，给后辈学子以极大的启迪和鼓舞。特别让我记忆深刻的是，在2005年中国政治学会年会暨“和谐社会与社会主义政治文明建设”学术研讨会上，赵宝煦先生作了题为“和谐社会是一个不断克服矛盾的过程”的学术演讲，赵先生从中外思想家对和谐社会的论述入手，深刻地指出：和谐社会并不是一个静态的社会，而是一个不断克服矛盾的动态过程，和谐社会也不可能一次构建成功，而是一个逐渐向前发展的过程，和谐社会是一个不断摆平矛盾、克服矛盾的过程，政治就是摆平矛盾的艺术，而要摆平矛盾，就离不开法治和民主。赵先生还特别指出了对中国这样一个13亿人口的发展中大国而言，维护社会稳定的极端重要性。从赵先生的演讲中，我们不仅感受到了先生深邃的思想和与时俱进、学术生命长青的学术品格，也看到了一位老一辈知识分子对国家和民族的深厚责任感。2010年，中国政治学会年会暨庆祝中国政治学会成立30周年纪念大会在北京召开，我又一次见到了赵宝煦先生，据同行介绍，赵先生是抱病出席的。这充分说明赵老对中国政治学和中国政治学会的发展是充满了情感与期待的。在这次年会上，先生发表了重要演讲，他回顾了中国政治学会的历史，特别是为我们介绍了民国时期中国政治学会的成立和活动情况，使我们对中国政治学发展的历史又有了更加清晰的认识。他还对今后中国政治学会的发展寄予了殷切希望，提出了中肯的建议。在这次会议上，赵宝煦先生获得了学会颁发的“杰出贡献奖”，我想对赵先生而言，这是实至名归的。

赵宝煦先生非常关心经济欠发达地区政治学事业的发展。2004 年 7 月，全国高校国际政治高层论坛年会在兰州大学召开，赵先生不顾年事已高亲自与会，给西北地区从事政治学、国际政治研究的学者以莫大的鼓舞。会议间隙，我们邀请赵先生到我所在的西北师范大学考察指导，赵先生愉快地接受了邀请，并介绍与会的北京大学、中国人民大学的几位著名专家一同前往。赵先生一行参观了西北师范大学的校园环境，考察了学校的博物馆、校史馆，当得知西北师范大学是由当年的国立北平师范大学在抗日战争时期一路西迁、扎根兰州的历史后，赵先生说，西北师范大学是一所百年老校，有很深的文化底蕴，祝愿西北师范大学越办越好。参观结束后，赵先生欣然挥毫为西北师范大学校史馆题词。赵先生一行还会见了在兰州工作的 20 世纪 60 年代毕业于北京大学国际政治系的王家驯、王国文两位学生，并与西北师范大学政法学院的相关专业教师进行了座谈，勉励他们在政治学、国际政治的教学和研究工作中积极进取、取得更好的成绩。在谈到经济欠发达地区地方高校学科建设问题时，赵先生特别强调，对欠发达地区地方高校的政治学研究和学科建设而言，一是要有自己的特色，二是要注意加强与全国学术界的交流与联系，并且表示愿意大力支持欠发达地区政治学事业的发展。先生中肯的教诲使我们深受启发，也鼓舞了我们从事政治学教学与研究的信心。

赵宝煦先生既是一位学贯中西的学术大家，又是一位年高德劭的长者。他为中国政治学的恢复、重建和发展所作出的杰出贡献，他温文尔雅、平易近人、奖掖后学的大师风范以及对国家和民族的深厚责任感，将长久地成为促进政治学事业发展的重要精神资源。

王宗礼，男，甘肃金昌人，1963 年 12 月 17 日生，汉族。西北师范大学政法学院教授、中国政治学会常务理事、甘肃省政治学会常务副会长。主要研究领域：政治学理论、民族政治学、当代中国政治制度等。

学习和思考的学问人生

毛寿龙

小时候学语文写作文，经常用“光阴似箭，日月如梭”开头。现在写文章，往往用“改革开放以来”开头。每每写到这儿，就会想起过去在北大听赵宝煦先生上课时说的一句话，他们过去写文章，会用“自抗战开始以来”，后来则是“抗战胜利以来”。再后来，就是“建国以来”。一个个不同的“以来”，意味着时代的变化，一个变化接着一个变化，一个事件接着一个事件过去，于是历史就形成了。当代史成了现代史，现代史也就成了近代史。

这些天应约写稿，又写起“改革开放以来”，于是又想到了赵先生，同时也想到前些天和徐湘林教授会上相见，说起赵先生已九十高龄了，今年北大的同学们肯定有纪念活动。今天一早起来，打开电脑看邮件，看到一封来自北大的信，说赵宝煦先生今年90高寿，已经在北京大学从教65周年，北京大学将举办“赵宝煦教授90华诞暨从教65周年庆典活动”，来函要我写点什么，收入纪念文集。我想我说点什么呢？我想就写点我和赵先生交往的记忆吧。

回忆起来，和赵先生交往最深的记忆是我上学的时候听赵先生说的一席话。那是八十年代初，我到北京大学国际政治系上学，在开学典礼上，赵先生风度翩翩，一上台，就引发一阵惊叹。然后他发言说的话，又引发大家的骚动。他发言说，他过去在西南联大上学，从化学系转到政治学系，当时的政治学系主任对他说，到西南联大读政治学专业，要想好，因为它一不能挣钱，二不能当官，读四年本科，也无法让你真正做上学问，顶多能学到读书和研究的一些方法。所以，读政治学，毕业就是失业。无论当官，发财，还是做学问，今后还有很长的路要走。赵先生的讲话，应该还说了很多，但印象最深的就是这几句。他讲这个故事的用意是说，大家选择政治学专业，不容易。不图当官，不图发财，而做学问，今后还需要付出很多。

赵先生的话，我不知道当时的同学记住了多少。其实当时大家对政治学的确是一无所知，毕竟是首届，没啥信息。而且除了个别同学，绝大多数同学都是从其他志愿转过来的。我也是转过来的，第一志愿是国际经济学，名额有限，没有如愿以偿。但填了服从分配，就糊里糊涂地转到政治学专业。不过，赵先生所说的话，对我来说，的确很有用。毕业后，很多同学选择从政，也有同学选择从商，估计他们很多都要从头学起。而我呢，则选择从学。本科四年，学了很多，但的确没有学到如何做学问，于是只好选择继续上学，而且一读就十年，一直到博士毕业，毕业后倒是没有失业，很容易就找到了一份教职。但似乎10年大学，也只是学到了方法，而没有掌握学问，毕业从教后，我依然发现，学问无止境，而做学问的方法也没有多少诀窍，无非是，多读书，多学习，多思考，而且多调查研究，和生活密切联系起来。于是，一直到现在，依然在不断读书，不断学习，不断思考,并且不断在全国以及世界各地访问、调研,联系实际。因为还记得后来赵先生说,做学问,不能坐而论道,而且要密切联系实际。只有通过观察实际,才能真正获得智慧。现在眼看已经过了“不惑”,疾奔“知天命”,似乎学问依然没有做扎实,只有继续不懈努力下去,不敢懈怠。

于是,我也过起了赵先生一样的学习和思考的学问人生。不过与赵先生相比,我的履历要简单得多。我从小学,到中学,然后到大学读书,20 年学习后到大学任教,一直到现在,没有经历过什么波折,而大部分时间,正好是中国改革开放后快速增长时期,我没有挨过饿,也没有辍过学,也没有经历过让自己的人生有很大波折的政治运动。而学习、教学和研究,也是按部就班,没有大起大落,可以平静、安心,而不需要有多大的勇气和决心。而赵先生,则从小经历在不平静之中。他因家贫,10 岁才插班上小学,而且还时时因经济问题辍学。上大学时,正好是抗战最艰苦的时候。他为了不当亡国奴,辗转西安、重庆,克服重重困难,从北平南下西南联大。而当时他才 20 岁。在当时,我好像还处于啥也不懂的年龄。抗战结束后,赵先生从昆明回到北京大学继续完成学业,然后留校任教,新中国成立后因取消政治学专业而改行,历经一场场政治运动,一直到八十年代初经过先生的努力在北京大学恢复政治学专业,中国终于有了自己的政治学。

可以说,赵先生开创了中国的政治学专业,而我则作为后来人学习了中国的政治学,着重研究政府的治道变革及其政策,现在成了公共政策专业的教授。先行者总是影响后来者,这就是经济学家诺斯所说的路径依赖吧。

现在仔细想来,自己从事教学的很多东西,的确都与赵先生有点关系。如记得在北大上赵先生的课程,课程的内容随着时间的流逝,都记不起来了。但记得赵先生上课,最大的特色是讲故事。他的肚子里,好像有讲不完的故事。而且无论多么重大的事件,他都讲得那么平静。很多见过赵先生的人都说,赵先生看上去风度翩翩,很有人格的感染力,而且很平静,给人一种很安定、宁静的力量。上课了,赵先生不点名,但是他会随机叫几个学生的名字,估计是为了认识学生。他对学生很宽容,学生有事情,不一定来上课,他的要求是,他的课,只要他随机叫名字的时候,有三次在,就可以有机会获得学分。当然,赵先生的课,从来不缺学生。赵先生上课的方法和管理学生的方法,我都记住了,而且也沿用到现在。只是觉得自己讲故事的口才,似乎一直没有达到赵先生的境界。赵先生不仅会讲故事,不仅会宽容对待学生,而且在学问上也表现出和平宁静的价值。赵先生晚年出版的英文作品集《赵先生学术文集》的标题就是《和为贵》。这本书集合了赵先生对中国传统政治理论和现代政治理论的思考,在这本书里,从一些政治学理论问题、中国政治和国际政治的重大问题入手,系统阐述了他的和为贵的思想。我自己生活的格言,在"读书,学习,思考和生活"之外,加上"人道,宽容,谦虚和幽默",作为做学问之外做人的座右铭,似乎也是赵先生影响的结果吧。

赵先生是我上学时候的系主任,我听过他的课,读博考试有一门课是他出的题,面试也有他,博士生专业课和博士资格考试,也有他,但是由于我直接的导师不是他,而我又不善于主动和老师交往,上学期间除了教学的往来,并无多少交往。毕业后,我也几乎没有给赵先生打过电话,但开会的时候,经常会在一起说话,吃饭也经常在一桌。毕业后赵先生和他的学生聚会,也经常叫上我,地点就在中关村附近的餐馆。记得每一次聚会,他都带上一个塑料袋,里面装着规格不一的白酒杯,大家一人一个,喝白酒。赵先生身体好,酒量也好。大家敬他,他往往一饮而尽。我们怕老师喝高不敬他,他就主动向我们敬酒,然后自己一饮而尽。席间赵先生经常说一些故事,大家也说一些自己的趣事,师生相聚,宁静而快乐,可谓其乐融融。原来学问人生,也是举杯相聚的人生。不过,赵先生每次都是适可而止,并没有喝高过。

十分期待,"赵宝煦教授90华诞暨从教65周年庆典活动"的到来,到时再向赵先生敬酒致意!

毛寿龙,1967年出生,浙江奉化人,1994年毕业,获北京大学法学博士学位,现为中国人民大学公共管理学院教授、博士生导师、公共政策研究院执行副院长,主要研究制度分析与公共政策,中国政府治道变革。

永远年轻的心情

——与赵宝煦先生交往之点滴纪事

门洪华

每个人心中都有一座大山,仰之弥高。

赵宝老就是我心中的高山。在我的学术道路上,每一关键步伐都得到先生如沐春风般的教导。自1996年偶遇先生至今,膝下受教凡十六载。先生之教,微言大义,慎思挚学,自受益终生。

1995年9月,我放弃家乡的工作,重回校园,再温书香。当时尚未志于学,选择学术道路,深受北大名师的影响,更与名满天下、桃李满天下的赵宝老直接相关。先生儒雅淡定,从容不迫,丹心为人,睿智处事,这份历经沧桑的积淀代表了中国学界的高度，也让我深深感受到了从事学术研究的无穷魅力。这份吸引力指引我在北大求学六载，为迈向学术道路打下了基础。在我博士论文答辩之时，赵宝老担任答辩委员会主席，先生的教诲至今我还清晰地记得："……行文之中，仍然存在匆忙的痕迹。"这份提醒，是对我学术道路的一份永恒关爱。博士毕业之后，我选择到中共中央党校工作，同时在清华大学从事博士后研究，其间匆忙仍多，但会不时记起先生的叮咛，努力让自己把脚步放慢，争取把学问做得更扎实些。

面对社会的转型，年轻学子免不了心浮气躁，甚至有投身现实的冲动。当我向先生求教之时，先生总是耐心地倾听，帮我做各种细致分析，从未主动提出一个选择。但先生的一句话，却是我在学术道路上持续前行的最大警语。先生说："好雨知时节，当春乃发生。"大转型时代，机遇无处不在，但对具体个人而言，机遇可能只有一个，余者往往意味着偏向。在这样的一个大时代，每个人都有展现自己的舞台，但不要期望自己时时刻刻都担当主角，而应该思考的是：你想承担什么角色？你做好准备了吗？我的书房中挂着先生亲自撰写、装裱的一幅字，是先生录李白《夜泊黄山闻殷十四吴吟》："昨夜谁为吴会吟？风生万壑振空林。龙惊不敢水中卧，猿啸时闻岩下音。我宿黄山碧溪月，听之却罢松间琴。朝来果是沧洲逸，酤酒醍盘饭霜栗。半酣更发江海声，客愁顿向杯中失。"先生赠字，时年八十六岁，其笔力之遒劲，包含在静雅之间，使我常常驻足深思。正是有先生的教导，我一直在学术道路上坚持不懈。2009—2010 年，我参加中组部、团中央组织的博士服务团，到青海省行政学院挂职。先生在新年贺卡中写道："在青海挂职，将成为你一生最美好、最重要的经历，我确信无疑。期待着你回京后的重逢。"回京之后，我将自己在青海工作的经历向先生详述，并坚定地告诉先生我将持久从事研究工作，先生的笑声愉快、爽朗，其中饱含着先生的欣慰和殷殷期望。我做出了符合自己现实与理想的职业选择，而先生为此付出了多少的心血！

先生做事之认真，让我时时感动。先生热心组织中国研究的学术文集，因缘际会，我参与了《知识分子与社会发展》、《社会变迁与改革发展》等著作的翻译，也曾将先生的多篇演讲稿译为英文。能为先生做些事情，我已感到分外高兴，但让我尤为过意不去的是，每次完成翻译后，都是先生亲自打电话核对，将翻译费计算好，装在信封里给我。我至今还保留着先生签写的信封，时时提醒自己，要从先生的举止体味师道，要深深读懂先生的真诚和一丝不苟。1998 年，先生曾在东方出版社出版题为《途程——抱虚斋诗文稿》自选集，先生赠送我一本书，让我到家里去拿。时值酷暑,当我到先生家里的时候,先生正忙着改正书中的印刷错误。先生先用小刀将错字刮去,然而贴上与书纸一样的小纸片,最后用小毛笔工工整整写上字,其样子正如印刷字体,丝毫看不出修改的痕迹。这样的境界,怎不令人敬仰!

先生一片丹心,诚挚待人。2000年底,我在北京大学求学时,与北大出版社合作,倡议组织"国际关系理论前沿译丛",并请先生担任编委会主任,先生慨然应允,并亲自提笔给时任中国社科院美国研究所所长的王缉思教授写信,诚挚邀请其担任丛书编委。先生用词亲切、诚挚,让我深受感动。这套丛书积极推动了中国国际关系理论研究的深入,先生之行,泽被学界。

我去过先生中关园旧居多次,居室之狭,藏书之多,相得益彰,使得房间充满魅力,那是学界大儒的味道。不时记起先生请我们几个学生吃饭的情景,先生谈笑风生,充满睿智,送先生到家已是深夜。先生邀我们到家里,煮茗续谈,在不大的书房里,先生向我们展开的是整个世界的图景。先生搬家到蓝旗营,我曾有幸参与,竟高兴得像一个孩子,因为先生的书太多、太珍贵了,我在先生的新书房跑来跑去,不时拿出一本书翻看。先生用欣喜的眼光看着我,抽出一本书题为《织网:有条件接触中国》(*Weaving the Net*: *Conditional Engagement with China*)的书给我,并说:"宝剑赠壮士。这是一本西方对华战略的书,你读读,好好思考应对之策。"先生之言,既是期望,亦是要求。后学驽钝如我,敢不努力?!

先生是我国乃至世界政治学和国际政治学的学界泰斗,对学科建设、学术发展、政治发展、社会发展等的贡献人尽皆知。先生道德文章,琴棋书画,名满天下、学满天下、生满天下,受益者亦满天下。先生之言行声望,于我辈如高山仰止,虽不能至,心向往之。我谨将与先生交往过程中的点滴记录下来,从细微处体会先生的境界和高度。在我的心中,先生总是丹心如火,以永远年轻的心情点燃我们的热情,以睿智达观的态度指引着我们的职业生涯和生活道路,有师若此,大道存焉!

门洪华,1969年生,2001年北京大学国际关系学院博士毕业,现为中共中央党校国际战略研究所教授。

霭霭一片绿，话得启明来

——赵宝煦教授90华诞随笔①

黄海峰

年过不惑，回首曾经求学和工作的经历，幸于结诸多益友，拜几位良师。而在我人生面临诸多挑战和选择的那段时光里，我非常有幸地识得赵宝煦先生，接受他的教诲，习得他的精神。他的成就、他的为人、他的思想，是朗朗星空里的启明，是漫漫阳光里的煦妪，指引和温暖着我的人生之路。而今，赵老九十华诞，欣闻之，倍感快乐。回忆与赵老从结识至今的过往，历历在目，感慨顿生，遂拙笔若干。

赵老与我

与赵老的相识，是在1992年赵老前往德国柏林洪堡大学的访问期间。当时，我的导师，世界著名的汉学家费路教授指派我负责赵老在洪堡大学的接待工作，并负责照顾他老人家在柏林的访问活动。正是在这几日短暂而又宝贵的时光里，我得以与赵老进行交流，聆听他的话语，体会他的思维，感受他的气质，而这些，对于当时年轻的我而言，都是非常难得的经验。

在洪堡大学访问期间，赵老师发表了若干次演讲。洪堡的师生，通过这位睿智和蔼的中国学者，在他们的心中开启了一扇通往中国的时空之门，古老而崭新的中国，在赵老的讲演中，变得鲜活了起来。赵老在演讲中，描述并宣传了中国改革开放的成就，对中国社会经济发展中存在的问题，直言不讳地进行了介绍，并提出了他的解决方案和设想。他的这次访问活动，无疑受到了洪堡大学师生的热烈拥簇；费路教授在事后也多次在不同场合，对赵老那次访问洪堡的经历津津乐道，称他为受人尊敬和爱戴的，当代中国最杰出的政治学家。

正是这次起源于洪堡的机缘，我和赵老也由此开始了跨世纪的师生之情。

在洪堡大学攻读博士期间，我结合对祖国社会经济发展的情况，对学术研究工作也有了一些新的想法。"读万卷书，行万里路"，对于一个学者而言，真正的

---

① 北京工业大学中国经济研究中心研究人员李奇亮同学花费大量时间查阅许多文献，并协助撰写此文。此外，民主建国会冯玉明老师也参与了审稿工作。此文代表了"转型中心"和"联盟"全体同仁对赵老的尊敬之情。

学术精品，总是建立在大量的事实和数据的基础之上的。当时，赵老知道我有心拓展学术领域，并对中国问题颇有兴趣，便指点我，让我用对比的、批判的、发散的思维去“另眼”旁观这个世界，而去美国进行游学是一个很好的求知和提升的方法。我当时有些无措，因为去美国留学是件困难的事情，而他却主动地为我创造机会。终于，在他的热心推荐下，我得以圆了我的“美国大学梦”，跨过又一个大陆，来到夏威夷大学中国研究中心这一研究中国问题的国际顶尖机构，痴迷地学习，尝试从国际视角去解读中国，认识世界。在夏威夷就读期间，赵老与我保持了良好的沟通和联系，他的指导，让我成功申请了全额奖学金，让我得以在紧张的研究生活中，了然享受了几番夏威夷海滩的风和日丽，而非辛苦地打工挣取学杂费。这么多年来，每每回想起夏威夷的那片阳光沙滩，就想到了赵老同样的煦煦关怀。

赵老的支持，委实让我感到受宠若惊；他的关照，让我的海外留学生活，一直风平浪静。结束了在国外的留学生活，获得了洪堡大学的博士学位后，时空也悄悄地把我推向了又一个重大的人生节点：留在国外定居，抑或是回国支援建设。当时，我很犹豫，左右为难，踌躇不定。是时，赵老师又一次为我指明了道路，他的一番语重心长的教诲，让我坚定了回国的信念。为了减少我的顾虑和重新融入国内环境的阻力，这位耄耋老人甚至连夜为我撰写了特聘教授的“推荐信”，在信中对我的为人、我的学术研究成果等提出了肯定。正是这封深夜撰成的饱含甸甸深意的“推荐信”，让北京市教委相关学术评审人员对我这个德国的“海归”产生了好的印象，并使我在2003年顺利受聘为北京市特聘教授。

回到祖国的怀抱后，我立足首都北京，主要承担了中外诸多国际学术交流工作。在我所组织并主持的多次国际学术会议和活动中，赵老师也多次参加，表示支持，例如，在我所主持的“亚洲教育北京论坛”中，赵老师出席了会议，并作热情洋溢的讲话，他的积极、乐观、睿智感染了在场的所有人。

2003年，在赵老以及我国著名社会学家费孝通老、中国工程院左铁镛院士和李京文院士等专家和领导的支持和关怀下，我在北京工业大学成立了“中国经济转型研究中心”，为中国的社会及经济的战略转型事业引进国际智力资源，搭建国际绿色学术平台，培养国际化经济转型人才，参与国际“产学研”生态环保项目，为中国及世界社会的可持续发展助力。

“中心”的成立想必是一件让赵老开心和乐于支持的事情。在他和中国著名历史学家杜文棠教授的支持下，我与其他热心于中德学术交流的洪堡校友在北京工业大学，继“中心”之后，成立了“柏林洪堡大学校友学术交流部”，赵老担任了此“交流部”的名誉主任。“交流部”与“中心”形成了互补机制，它使得工大的很多年轻学友得以与德国同样优秀的年轻学人建立了友谊，交流了思想。

“中心”和“交流部”的成立，对我来说是学术研究工作的又一个转型节点。此间，赵老对我的学术工作提供了诸多指导，也给予我许多勇气和智慧，让我投身于中国及全球学术组织的创新工作中去。在“中心”和“交流部”的成立之初，赵老又与我多有交流，从他专业的角度对我的工作进行了指导。而正是在他的鼎力支持下，我联系了全球近百名知名学者、企业家及环保人士，积极响应联合国环境规划署倡导的“全球绿色新政”，共同在澳大利亚发起和注册了又一崭新的国际学术交流平台——“国际生态发展联盟”，赵老也成为了“联盟”的高级顾问。“联盟”以学术互动为平台，以国际绿色经济发展实践为载体，积极促进国际绿色领域的共同进步。在联盟的一次活动中，赵老曾风趣地说，这次活动是他参加的最愉快的活动，他的快乐和乐观，是联盟的财富。而后，赵老因为身体的原因，几次联盟的活动都没能参加，大家焦急而关切，联盟因此推荐了董路明大夫，长期为赵老调养身体。

机缘所致，受宠至今。能成为他的学生，是一件很幸运的事情。赵老师将他所理解的北大思想传递给我，他的熏陶和感染，是此生不尽的财富。

“经师”与“人师”

是为“经师”，亦为“人师”。著书立作，抑或是身体力行，思想和身体总有一个在路上，而赵老就是一位思想与行动并行的人。

赵老是一位典型的中国学者，具有温文尔雅、谦逊平和的学者气质。平日与赵老的交流，他总会温和地与我交谈，对理论和观点娓娓道来，我也时常在他的讲授中，豁然开朗，受益匪浅。老子云：“处不为之事，行不言之教。”赵老对青年学子的关爱，总体现在他的一言一行之间。为了支持我回国受聘，当时已年过八旬的他，连夜为我撰写推荐信。他的投入让我减少了心中的焦虑，感动油然而生，回国之路也平坦了许多。

而今，我也成为了大学校园里的耕耘者，我也尽力关心我的学生，承担作为“灵魂导师”的责任和义务。“桃李不言，下自成蹊”，他用自己的行动，默默地感染了几多学人，而这“蝴蝶效应”，是会令人惊叹和感动的吧。

高尚的爱国主义情怀

在那个积贫积弱的年代里，赵老步入了西南联大，并选择了化工系这个贫弱的中国所需要的专业。而在就读之后，赵老不满于国府的抗战不力并对民生疾苦感同身受，因而，赵老把自己融入了民主爱国的学生运动的大潮中，好比屠格涅夫在散文诗《门槛》中所描述的那个走进黑屋的年轻女郎一般，年轻时期的赵老就是怀着爱国主义的殉道精神投身爱国运动的。恰如鲁迅弃医从文一般，赵老在活动中对政治产生了浓厚的兴趣，并终于从化工专业转入政治系，师从张奚若、钱端升和许德珩、吴恩裕等老一辈著名的政治学家，并开启了对政治学潜心钻研的漫漫历程。

对于学者而言，知识的力量和人性的锋芒是抒发情操的利器，也是表达爱国情怀的法宝。赵老精于治学，同时也积极地在国际舞台上为促进中国的邻邦友好作出了不泯的贡献，被公认为"在外国大学教室里系统讲授当代中国政治问题课程第一人"，在促进中美友好合作关系方面作出了卓越贡献。1982 年、1996 年两次中美关系低潮时，他在美国到处讲演，为中国辩护。

自 1981 年以来，他出国访问、讲学，足迹遍及五大洲二十余国以及我国的香港、台湾等地区。从 1981 年起他先后出访了埃及、美国、日本、英、德、加、阿根廷等二十多个国家和地区，足迹遍及五大洲。大量广泛的学术活动，促进了我国政治学界和国外政治学界的联络和沟通，增进了我们对国外学术界的了解。

赵老曾对年轻学者提出了殷切的希望："你们生长在和平时期，你们做学问、成就事业应该攀高峰。整个社会科学界，整个国家、社会都把希望寄托在你们的身上！"他对民族、国家的责任感和使命感溢于言表，爱国的情怀让赵老受到更多年轻国人的爱戴。

追求民主、自由、和平的普世价值

"穷则独善其身，达则兼济天下"。从精神层面来说，赵老对国家的热爱如同一股甘泉，溢出的关爱就自然地幻化为一种普世关怀，民主、和平、自由的思想，应立足中国，也要放眼世界。从赵老的政治哲学的特点来看，人民民主、世界和平、思想自由应该是从事政治事业的学者的最终追求，社会政治的真谛在于人民的福祉。

关于民主，赵老曾幽默地表达道："政治就是摆平矛盾的艺术。如何摆平？离不开法治与民主。没有法治与民主的社会，不可能是一个稳定的社会，更不可能是一个和谐的社会。"①而对于人们如何看待"民主"，赵老也在《为美国与亚洲》所写的序言②中对政治家和社会科学工作者提出了希望，他说道："世界上有

① 赵宝煦：《和谐社会是一个不断克服矛盾的过程》，参见：http://www.aisixiang.com/data/30926.html。

② 赵宝煦：《学术争论中的民主作风》，为《美国与亚洲》所写的序言。

两种人，绝对不应该感情用事。我指的是政治家和社会科学工作者。前者如果感情用事，就会造成天下大乱；后者如果感情用事，则只能胡说八道。可惜在现实世界中，到处都不难找到习惯于感情用事的政治家和社会科学工作者。喜欢标榜‘民主’的人，真应该认真学习一下‘民主’的真谛，尊重别人，允许别人有和自己不同的想法和做法，君子和而不同，求同存异。”

中国人喜欢咬文嚼字，仔细揣摩“和谐社会”里“和谐”二字，也颇有深入浅出的禅意。“和”有一个“口”，就是说，人人都有饭吃；“谐”有一个“言”，就是说，人人都有话说。“有话说”，对于民众来说，就是表达方式的自由。民主是一种政体形势①，而“没有个人自由的民主，是未得民主之真谛的民主，是只有躯壳而没有灵魂的民主”，而如何连接自由和民主？正如赵老所认为的，唯有法治，而“法治与民主，则正是政治学研究中的重要课题”。

战乱和争端往往被看做是政治的最高形式，实际上，也是政治的尤劣形式。赵老曾表示，《孙子兵法》和《孙膑兵法》这两部春秋和战国时期的兵家经法的奥义在于，如果用政治或者外交的手段可以达到国家的目的，就不应该进行战争。从经济学上来说，战争在大多数情况下是“零和博弈”或者“负和博弈”，人类应该以社会福利最优为宗旨，探寻政治学的“帕累托最优”境况，实现人类的和平。

“谱绿色发展之曲、圆绿色创想之梦、展绿色财富之途”

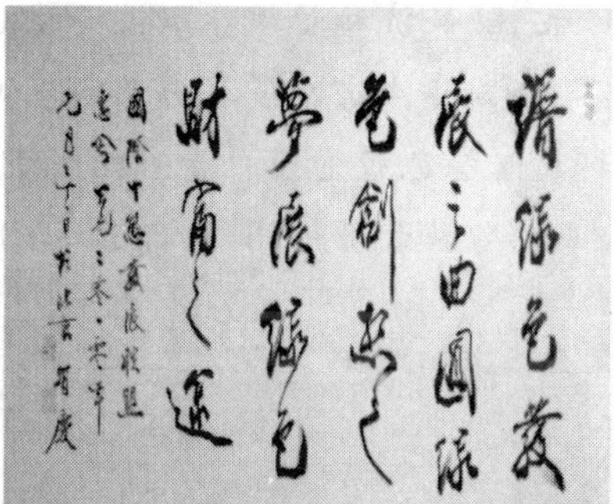

如今，工业化和城市化进程正蚕食着人类生存与发展的希望，“棕色经济”和“黑色经济”的阴云笼罩在世界公民心灵的天空，生态经济和绿色经济的理念和行动无疑已成为了人类文明最后的仰望，可持续发展的理念已经成为全球公认的普世价值。“丹心依旧火成团”，赵老毕生追求着民主、自由、和平的普世价值，如今，随着生态环保理念成为了世界的普遍关切，赵老也积极地对生态环保事业给予了支持和肯定。在赵老的支持和关怀下，“国际生态发展联盟”这一国际非营利性学术组织才得以在短短3年多的时间里，汇聚了二百余位共同心怀“绿色”、“环保”理念的同仁，并成功地组织了诸如“世界绿色论坛”这样的大型国际绿色活动，组建了“北京亿迪友爱

① 张恒生：《民主与自由的关系》，参见：http://www.people.com.cn/GB/guandian/8213/28144/28154/2082232.html。

国际环境技术研究院”这样的落地中国的绿色环保实体。赵老特为“联盟”题写的“谱绿色发展之曲、圆绿色创想之梦、展绿色财富之途”的激励之词已成为了广大绿色共事者的精神主旨。

结　语

中华大地经历了万年漫长的沧桑历练,恰如一个人从懵懂到成熟的生命历程。个人与社会的紧密联系,中华民族与周边邻邦的唇齿相依,世界公民与自然环境的和谐共生,都是广大学者需要关注和探讨的永恒命题。作为长期旅居德国的“海归”学者,我也深感中国学者对中国社会的转型、华夏命运之指向所肩负的沉甸甸的责任。“人同此心,心同此理”,在物质生活越发富足的今天,赵老的处事态度、学术精神、为人境界、爱国情怀和大世之智,则是中国广大学者的启明之星和一面镜子,以启迪中国新一代知识分子的思考,并为世界的发展提供了一抹“有爱的绿色”。我想,中华大地迫切期待着一批仰望星空的人,而中华民族的福祉和世界的繁昌,应该会是让赵老最为欣慰和愉悦的生日礼物吧!

黄海峰,德国柏林洪堡大学哲学博士。1988—1991 年曾在北京大学经济学院师从范家骧教授学习,主要研究方向:发展经济学、经济转型、可持续发展。现任德国柏林洪堡大学中国学术交流部主任、北京工业大学中国经济转型研究中心主任、经济和管理学院博士生导师。兼任中华人民共和国国土资源部特约监察员、国际生态发展联盟亚洲理事长、世界绿色论坛执行主席、环保部与联合国环境署绿色投资项目专家组成员。作为北京市新世纪百千万人才工程北京市级人选,曾获教育部高等人文社会科学研究优秀成果奖。

书画艺术界好友和学生纪念文章及祝辞

祝赵宝煦先生健康长寿

韦建恒

赵先生是北京大学书画研究会(原名为北京大学老年书画协会或称北京大学老教授书画协会)的顾问。我1997年退休后,参加书法和国画学习,并加入书画研究会后才开始认识赵先生。第一次近距离看到赵先生,是在1999年纪念孔子诞辰二千五百五十周年书画展开幕式和座谈会上,会场不大,我就坐在赵先生对面很近的地方,认真聆听几位老先生的发言。赵先生知识广博、慈祥、平易近人,给我留下很深的印象。

赵先生非常关心、支持离退休教工的书画学习和书画研究会的活动,经常在重要的书画展中看到赵先生的新作,听到赵先生在开幕式上讲话。赵先生还给书画研究会开讲座,谈中国书画艺术优良传统的继承与创新,给大家解读一些名画,并展示自己的部分作品。鼓励大家要好好学习和临摹历代一些重要书画名作,指出只有在继承优秀传统的基础上才能很好地创新,不要被社会上的不良倾向所迷惑。有时开会,计划派车接送赵先生,赵先生说,我能走着去,不用坐车。

赵先生在北大书画研究会《讲座》时,给大家解读名画。

(韦建恒摄)

我退休后,就在北京大学老干部活动中心学习书法和工笔花鸟画,后来又到海淀老龄大学进修工笔花鸟画。赵先生看到我有一点点进步,就给予鼓励。

我说我的作业都是临摹的。赵先生说,张大千曾经多年进行大量的临摹,他的临摹作品是很著名的。赵先生为了帮助我学习国画,2003 年新年前夕,亲自把当代著名国画大师张大千作品精选的大幅挂历送到我家,当时我不在家,是我夫人收下的。我回家知道后,十分激动。可知道赵先生都八十高龄了(2002 年 8 月 20 日,北京大学在英杰交流中心祝贺赵宝煦教授从教五十五周年暨八十华诞),住在蓝旗营小区,我住在北大六公寓三层,来回步行,太不容易,太感动我了。后来,我从大挂历中挑我喜欢的作品临摹。2004 年赵先生赠送我一册《什刹海古韵书画集》,本集汇集了 130 名作者的 240 幅书画优秀作品,其中有赵先生书法国画作品各一幅,有杨辛先生书法作品两幅,以及一些名家之作,对我学习很有帮助。2005 年 5 月又赠送我一册《杏坛春永》(2005 年 4 月出版),这本书全面地介绍了赵先生的经历、高尚情操、教学科研、学术交流以及书画艺术等等各方面的成就、贡献,为我深入了解赵先生,把赵先生当作人生楷模提供了宝贵资料。

在爱家收藏国际美术馆的《北京大学老校友迎奥运书画展》开幕式上讲话。

(韦建恒摄)

赵先生对我的关怀帮助很具体细致,也很严格。记得 2005 年,我们书法高级班(原北大离退办开设的班)举办习作展览,我的习作不少。赵先生参观时,把我叫到跟前,指出我一幅习作漏了一个字,叫我添上,以后仔细检查了再装裱。2007 年 12 月 1 日,在《北京大学老校友迎奥运书画展》会上,我们几位老同志请赵先生讲解自己的作品:《恭摹唐吴道子孔子行教图并篆书礼运大同篇》。大家听得非常认真。赵先生最后说,我们努力奋斗想要实现的目标,孔子早就说出来了。我非常仰慕赵先生及其作品,对赵先生说,我要临摹这幅画,我想要有这么一幅。赵先生对我说:有高仿真的,可以送你一幅。当时我高兴得不知说什么好了。没几天,赵先生就叫我到他家取画。2008年,我拿两幅工笔花鸟习作(都是六尺)到赵先生家请教,赵先生不在,我就放在信箱里。后来赵先生打电话说,你的画太大,只好铺在床上看,你请我提意见,那我就直说啦。我连说了几个是。然后赵先生一一指出我画中的缺点,什么地方渲染的颜色要改进,哪只飞禽形体结构以及什么部位不准确,都详细指出。还建议说,作画不一定画大幅,在力量达不到的时候,可先画小幅,要力求画得精细些。我把赵先生中肯的教诲牢记心上。我很幸运得到赵先生这么多的帮助,我的每一点进步,都凝聚着赵先生的心血。

赵先生不论做人做事,一贯都刚正不阿、严谨求实、以诚待人、善良宽厚,在赵先生身上,像金子般闪光的崇高品德,永远是北大人的楷模,北大的光荣。

在赵先生九十华诞暨从教六十五周年庆典之际,我衷心感谢赵先生关怀帮助,祝愿赵先生幸福快乐,健康长寿。

2011年9月17日

韦建恒,生于1936年11月。1953年8月进入北京大学生物学系工作、学习。高级实验师职称。长期承担生理学实验教学工作并参加部分科研课题的研究工作,有多篇科研论文(与他人合作)在国内外重要刊物发表。1997年退休后,一直从事书画艺术和摄影艺术的学习与实践。

邻居赵伯伯

徐　冰

赵宝煦先生比我父亲长三岁,我叫他赵伯伯。

我家和赵家是中关园的邻居。中关园是一排排的红砖平房,一排两家人。每家房前都有一个篱笆小院,从各家打理院子的风格,能看出主人的忙、闲和喜好。这些房子据说是20世纪50年代清华建筑系的某届学生的毕业设计,本来是计划只用五年的，但一用就用了近五十年。我家右邻是国政系的张汉清，张伯伯家，前排就是赵伯伯家，也是国政系的。当时一起玩的孩子家长是哪个专业的，没人在意。我后来已经上美院了，有一天，从新闻上看到赵宝煦先生被选为国际政治学会主席，才知道，赵伯伯的本行是政治学。

在这些大人中，我觉得最亲近的就是赵伯伯。每次他来我家与父亲谈完事后，就过来看我在做什么。我在画画，他就谈谈画的事；我在刻章，他就说说金石的事；看我在练大字，他就讲些书法的事。有几次谈的兴致来了，就把我带到他的书房看东西。他的书房相对我家的，是我和我哥睡觉的那间。不大，可书卷的温香气很浓。我还记得，进门左手边墙上挂着幅一尺见方的齐白石的荔枝，他见我一直看这幅画，就开始讲他为什么挂这幅画，因为是喜欢哪些部分。我知道齐白石是大画家，在邻居家的墙上就挂着齐白石的画——我真是对赵伯伯太崇拜了。

有时赵伯伯来我家，会带一些书或画片来，有些是借给我的，有些是送给我的。他送给我的书里有鲁迅编的《北方木刻》和《新中国版画集》，还有大众美术工场印制的《新年画》。这些书后来从中关园带到农村又带到美院。

我有一段时间爱刻图章，给要好的同学差不多都刻遍了，但都是从图章店看来的那种领工资用的手章的风格。他看我刻了这么多，并没说什么，过几天就借给我一本线装的印谱，边翻边讲哪一方他更喜欢。从这以后，我刻的章开始有点金石的感觉了。有一天他拿来一块石料，请我为他刻一方印，“抱虚习作”四个字，墨稿他已经设计好了。我是第一次用这么好的石料，刻这么大的印。这对我真是一种鼓励。这方印的效果我现在还记得，由于太认真了，每个地方都注意涩刀的效果，反到失去了节奏，丢了气象，成了与图章店不同的另一种装饰风。这方印现在想起来还有遗憾之感。

赵伯伯家屋后有三棵洋树，一棵比一棵小，听说是三个孩子：赵晨、赵晴、赵阳入少先队时分别种下的。这三棵树的大小，正适合我们爬树上房玩耍之用。

我和赵阳是同年，幼儿园、小学、中学都在一个学校，有时分在一个班。但那时学校分男女界线，就是邻居在班上也不说话。反而不如与年龄差三轮的赵伯伯接触的多。这几家的孩子到“文革”时才接触多起来。一来是学校停课了，二来是被抄家给我们弄到一起了。我家是最早被抄的，没多久就是赵伯伯家，接着就是张伯伯家。那时的中关园，成天就是一拨一拨来抄家的人，有时在路上就会被红卫兵叫住：“嘿！小孩，徐华民家在哪？”他们哪知道打听的就是我家。那时抄家是“地毯式”的，抄完这家抄那家，反正这一片差不多每家都有问题。我们这些孩子就像被赶鸭子似的,被赶着在几家来回的躲,抄到这家时我们就躲到那家,抄到那家时我们又转到另一家。等红卫兵确实走远了,我们再各回自家收拾残局。

赵伯伯家是被抄得多的,因为赵阳妈妈陈伯母是101中的教导主任,所以有大学的红卫兵还有中学的,中学生抄起来更是无所顾忌。我记得有一次整个家被抄得“天翻地覆”,纸片、书籍、什物从屋里散开来。那次赵阳躲在我家,红卫兵走后,我陪她回去看看是什么情况。我踩过满地狼藉,没忘去赵伯伯书房,看齐白石的画是不是还在,墙上只有画框留下的陈年痕迹。

有一次赵阳抱了一堆东西来我家,往桌上一放说:“我爸说:这些东西给你。”原来是一块木刻用的梨木板,一盒法国进口的版画油墨和其他一些小工具。墨盒打开来,有一股好闻的黄油的香味。这些东西像是放了很多年,让人猜想赵伯伯年轻时的社会激情。我用这块木板,刻了我的第一幅木刻:刻的是毛主席戴军帽的侧面像。

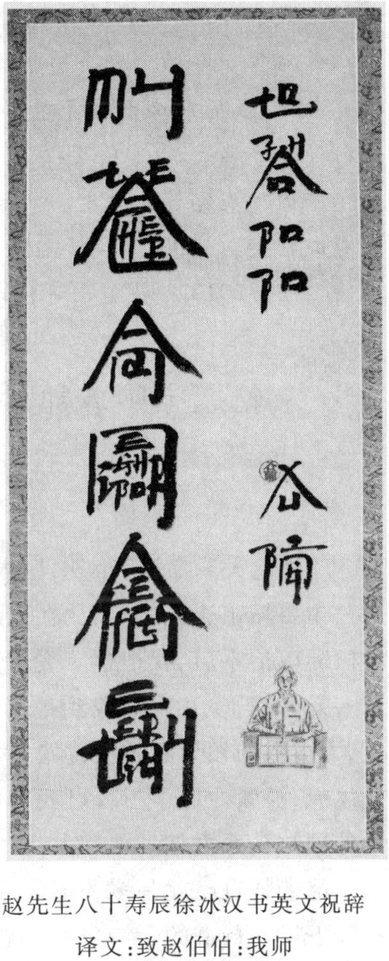

赵先生八十寿辰徐冰汉书英文祝辞

译文:致赵伯伯:我师

我邻影响长存 徐冰

我与赵伯伯有关的记忆,都是些琐事,却都是关于“艺”、“术”的——技巧的、纸张的、笔法的、墨色的、金石的、运刀的……这些,今天回想起来,真的是我童年生活中最美好的一部分。这些似乎是与北大那时的政治环境无关,与父辈这些人的命运无关的内容。

赵伯伯今年90高龄了。我也成为了一个被国际艺术界关注并有影响的艺术家。被关注,是由于我为西方艺术圈带去了一点那里过去缺少的东西,它们是什么呢?是中国文化的智慧——是父辈们生活中的一举一动、他们接人待物的方式、他们对待命运的态度、他们对一方印章布局的看法,甚至他们说话的语气、轻重与节奏。这些,被“遗传”到下一代的血液中。可以说,赵伯伯是看着我长大的,在他眼里,这些中关园孩子中的每一个,到现在一定都变化很大。可在我们的眼里,他却没有改变,依然是那头白发,还是那么儒雅,温润谦和的语音中总带着孩子般的喜悦……有兴致地生活着。

我越来越觉得,寿者都是了不起的人,这可不是一般的知识、学问所能及的,他们身上必然带着一种常人看不见的能力——内心的释然与平静。他们生活于尘世,就在我们身边,但他们的身心却与自然的脉络与节奏息息相通,辑天长地久之气。这境界,那些隐居山林的修行者易,而生活在北大这环境里的人难。

徐冰,1955出生于重庆,长在北京。1981年毕业于中央美术学院版画系并留校任教。1990年移居美国。2007年回国就任中央美术学院副院长、教授、博导。作品曾在纽约大都会博物馆、伦敦大英博物馆、法国卢浮宫博物馆、纽约现代美术馆、威尼斯双年展等艺术机构展出。1999年获得美国文化界最高奖,麦克阿瑟天才奖。2003年获得第十四届日本福冈亚洲文化奖。2004年获得首届威尔士国际视觉艺术大奖(Artes Mundi)。2006年获全美版画家协会"版画艺术终身成就奖"。2004年被《美国艺术》杂志评为15名国际艺术界年度最受注目人物之一。2010年被美国哥伦比亚大学授予人文学荣誉博士学位。

忆赵宝煦老师对我的艺术活动的关心和支持

白谦慎

"文化大革命"后半期,国内的政治情况相对宽松,艺术教育活动在各地、特别是主要城市逐渐恢复,我在上海师从几位老先生学书法。1978年考上北京大学国际政治系后,我把这一爱好带到了北大。1979年春,赵宝煦老师知道我有这一爱好后,曾几次约我到他的办公室去谈书法和篆刻。在当时,从学校到系里,大多数的领导和教授都希望学生们珍惜好不容易才得到的学习机会,巩固专业思想,抓紧专业学习。可我却偏偏碰上了一位对我的艺术爱好十分支持和鼓励的国政系系主任。

赵老师自己就是多才多艺的艺术家。他的祖籍绍兴,文艺传统源远流长,号称天下第一行书的《兰亭序》,就是书圣王羲之在会稽郡写的。赵老师少年时在北京从师学画,四十年代到昆明入西南联大,发起并主持阳光美术社,邀闻一多先生任指导教师。而那时,赵老师正是联大政治系的学生。

70年代末,北大还没有学生书画社团,但是却有一个由教工组成的燕园书画社。在赵老师的介绍下,中文系78级研究生曹宝麟、图书馆系78级本科生华人德和我都参加了燕园书画社的活动(包括展览和聚会)。那时,北大的老教授中擅长书画和收藏书画的还不少,赵老师不但曾经带我们去拜访季羡林先生,观赏季先生的书画印章收藏,还安排我和华人德兄拜访了魏建功先生。在校园外,赵老师还介绍我认识了中央美院的副院长朱丹先生、《文艺研究》的编辑闻山先生、中央美院的学生徐冰。现在想来,赵老师当年介绍我认识文化艺术界的前辈和同道,实际上是希望我能利用北京独特的文化环境,开阔自己的艺术视野。

由于喜欢艺术,赵老师收集了不少的艺术书籍和刊物。他对年轻人总是很慷慨。"文革"初期,他曾把自己收藏的一套珍贵的艺术杂志和木刻工具送给了和我同龄的徐冰,对徐冰后来的艺术发展有很大的影响。我在北大读书和后来留校任教期间,赵老师也曾多次送给我艺术书籍。知道我喜欢刻印,他送给我一本人民美术出版社精印的齐白石印谱,这本印谱当时市面上已买不到,即使能买到,价格也不菲。1986 年出国留学后,搬过无数次家,书籍散失了不少,但这本书却一直珍藏着。

在国政系,赵老师是教授,我是本科生,是师生关系。但在书画领域,赵老师更多地把我作为一位晚辈同道。他有时会把自己的诗作用毛笔抄录后送给我,而那时他用的印章,很多是我刻的。本科快毕业的那年,我到中联部实习,赵宝煦老师嘱我将他写的两首旧体诗以小楷抄录,奉时任中联部副部长李一氓先生雅教。对此,李一氓先生很高兴,还特命我为他治印两方:"一氓吟草"、"一氓八十"。李一氓先生在晚年题字时,经常用这两方印。有一次中国书法家协会举办座谈会,李一氓先生还专门提起,现在国际政治系的学生还有喜欢书法的,可见印象颇深。

1990 年,我离开了政治学界,到耶鲁大学艺术史系攻读博士学位。艺术之于我,从业余变成了专业。赵老师知道我的决定后,不但很理解,而且十分高兴。90 年代初,赵老师到美国访问,还专程到耶鲁大学来看高峥(赵老师在国政系的研究生,时在耶鲁大学历史系攻读博士学位)和我,并在寒舍下榻。灯下夜话,当代政治外,最多的话题还是艺术。我到耶鲁后,学业开展得十分顺利,这当然和我进入北大国政系后,在赵老师鼓励下,坚持艺术的研究有关。

今天在回忆三十年前和赵老师在艺术方面的交往时,一个过去不曾认真思考过的问题出现在我的脑中:赵老师的艺术爱好和他所从事的政治学(包括国际政治学)之间有关系吗?记得大约在 1981 年或 1982 年,赵老师应邀到美国加州大学伯克利分校作访问学者。旅美期间,赵老师托人带信给我,送我一张他在伯克利拍的照片,照片的背景,是一张山水画。空闲时,他依然赋诗作画。在美国,赵老师除了研究和演讲外,和美国的学界有广泛的接触。一位政治立场相当右、对美国政府的中美关系决策又很有影响的美国资深教授和赵老师的私交居然还很不错。而正是在平时的交往中，赵老师向西方学界阐释改革开放后中国的对内、对外的政策。当时中美之间的接触、对话、理解远不及今天。赵老师能够做到这点，很为大多数国内的同道们所称道（据说也有人不以为然）。在我看来，当年赵老师能够和美国学界持各种立场的学者进行广泛的对话和沟通，很大的一个原因，就是他具有渊博的学识和儒雅的风度。借用今天时髦的说法，赵先生的这些个人素质，应被视为中国的软实力的一个重要组成部分。我最近在读19世纪清朝两位外交官的日记。在清朝驻英国公使郭嵩焘的日记里，记载了英国朝野向外国使节展示他们的艺术和艺术收藏的事例。郭嵩焘还提到，在日本使馆中，有专职的画师，为来访的外国官员和使者表演绘画。而这位被西方人称为"郭大人"的中国近代第一位使欧外交官，也在一些场合当众赋诗挥毫。郭嵩焘的继任者，曾国藩的公子曾纪泽更是书画篆刻音乐兼擅，多次在西方展示自己的艺术才能。从这点来说，国际政治中的软实力的展示和较量，早就存在了。如今，中国正面临着和平崛起的历史机遇和艰巨任务，赵老师的文艺素质，就更显得可贵了。

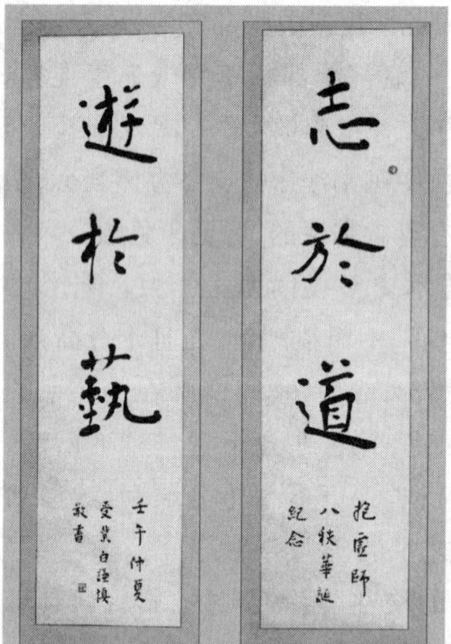

离开政治学界至今已有二十一年了，但永远都不可能离开的，是北大的老师和同学们。拙著《傅山的世界》中文版（英文版由哈佛大学出版）问世后，我嘱咐出版社在第一时间把书寄给赵老师，向他汇报自己在艺术史领域的研究成果。每次去北京，都会去看赵老师，谈政治，论艺术，三十多年前在赵老师的办公室里就已开始的对话，还在持续。而我目前的主要研究课题，正是晚清政府官员的艺术活动。正在写作的一篇论文，题为《晚清涉外活动中的书法》。不难看出，北京大学国际政治系和赵宝煦老师对我的影响有多么深远。

十年前，赵老师八十大寿时，我曾书《论语》句"志于道，游于艺"来概括赵老师一生的事业和爱好。值此赵老师九十华诞之际，再择《论语》为赵老师称觞："仁者寿。"

白谦慎,1955年生于天津,祖籍福建安溪。1978年考入北京大学国际政治系,1982年毕业后留校任教。1986年赴美国罗格斯大学攻读比较政治博士学位,1990年获硕士学位,转学至耶鲁大学攻读艺术史,师从班宗华教授,1996年获博士。现任波士顿大学艺术史系中国艺术史教授、哈佛大学艺术史系客座教授,主要从事中国书法研究工作,亦有书法创作。主要著作:《傅山的世界:十七世纪中国书法的嬗变》(哈佛大学亚洲中心,2003年)。曾被《书法》杂志评为2004年中国书法界"十大年度人物"之一。

诗书画艺映学林

肖跃华

"我们属狗的出了不少名人。中国有焦裕禄、美国有杨振宁、法国有皮尔·卡丹、柬埔寨有西哈努克亲王……"

新中国政治学和国际政治学主要奠基人之一、北京大学资深教授赵宝煦先生,闲聊起1922年出生的同龄人,历历如数家珍。

说老实话,我原先对教政治的人没有多少好感,但听了何兆武、吴小如等先生说,赵先生能书、善画、擅诗,便对先生另眼相看,萌发了求赐墨宝的念头。

第一次见面约定在先生办公室。85岁高龄的先生骑着服役32年的28型永久牌自行车,从蓝旗营小区徐徐而来,令我心里暗暗称奇。先生仔细翻阅着我收藏的"名家诗稿手迹"、"皓首时贤跋郑孝胥伪满国歌手迹",愉快答应了我求跋、求诗、求对联的要求。还主动将新华社原副社长李普先生、西南联大校友闻山先生的通信方式和住宅电话抄录给我:"这两个人的诗书可加入你的收藏行列。"临别时,先生赠我一册《杏坛春永》,上书"跃华同志留念并请指谬,赵宝煦时年八十又五"。

这本书是"祝贺赵宝煦教授从教五十五周年暨八十华诞"出版的专集,由费孝通先生题写书名、沈鹏先生题写内签,全书共分:个人档案、结缘政治学、教书育人、学术交流、书画作品等8辑,其中收录了全国人大常委会副委员长雷洁琼、丁石孙先生,全国政协副主席罗豪才先生等发来的贺信。

我认真拜读这本专集,发现跨越战争与和平、革命与建设、曲折与光明等不同时期的先生,竟有如此跌宕起伏的多彩人生,敬仰之情油然而生。不久,先生通知我上门领取所求书法各件。我拿到先生墨宝后玩味再三,爱不释手。先生题跋微言大义，警醒世人："汉奸郑孝胥青年时书法诗文名重一时，与陈散原先生并称同光诗坛双峰，然二人行止大异，遗臭留香各有千秋，此帧伪满国歌手稿，既为大汉奸之罪状，亦中华民族历史伤痕之见证也。丁亥小雪后二日，会稽赵宝煦。"其自书诗词和撰写的书房对联，书卷气赴面而来，堪称生花妙墨。

一次先生赠我书法，误将"咸宁"写成"咸阳"，事后想起说准备给我重写。我说"不必不必"，先生执意不从，半年后收到先生重录词稿，落款："戊子初夏录旧作临江仙一首，题为闻山咸宁来信，会稽赵宝煦病后手抖，时年八十有六。"后来邵燕祥先生翻看到这首词时，念着念着会心的笑了。我不知道邵先生是笑老人的天真烂漫，还是笑岁月的残酷无情。

记得我初次拜访先生，是从中关园杨辛先生家出发的。杨先生特别提醒我："赵先生工作十分严谨，你务必准时赴会。"果然我提前 5 分钟赶到时，先生已端坐办公室开始沏茶。今人常说"细节决定成败"，先生之严谨就是最好的细节。先生赠送过我抱虚斋诗文稿《途程》，这本书和《杏坛春永》一样都有七八个错别字。先生改错的方式就是打印同样颜色同样大小的字体，剪得方方正正后工工整整粘上去，读者不细看根本发现不了粘的痕迹。可以想像，奔九老人干这种手工细活是何等的吃力。

先生少从南派山水画家金哲公先生学画，并参加了金北楼、吴湖帆等名家主持的"湖社画会"，不仅擅长书画，而且精于旧体诗，可谓多才多艺。西南联大时，先生为补贴贷金不够，给沈从文先生誊写过小说《黑魔白魇》和其他稿件，给卖酒的白俄商人画过商标、广告。解放后，先生教学之余既设计商标、徽章、刊头、封面，也从事速写、水彩、书法、国画，现在还珍藏有溥雪斋、李一氓、王遐举、程十发、沙曼翁、季羡林、张岱年、吴恩裕、李慎言、黄苗子、史树青、钱绍武等先生的题名墨宝。

脚步勤走动，生人变熟人。这些年，我和先生既有键对键的网上交往，又有面对面的咨询请益，还有电话热线沟通。先生十分赞赏我退休后将藏品拍卖回老家盖学校的想法，网上约我去看书法展，电话里给拙稿提意见，还雪中送炭丰富我的个人收藏。

季羡林、任继愈先生同一天去世后，我加快了《锻铁居珍藏名家诗稿手迹》的出版步伐。先生闻讯后除赠我一通宗白华、二通王力先生的诗稿外，还主动把装璜好的赵朴初、朱光潜、王瑶、启功、任继愈、李锐、朱丹、阴法鲁等先生的诗稿手迹借我回家拍照。我数了数，总共 28 通。

"赵老，还打个借条吧！"

“不需要，什么时候用完什么时候还。”

这些宝贝疙瘩放在我家里半年多，先生不闻不问，我倒反不好意思起来。诗稿完璧归赵时，先生就拟出版诗稿后记《附庸风雅当主编》提出修改意见，后来又电话解释那段话为什么修改的道理，像恩师提携门人、长辈关心后生一样循循善诱。

“筚路蓝缕，以启山林。”先生余事多姿多彩，主业更是有声有色，于政治学具有开疆拓土之功。北大党委书记闵维方称赞：“赵先生是我校德高望重的资深学者，国内政治学界的学术权威，并在国际学术界有广泛的影响。”如今，先生门人郝平、俞可平、王浦劬、黄宗良等，已成为学科领军人物和祖国建设的栋梁之材。

谚曰：“白头如新，倾盖如故。”晚生自揆与先生交往可属后者，不知先生尊意如何？2011 年 11 月北京大学将举办先生 90 大寿庆祝活动，我附骥打油，敬祝先生：“未名湖畔杏坛春，传道授业大道存。硕果流香桃李广，诗书画艺映学林。”

肖跃华，湖南安化人，1965 年 11 月出生，幼年丧父，家境贫寒，卖过棒冰、修过水库、挖过煤炭、当过铁匠，1983 年 10 月怀揣 25 个客户的 938.87 元铁货欠账单，应征入伍来到武警湖南总队二支队。先后就读武警北京指挥学院、中国新闻学院。历任排长、副指导员、记者、副处长、处长，现为人民武警报社副社长，大校警衔。业余喜收藏，尤好与当代学人交往，室名百联斋、锻铁居。

师范春晖

——热烈祝贺赵宝煦老先生九十华诞

陈　泉

办公室的西墙上、书桌旁，挂着赵宝煦老先生书写自作黄山诗的字轴一幅，我日日面对，时时受其鞭励与训导，诚如春晖，其暖无涯。

现将此字轴的影印件随文附去，以供品赏。

字轴上的这首诗是赵老于 2006 年夏天登黄山而作，回到北京，用毛笔行书写成条幅，送去潢裱为轴，用防水的纸包得方正严密，用自来水笔写得工整的地址，我想，大概也是他亲去邮局交寄才放心。当我收到先生这枚邮件，坐在椅子

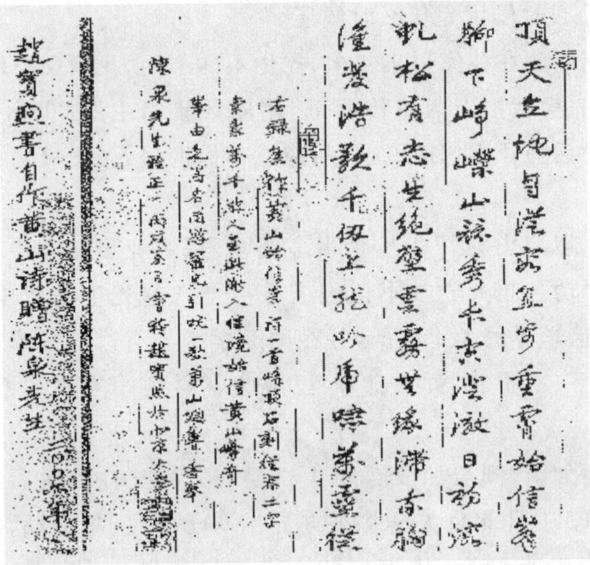

上，捧在手中，不忍拆封，一经拆开，看着先生的字幅，我眼中有泪，心砰砰地跳快。一个资深教授，一个著名学者，一位八十多岁的老人，对一位相识不久的后生凡夫，他认真仔细，诚心温良地爱护，此情如海，这位风范飘逸的贤达，在去邮局路上踽踽前行的身影会永远印留在我心中。

当今世上，做点事，无论大小，实为不易，民间甚传一句话：现在天下没有做不成的事，没有做得成的事，意思是一切都不可捉摸，真假不分，诚实扫地。为此，这几年做事，所遇的艰难辛劳，委曲苦痛，言不胜述，在一筹莫展时，气愤失望，灰心而想就此罢手不干。每当这时，看到赵老的字轴，坐在书桌旁，心想，八十多岁高龄的先生，写这么好的字，写这么生气勃勃的诗，他说，黄山顶天立地，自信气象万千，群山竞秀；他说，青松有志，绝壁逢生，不怕风刀霜剑严相逼；他说，黄山心胸宽广，有容乃大，云来雾去，不会滞留集结；他说，会当临绝顶，居高临下，崖顶高歌，才能如龙吟，似虎啸，迴响灵从，此时，天地人，山川万物，融为一体，这是赵老在写黄山，还是黄山在写赵老，还是黄山在写人生，此中道法自然，奥妙无穷。我于是缓缓地起来，只得再向前走去，在坎坷的路上……。

三生有幸与赵老相识，因缘乃是丹阳书院和我尊敬的杜文棠老师。

杜老师，中国社会科学院世界历史研究所研究员。北京大学西语系毕业，德国哥廷根大学语言学院毕业。中德友协理事，中国德国史研究会理事，中国军事历史委员会副主席等，他是丹阳书院院长。

杜老师在北京大学读书、工作，与赵宝煦老先生相识，还一起下过乡，直到如今相见相处，其乐融融。

20世纪60年代初，杜老师被调到离北京大学不远的某学院筹建德语系，我是该院另系的学生，不认识杜老师。不久风雨如磐，一场浩劫，苦风凄雨把本来也不平静的天下打得七零八落。风雨飘摇中，我知道杜老师对鲁迅研究深，对三年灾难，天下饿死百姓无数，杜老师不平而有怨言忧民，即为此，把他赶进当时极普通时尚的牛棚中劳动改造，我终于常常看到杜老师手拿两只碗，在他们那群牛棚中同伴列队的前面，连眼珠都不转似的冷漠神情，缓缓地，平静地，走去指定地方买饭食充饥。后来，我去向他请教鲁迅的事，不记得是什么时候，什么地方，关于鲁迅的什么问题，又后来，杜老师去河北乡下、学校，我便找去乡下、学校，杜老师回北京，搬了几次家，我又找去家中。我写信，写字，喜欢自右向左竖着写，时常用的书，都放在书桌上，随手可取，因此堆得很高，喜欢晚睡晚起，做事太认真而且认死理，这些大概都是从杜文棠老师那里学来的。我与杜老师的师生之谊，几十年如一日，直到现在。

我们陈家祖上，据传是勤劳节俭，有了一点钱，便盖起一个宅院，名叫陈家墙门，共四十三间房子，青砖青瓦，在离长江边约三百米的地方，一座明、清式的江南民居，到我已约有二百年的历史，下代后辈一方面住不下，一方面上面都说要破四旧，扫除封建残余，于是宅院被拆除殆尽，都去别的良田上面盖平房、盖楼房去了，原地剩下碎砖破瓦，杂草丛生，一片荒芜之地。2000年，也是勤劳节俭，有了一点钱，我便在原址，基本上照原风格式样和格局，用青砖青瓦，复建了一座宅院，大约是原陈家墙门的一半多一点，仍然叫陈家墙门。

房子建好了，空着不用，是浪费，于是想到丹阳书院。据传说晚清思想家、文学家，写“九州生气恃风雷”诗的龚自珍，曾在镇江生病，大概狐死必首丘的缘故，他东行，想归故里浙江仁和，途至丹阳，便病死丹阳书院。于是，我向政府申请，政府批准，丹阳书院就成立起来。按照中国传统，书院的山长、院长，必须是学有专工的名人学者，当然，丹阳书院的院长，理所当然公推杜文棠老师。

天底下，并非人人都愿做好事的，有一个小人，自诩热爱家乡，但却要封杀家乡的丹阳书院，使坏招，写黑信，造谣言，拉帮结派，要置丹阳书院于死地。为了伸张正气，坚持丹阳书院弘扬中华优秀文化的宗旨，杜文棠老师力排众难，并邀请全国政协常委，民进中央名誉主席楚庄和赵宝煦两位尊敬的老先生，于2006年5月12日去到丹阳书院作学术报告。楚老讲《和合文化，和谐社会》，赵老讲《关于中国现代国情的分析研究》。这便是因缘，我第一次在丹阳书院能见到赵宝煦老先生，几天里一起游览镇江金山寺，扬州瘦西湖，朝夕相处，听聆教诲，受惠终生。

一天晚上，约定在住地咖啡厅喝茶，届时赵老穿了一件砖红色的夹克衫，满面红光，神采奕奕地走来，这是他下午自己去丹阳市场新买的衣服，晚上穿来喝茶，在座的人都被赵老的衣着和童颜鹤寿的神形所吸引，赵老也高兴得满面笑容，茶肆内笑声不绝于耳。

大概在下一年的秋天，赵老还送了我一幅画。因为他知道我近年来读点佛学佛经，所以画了一幅观音菩萨的画送给我。画面是观世音菩萨坐在一块岩石之上，有一赤子、幼童光身只穿大红胸兜，趴在菩萨腿上，观音菩萨右手拿一串念珠，左手按抚着童子后背，幼童似乎在平安的熟睡之中。

观音菩萨悯人之苦，与人以乐，大慈大悲，救苦救难。一个人如能真心无住地怜悯别人的苦难，尽己所能，无相地帮助他人得一时一事的快乐，其必定能离开苦难，得到平安，真正做到慈悲两意，就有菩萨的手按抚自己的后背。这也许正是赵老对我的开示。赵老画上有一方印，刻有朱文“抱虚”二字。赵老的书房名为抱虚斋。

2007 年 12 月 8 日赵老第二次莅临丹阳书院。他先到上海，参加一次学术活动或会议，此后，司机开汽车，我去接赵老，中午到苏州，观前街是苏州市的中心区，几处看看，赵老记起那里有一个毛笔纸墨的专卖店，在一个小巷中，我们轻步走去，七弯八拐就找到了，我真佩服赵老的记忆。依稀记得，赵老买了几枝毛笔，重点买了几枚没有扇骨的折扇扇面，我想，那是赵老用来写毛笔字，画中国画用的物品罢。从上海回丹阳途中的汽车上，触景生情，赵老说吴梅村，说桃花扇，东林党，说冒辟疆，说寒山，说拾得，一路谈古论今，兴高采烈。我想如今世上，大概没有人能这样听赵老如此生动精采的中华文化课，这便是丹阳书院的课堂。如果相信佛教的因果论，一定会认为，我前生今世，修佛精进，才有此幸运和因缘，有老师杜文堂，有丹阳书院，能相遇赵宝煦老先生。

正值赵宝煦老先生九十华诞隆重举行庆典，衷心恭祝赵老鹤寿绵绵，健康快乐。

二〇一一年九月十七日

陈泉江，苏丹阳新金泉房地产开发有限公司董事长，丹阳书院常务副院长

恭贺宝煦老友九十华诞

杨　辛

人生七十已寻常
八十逢秋叶未黄
九十枫林红如染
期颐迎春雪飘扬

恭贺宝煦老友九十华诞
辛卯中秋　杨辛敬书

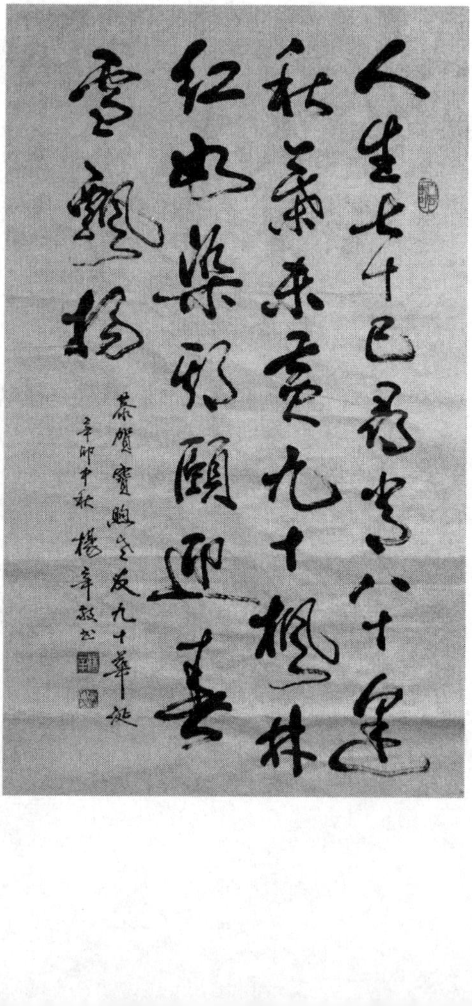

杨辛，1922年5月生，重庆市人，北京大学教授、美学家、书法家，中华美学学会顾问。早年就学于北平艺术专科学校西画系，师从徐悲鸿先生和董希文先生。后曾任北京大学哲学系美学教研室主任，北京大学艺术教研室主任，长期从事美学的教学和科研工作。著有《美学原理》、《美学原理新篇》、《杨辛独字书法艺术》、《师岱堂集墨——杨辛泰山诗书集》等。1992年获国务院颁发对国家高等教育事业有突出贡献的表彰证书，2008年中国美术家协会授予“卓有成就的美术史论家”奖。

天保九如

华人德

天保定尔，以莫不兴。如山如阜，如冈如陵。如川之方至，以莫不增。如月之恒，如日之升。如南山之寿，不骞不崩。如松柏之茂，无不尔或承。

——抱虚先生九十寿辰
辛卯仲秋
学生华人德敬书兹贺

华人德，1947 年 3 月生，江苏无锡人，毕业于北京大学图书馆学系，文学学士。苏州大学图书馆参考特藏部主任、研究馆员、博士生导师。江苏省文史研究馆馆员、中国书法家协会隶书委员会副主任、苏州市书法家协会主席。中国图书馆学会会员、中国书法家协会学术委员。曾担任全国第四届书学讨论会论文评审委员、全国书法学术奖评审委员会副秘书长。发表、出版书法论文、著作数十种。编著有《中国书法全集·三国两晋南北朝墓志卷》、《中国书法史·两汉卷》、《兰亭论集》、《六朝书法》、《中国历代人物图像集》等，发表学术论文四十余篇。

恭祝宝煦先生九十大寿

马啸原

云山苍苍，江水泱泱，先生之风，山高水长。
——录范仲淹严先生祠堂记语
恭祝宝煦先生九十大寿

马啸原书贺

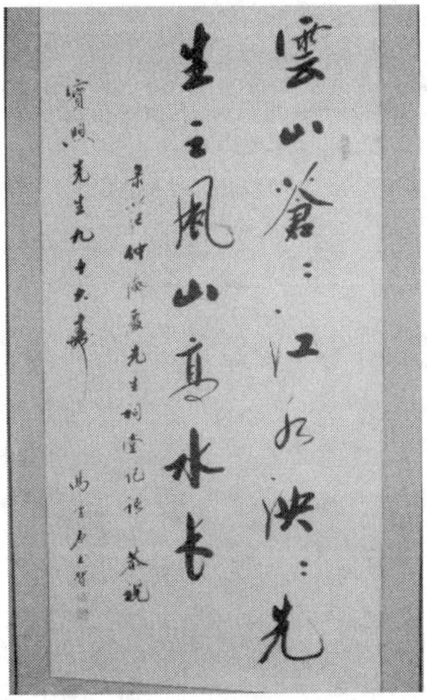

马啸原，男，1930年11月生，云南昆明人。1960年毕业于中国人民大学马列主义政治学系。曾任云南大学政治学系教授，兼任国家教委全国高校政治学学科教学指导委员会委员，云南省教委督学，云南大学学术委员会副主任委员。长期致力于西方政治思想史、西方政治制度的教学和研究工作。1988—1989年作为国家公派第一批高级访问学者赴原联邦德国汉诺威大学进行学术交流与考察；1991年又应英国对外文化交流委员会的邀请赴英作学术访问；1997年应美国欧柏林大学的邀请赴美讲学。

赵宝煦教授九十华诞

陈悠久

杏坛名师，学界泰斗。
诗书胜族，丹青高手。
皓首丹心，仁者龟寿。

后学　陈悠久　敬贺

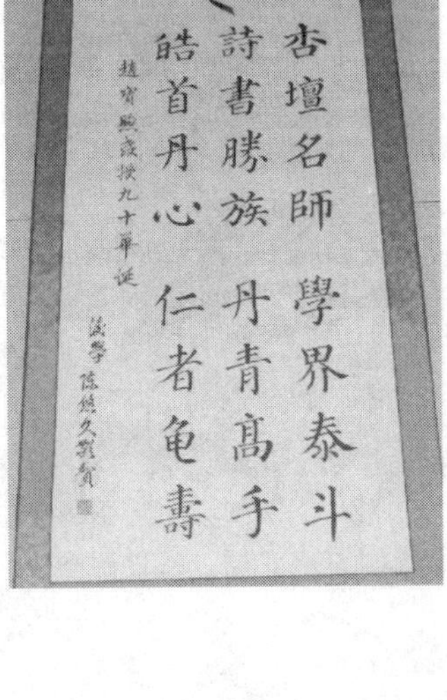

祝赵宝煦教授九十华诞

关　中

宝煦教授九秩华诞志庆

松柏长青

关中　敬贺

二〇一一年十一月六日

关中，满族，1940 年 6 月 9 日生于天津，籍贯安东凤城，美国麻州塔夫兹大学佛莱契尔国际关系学院文学硕士、外交法律硕士及国际关系博士。中国国民党副主席。

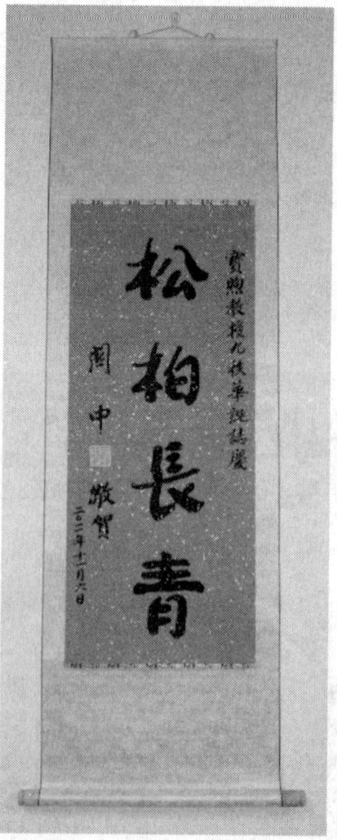

赵宝煦先生学术思想研讨会暨八十七华诞庆祝会纪要

会议时间:2009 年 11 月 18 日下午

会议地点:北京大学廖凯原楼 341 房间

会议主持:俞可平

俞可平(北京大学政治学博士、中央编译局副局长):

各位下午好!我们今天在这里召开"赵宝煦先生学术思想研讨会暨八十七华诞庆祝会",这是一个小型会议。本次会议除了赵先生的弟子以外,还有北大的老领导,还有从美国赶来的赵先生的好朋友朱兆吉先生。赵先生说这次会议不要张扬,要小范围,所以我们很荣幸承办这次会议。在赵先生 80 岁诞辰的时候开过一个赵宝煦先生学术思想研讨会,那次不是研究赵先生本人的学术思想,他的弟子建议,应该就赵先生本人学术思想做一个研讨。到赵先生 90 岁的时候,我们可以开一个大型的赵宝煦先生学术思想国际研讨会。赵先生是新时期政治学公认的奠基人之一,是改革开放以来中国政治学一座高山。

我印象当中,赵先生有很多"第一",这些第一就可以表明赵先生在中国政治学界的地位,以及对中国政治学的贡献。改革开放以后,第一本政治学原理教科书是赵先生主编的。主编一本教科书,事实上带动了整个政治学基本理论的研究。现在已经有几十种、上百种教科书,但是赵先生出的是第一本。

他还是国家社会科学基金设立以后,政治学组的第一任组长。当时各学科组的负责人多半是社科院的,他是各学科组的组长中绝无仅有的社科院之外的学者,这也是第一。我还记得,改革开放以后,赵老师是第一个在国外大学开设讲座专讲中国政治的教授,是 80 年代初在德国柏林的自由大学。我在 1994 年以后,去做过同样一个讲座的客座教授,他们说赵教授十年以前就来了。

赵宝煦教授也是国内第一位政治学和国际政治学博士生导师。赵老师也是改革开放以后,第一个在国外用外国语言(英文和德文)出版政治学专著的中国学者。赵老师还是国内改革开放以后第一个参加国际政治学会,担任常务理事职位的学人。

从这些"第一"里可以看到赵老师对中国政治学所作出的贡献。今天开这样一个小型的座谈会，各位师长、学友从自己对赵老师思想和学术当中的体会谈一谈，这是对赵老师八十七岁华诞最好的一个庆祝。

我提一个建议，想请王浦劬第一个发言，因为他跟我是赵老师最早的弟子之一，他从年岁上比我大一点点，大这一点也得称作师兄，所以先请王浦劬讲话。

王浦劬（北京大学政治学博士、政府管理学院教授）：

首先，借先生八十七岁华诞之际，向先生表示热烈祝贺，真挚祝福先生寿比南山，福如东海。

今天的会议，既是先生的生日祝贺会，也是先生学术思想的研讨会，主要是围绕先生的学术思想进行研讨。从1978年到北大，到现在算起来也31年了，也许常随先生身边左右，对先生学术思想的领悟真是不如诸位同门、同仁和同事。今天有机会研讨先生的学术思想，归纳思考发掘先生的学术和思想内容，当是学生的责任和荣幸。以前都是先生引导我们去研究其他经典大家的思想，现在先生自己已经成为大家，所以，研讨先生的学术思想，实际是庆祝先生90大寿前的一个基础性研讨。

回想起来，拜读先生很多著作，包括最近新出版的著作和发表的文章，集中关注的多是这些作品的专业学术性观点、结构和分析方法。但是近一两年来，反复研读先生作品，从先生的政治学研究中，逐渐体会到他的政治思想，尤其从先生对于现实政治的阐述和认知中，体会到先生的政治哲学和人生哲学。这些体会，不仅是对先生学术思想观点方法的感受和体悟，而且更多是对他的信念、信仰、情怀和境界的认知和觉悟。

按照本人的初浅体会，先生的学术思想，实际体现在他对社会政治的认知和对于政治学的研究认知两个方面，是人生和学问两个方面的统一。就个人对于先生的了解，先生的学问人生和人生学问可以初步概括为四方面特点：

1. 爱国主义是先生学术人生和人生学术的基础和起点。先生对于社会政治的认知，对于政治学的把握，最初是从爱国主义开始。之前，自己拜读的多是先生政治学、国际政治学和行政学方面的专业著作，这两年有暇，拜读了先生的人生回忆，使得自己不仅可以通过先生的人生学术，而且可以通过先生的学术人生来理解先生的思想。这其中，印象特别深刻的一本书叫做《途程》。读了这本书，有如找到理解先生人生的钥匙，由中深切感受到先生当年作为一名热血青年和爱国学子的不屈情怀和坚韧精神。看到先生在国难族恨之际，不甘亡国奴的命运，追求民族的独立统一，追求人生的自由光明，从当时沦陷区北平，经历千辛万苦、困厄磨难,一路追寻直到西南联大,这一路的人生旅程,实际是先生的心路历程,其中充盈着先生对于民族与国家的尊严和富强的强烈向往,映现着先生追求理想的光辉心境。

因此,在先生的政治理念中,爱国主义应该是他对社会和政治认知的起点。另一方面,从先生的知识关切来看,爱国主义也是他政治学研究的起点,在西南联大,先生本科专业起初是化学工程,但是,面对中华民族内忧外患和生死存亡的处境,先生以为国家政治变革才是救亡图存更加有效的出路,从而毅然转向政治学专业,并且以此作为终身学术职业。事实上,在先生一生的学术关切和现实关怀中,国家的统一富强、民族的复兴发达,一直是其主线,这一主线贯穿其学术研究脉络,延伸至后来对于台湾问题、国家统一、民族富强和对外关系的强烈学术关注。

从爱国主义的起点出发,在漫长的人生旅途中,先生追求理想、追求光明、追求崇高的人生特质和格调一以贯之。先生的爱国主义后来逐步与他对于民主和科学的追求紧密联系在一起,使得先生的学术思想体现出一体两面的思想特质,就是民族主义与民主主义的有机结合,即在爱国主义总体思想脉络和标志下,既追求民族的独立,又向往国家的富强。追求民族的独立,更多强烈表现为先生民族主义的信念,而向往国家的富强,在政治学层面上体现为先生对于民主主义的不懈追求。

2. 马克思主义是先生的人生信奉和学术指南。先生的回忆录和作品,显示他在西南联大时已经开始高度关注马克思主义,随着新民主主义革命的发展,先生不断学习钻研马克思主义,认定马克思主义的科学真理性,把马克思主义作为自己的终身信奉。这个过程使得先生从一名民族主义、爱国主义和民主主义的追求者,逐步转变为马克思主义者。解放以后,先生在北京大学担任全校马克思主义教研室负责人,承担全校马克思主义政治理论课的教学,在长期学习、钻研和教授马克思主义的过程中,先生努力用马克思主义的方法来解释社会政治现象,养成了北京大学一代代学人的马克思主义世界观。与此同时,先生的马克思主义信仰和教学研究活动,具有强烈的与时俱进的时代性、历史性特点,根据国家政治生活的发展和中国化马克思主义的发展,根据社会实践的要求,实事求是,不断发展和丰富马克思主义政治学,构成了先生马克思主义政治思想教学研究的重要内容和任务。

从先生的作品中可以看出,他在西南联大时,得钱端升等名师真传,奠定了深厚的中外政治学理论和知识基础,后来,追求真理、勤于读书钻研的先生在众多政治学说中选择了马克思主义政治学，作为人生的信仰，求索人类政治规律和公共生活之善。多年钻研，使得先生对于马克思主义世界观、方法论和政治思想观点具有很高的造诣。1980 年我国政治学科恢复重建以后，先生主持编写的全国第一部政治学著作，集中体现了辩证唯物主义和历史唯物主义的方法，是我国新时期运用马克思主义基本立场、观点和方法展开政治学研究的经典之作。直到近年，先生发表的文章和出版的著作中，联系时代发展、广泛涉及、熟练运用马克思主义政治理念和方法，体现了先生对于马克思主义经典和精髓运用之妙、存乎一心的学术风范。

3. 人民共和主义是先生政治学术思想的主线脉络和体系特征。以个人理解，先生的政治哲学和政治学研究凸显的重要特点，是人民民主共和的思想理念。这种人民民主共和主义，首要特征是人民至上，所谓“人民至上”，用今天的语言来讲，就是社会政治的真谛在于人民的福祉，是为了人民的根本利益。先生对于社会政治和对于政治学研究使命的关切，始终围绕着对人民大众利益和幸福的关切。其次，实现人民当家作主，既是先生早年的追求，更是人民共和国建立以后的现实努力，其中既蕴含着人民主权的强烈理念，更体现着人民民主的政治追求。在经历“文化大革命”“四人帮”专制主义以后，先生对于人民民主的追求更加强烈，他多年着意和着手编写的“文化大革命”口述历史，实是内含着这一追求。再次，推公共利益优先，以天下为己任。作为见证中华民族世纪发展，追索国家现代化进程的一代学人，先生与同时代先进知识分子的共同历史和时代特征，就是抱秉“天下为公”的情怀，奉行公共性优先的价值选择。最后，社会和谐，多样性复合共存共处的共和政治精神。在先生追求和主张的人民民主思想中，具有多样性复合和谐共处的政治理念，或者换言之，就是具有比较强烈的人民共和主义的色彩和特色。六十多年前，我们建立了人民共和国，所以，先生以人民共和主义作为追求和信奉，实际也是政治逻辑的必然。在先生晚近的政治学研究中，共和与和谐的思想表现得更加强烈和直接，先生近来出版的英文作品《和为贵——赵宝煦学术文集》(In Pursuit of Harmony: An Academic Anthology of Zhao Baoxu)、《政治学与和谐社会》等，明确集中阐述了文明社会政治的真谛在于公平、在于正义、在于“摆平”、在于宽容、在于和谐。先生的这些思想基点和特征，综合构成了学术人民民主主张中的人民共和主义思想主线，构成了先生人民共和主义的政治思想体系特征。

4. 科学主义的求真务实，是先生的学术原则和人生原则。先生的人生追求，犹如他自号的那样，具有理想主义的强烈“抱虚”色彩，而先生的学术态度和人生原则，却具有鲜明的求真务实和科学主义的特质。在先生的著作、文章乃至序言、书评、会议发言中，先生多次强调建设社会主义政治文明，展开科学的政治学研究，不仅需要乐于追求真理，善于发现真理，更加需要敢于坚持真理、勇于维护真理，不唯书、不唯上，只唯实。“政治学与其他社会科学一样都是为社会实践服务，这是天经地义，中外皆然。但是，必须是真科学，才能有效地为社会实践服务。如果科学研究不能坚持严格的科学性，它本身就成为半科学或伪科学。若用这种半科学或伪科学来为社会实践服务、为领导决策提供根据，那就等于卖假药给人治病。”先生的这段金石之言，不仅对于社会科学和政治学研究具有振聋发聩之效，而且恰是先生人生态度的真实抒怀。因此，把握社会政治生活真谛，遵循社会政治发展的规律，以科学的态度、科学的方法发现规律和真理，坚持和维护真理，是先生的学术真实和人生真实。

初浅体会，先生的学术人生和人生学术，可以认为是这四个方面的有机结合。当然，其中的内在结构，尚需时日加以梳理和发掘。但是，由于常在先生身边，对于先生学术和人生哲学的认知，更多的是感性，理性的思考刚刚开始，以上所述，不过引玉之说，希望各位深入研讨。谢谢！

徐湘林（美国加州大学政治学博士、北京大学政府管理学院教授）：

我们今天在这里庆祝赵先生八十七岁华诞，同时我们也作为学生、弟子和一些友人，来探讨赵先生几十年来在政治学方面的学术思想。刚才浦劬开了一个头，实际上赵先生学术思想不仅限于在政治学，当然主要是政治学方面。我自己认为，《政治学与和谐社会》这本书主要是讲改革开放之后的一些学术文献。刚才提到《途程》，记载了赵先生从求学一直到后来参加革命、解放后的历史，这两个合在一起，可以完整看到赵先生从青年时期开始其思想一步一步发展的过程，这个过程我觉得浦劬概括得非常好。

我记得邹谠先生曾经说过：“实际上中国20世纪是历史上从来没有过那么多的事情发生，因此20世纪的中国政治是观察中国政治特别重要的一个时期。”因为各种各样的思想、政治、冲突，他遇到很多政治问题、社会问题在这个时期发生，他说：“我们作为政治学者，应该研究这段历史。”我们是生在新中国，长在红旗下的一代，赵先生则是整个20世纪中国政治、社会变化的见证人，而且他这个见证人不是一般的见证人，他是以他自己的整个经历为见证的，从北京一直走到西安，然后到重庆，再走到西南联大，再从西南联大到北京，然后在北京又参与各种各样的社会运动，最后在80年代初又走向世界，去了美国等很多地方。

他整个思想的脉络跟中国政治社会发展的历史脉络,实际上是一致的。

赵先生的思想也是跟着时代的进步和发展而不断发展。中国政治本身发展的早期模式在思想上比较突出,在政治思想上接受了很多思想的冲击。赵先生在这个时期都有很多自己的思想和认识的体现,早年有革命性思想、进步思想,追求光明,追求政治开明、民主,追求一种新的共和国理念,这些在他早期文献中都有体现。

在中国,马克思主义思想体系,首先是在中国高校开始进行传播,赵先生是最早一批专家教授,当然也有苏联专家一块协作。“文化大革命”之后,他的文献中有对过去事情的一些反思。实际上赵先生在西南联大的时候,第一年学的是化工,后来觉得化工救国不大可能实现,就改学政治学,选修的是西方政治思想,那时候西方政治思想对他已经有一定的影响。然或从对马克思主义的系统理论的认识,到改革开放之后重新认识马克思主义的新发展,以及对西方现代政治思想跟政治学发展的重新认识,赵先生的政治思想有这么一个发展过程。所以在这个过程中,有两个方面的东西都体现在他的学术思想里面:

1. 对马克思主义的一些理论观点,有他深刻的认识,对马克思主义理论分支也有一些诠释。他是抱着有必要去探讨,是不是正确、是不是符合科学性、是不是跟中国的实际情况相结合这样的治学思想去探索的,这是他追求的一个方面。

2. 改革开放,80 年代之后,中国学术界也对外开放,西方政治学的一些新的思想和理论的传入。这两块在他的学术思想当中都有所体现。

我觉得他的思想脉络非常有意思,有些时候可能还带有一些戏剧性,而且有时候用的学术和思想的语言也不是很枯燥,文字不多,但是往往把一些思想讲得包含性很大,而且引人去思考。这是他学术思想表现的一种方式,不像我们一般写论文,一个最简单的思想,写好几页。

同时在专业思想及政治学方面,赵先生首先有政治思想方面的东西,而他整个思想脉络最后又回归到中国传统文明,即关于和谐的思想、和为贵的思想。和谐是讲社会政治的一种平衡,和谐的政治社会是他追求的理想,这就是他的和谐思想。在国际关系方面,赵先生以和为贵的思想作为原则,在国际上有更高的层次,跟西方现实主义、实力政治不大一样,而是体现了中国传统文化中更高层次的理念,这是他整个学术思想的归宿。

在政治学的研究中,一是他对思想的阐释,一是他对现实政治的研究。赵先生早期到国外介绍中国政治体制、存在的问题以及现实的状况,是中国最早出国讲解中国政治,跟国外一些同仁探讨这方面的事情的学者。在这个过程中,赵先生对中国政治、现代政治,包括文化大革命,都有很多的描述、解释,在西方学术界产生了一定的影响。

关于国际政治方面,赵先生的学术思想主要体现在和为贵思想。另外,还有一些文章,是关于我们中国对外政策的一些深入的、学术上的解释,即中国在国际环境下跟一些大国之间的博弈,在一些具体事件中应该把握哪些原则。赵先生的论著,有时候文字论述并不是很多,但是非常的简练到位,有非常深厚的思想功底。

这是我对赵先生《政治学与和谐社会》一书的粗浅认识。谢谢大家!

朱兆吉(美国华裔友好人士):

尊敬的赵宝煦先生,尊敬的郝校长,尊敬的各位学术界的先进,大家下午好!今天很高兴参加"赵宝煦先生学术思想研讨会暨八十七华诞庆祝会"。

大约在30年前的时候,先父跟我很荣幸有机会在美国和赵先生认识,赵先生跟先父曾经有多次交往、接触,并且相互交换对时事的一些看法,我很荣幸当时能够从中获得很大的学习机会。

赵先生的学生不止在中国,可以说是遍及全球。赵先生的学生都相当优秀,在今天国际社会的各个领域中对社会都作出了非常杰出的贡献。我个人不够资格成为赵先生的学生,但是我很高兴有机会获得赵先生给我的很多指导和教导。在此要感谢赵先生这么多年给我的指导和教导。

赵先生对学术界作出了很多的贡献,尤其他代表中国学术界参加很多国际研讨会、学术研讨会等各方面的交流。赵先生一些很独到的学术见解,让国际社会对中国的了解更深刻,也更能够体会到中国学术发展的重要性。

在座的各位学术界的先进应该有很多是他的学生,我记得有一次赵先生到加州伯克利大学参加关于海峡两岸的学术研讨会,那个时候,我觉得赵先生的一些见解、学术上的观点使国际社会对两岸的了解更深刻,也更完整。

今天在这里祝贺研讨会圆满成功、顺利,并且恭贺赵先生生日快乐。谢谢!

何增科(北京大学政治学博士、中央编译局当代马克思主义研究所所长、研究员):

尊敬的赵先生、尊敬的郝校长,各位师兄、师弟,各位学友,大家下午好!作为先生的学生非常高兴有这么一个机会参加这个会议,希望先生福寿绵长。

刚才王浦劬和徐湘林说得非常好，进行了非常全面的学术思想总结。下面我把自己读先生两篇文章的感想和大家交流一下。

先生在《政治学与和谐社会》这本书里有两篇文章，一篇是《和为贵与中庸之道——中国传统思想精华》，另一篇是《和为贵，中庸之道与武士道精神——关于日本政治文化的思考》。第一篇文章，先生在里面讲中国的和为贵、中庸之道这些传统思想对于世界和平理论的贡献。后一篇分析和为贵与中庸之道思想在日本的传播，以及在被日本人接受过程中又是怎么和日本武士道精神结合起来，共同塑造日本人的性格的。日本人在内部强调和谐、中道，但是对外强调武士道精神、勇武刚毅，使日本最后走向军国主义道路。对于日本为什么把和谐的东西和好战结合在一起，文章都做了很好的分析。

两篇文章读后，很受启发，我的感想有三点：

1. 赵先生能够非常娴熟地运用比较研究、历史研究、辩证研究方法等科学的方法来治学，因而他的研究和提出的一些结论确实发人深思。

这两篇文章中，先生对于历史文化典籍如数家珍，娓娓道来，读完确实让人如沐春风，感觉非常的亲切。在思想史的梳理中，前人思想的精华浮现在我们面前。先生还非常善于用比较研究方法，在中日政治文化比较中，解释清楚了日本吸收了和为贵、中庸之道，又表现出残忍、野蛮、好战，走向军国主义的原因，读后使人豁然开朗。先生对中国传统思想其实也不是一味的肯定，既肯定其积极作用，又对传统思想局限性和消极作用进行了客观、公正的分析。比如先生讲古代人讲和谐，如果我们只是一味的妥协、忍让，以妥协、忍让来求和平，换不来和平与和谐。同时如果没有民主平等的意识，有一种居高临下的感觉，国际关系如果这样处的话，也迎不来和平。我想先生对中国传统文化辩证的分析和辩证的方法使我们深受启发。

用科学的方法做学问，才能够提得出经得起考验的思想。这使我们后来的学者也深受启发。我们做学问，怎么能够打造好的方法，先生给我们作出了很好的榜样。

2. 先生的治学态度是博大、包容、仁爱、严谨，用这样的态度来治学，所探讨的学术思想、学术观念具有普世性和恒久性。

那些对人类充满大爱的人，他们思考的是人类如何避免战争、避免走上军国主义道路，实现持久的世界和平与社会和谐。先生很多文章贯穿的一个主题思想都是如何维护世界和平、维护社会和谐。文章的主题反映了他的学术研究的人文关怀和对人类基本价值的追求。他对中国传统思想，不同思想流派基本都是平等对待，包括对儒家的思想、墨家的思想、道家思想和佛教的思想。先生对各派思想都有深入研究，对古今中外不同思想能够平等对待，不是厚此薄彼，体现学者有容乃大的思想情怀。先生的治学态度又是严谨的，我记得先生曾经为了核实一部著作的引文出处，周末给我打电话，请我帮他核实经典著作在哪个地方，哪篇文章里面，让我帮他查。这让我很受教育，这种治学严谨的态度值得我学习，也促使我以后做学问严谨再严谨。

3. 先生有强烈的问题意识，对民族、国家的责任感、使命感以及站在国际学术前沿勇于探索的勇气，这是一个优秀的学者必须具备的基本素质。先生在这方面为后辈树立了榜样。

先生的学术研究不停步、不重复，具有强烈的时代感和危机意识，同时又有很高的学术含量。他所选择的研究主题都是时代和现实的重大理论问题。没有强烈的责任感、使命感，没有敏锐的问题意识，实际上很难进入这些领域展开研究并提出有价值的学术观点。先生在学术研究上善于进行国际学术交流，非常了解国际学术前沿，同时他又深谙中国的国情，因此他的学术研究赢得了国内外同行的普遍赞许。作为先生的弟子，读先生两篇文章，使我产生很深的感悟，也明确了自己今后努力的方向。作为优秀的学者，如何运用一种优秀学者具备的基本素质去进行研究，从先生身上我学到了很多。我想今后在先生的榜样感召下，我也会在自己的学问之路上走得更稳。谢谢！

沈明明（美国密执安大学政治学博士、北京大学政府管理学院教授）：

今天，很高兴见到赵先生还这么精神。七年前，赵先生 80 岁的时候，我们搞了一个活动，赵先生把他过去一些书法作品、绘画作品拿出来做一个展览，那时候就跟赵先生说：“赵先生，你现在上了年纪了，可以把这些书画再捡起来了。”他回答说：“是啊，等我老了再捡起来。”

我做赵先生学生三十多年了，尤其是最近这 15 年，赵先生在美国跟我讲：“北京大学国情研究中心 1988 年成立，当时中心的宗旨就是希望能够由北大倡导实证、经验的社会科学研究。让我回来做这个事情。”所以，在赵先生的指导之下，这十几年来我一直在做这种经验的量化、实证的政治学、社会科学方面的研究。

我特别想着重说一说赵先生在这方面的思想，赵先生在很多讲话和他的著作当中，非常强调科学性。社会科学一定要变成一个科学，我们不仅仅讲道理，而且这个道理应该是有科学依据的道理。我觉得赵先生这些年来不光到处讲这个道理，而且身体力行。最近十几年来，也确实做了很多这方面的研究，每一项都跟赵先生的心血连在一起。

最近，我们又出了一本研究报告，赵先生拿到以后希望我写几个字，所以我后来写了“赵先生放心，这种书还会继续一本一本地出下去”。我估计赵先生听到这句话应该很高兴。相信我们把这样的成果不断地献给社会，同时也是对赵先生的报答。

谢谢！

吴学永（北京大学政治学博士、北京市第一中级人民法院政治部研究室副巡视员）：

（俞可平：吴学永为赵先生 87 岁生日专门写了一首长诗。）那算不上诗，但那是我对赵先生景仰的由衷表露。接到研讨会筹备组的通知后，我心里特别激动，在赵先生农历 87 岁生日（农历九月三十日）凌晨，我给赵先生和筹备组同时发去了这篇贺词。我现在就不照念了，想另外谈点自己的内心感受。

我师从赵先生 18 年来，除了跟先生学知识和做学问外，还从先生那里学会了如何做人，如何做一个真正的人。在校期间，我常跟随先生；毕业离开母校后，我也常回母校，常到先生家里去，帮先生整理书籍和资料。在这些接触和交往的过程中，先生总是有意或无意地对我讲一些事情。我也正是利用这些难得的机会，从与先生的谈话中，继续接受先生的教诲。这几天我一直在想，先生这一辈子走过来，有一根明显的主线贯穿其中，归结为一句话就是，先生有“四颗心”：

一是先生始终有一颗火热的心。战争时代，先生从北平一直步行到西南联大，足以看出先生年轻时候追求正义和光明的精神。先生无论从青年到中年，还是从壮年一直到现在，他始终有一颗火热的心。我估计，所有后来的学生也好，目前的学生也好，都会感受到先生始终像年轻人一样，甚至比我们还走在前面。先生的思想，包括先生对时政的捕捉，对敏感问题的把握，都始终站在时代的前面，并且一直保持着那颗火热的心。

二是先生始终有一颗包容的心。先生一生经历了许多坎坷，特别是“文革”时期受到很大的冲击和打击，但是先生对那些批斗过他的人从来不记恨在心；谁对先生有什么意见，先生从来不往心里去。先生常说，人一定要有一颗包容的心，人有了包容的心以后，就能容下很多人、容下很多事。能容下人和事，就能静下心来做自己想做的事，就能坦然无忧。

三是先生始终有一颗善良的心。先生有一个慈母般的面容，很慈善，这充分体现在先生平时的行为、举止、说话、待人之中。我们在和先生的交往中，也都能随时随地地强烈感受到这种慈善。我记得清清楚楚，先生参加一个博士生的毕业论文答辩时，当时王铁崖先生也来了。王先生比先生大十来岁，论辈分是先生的老师。当时，先生见到王先生，就赶忙上去，毕恭毕敬地搀着王先生。先生本身就是一个满头银发的长者，还对他的老师这样毕恭毕敬，这一情景在我心中留下难以磨灭的印象。先生无论对谁都有一颗善良的心，他追求和为贵，追求善，追求天下大同的理想。我曾请教先生说："赵先生，为什么有的思想能够几千年一直流传下来，肯定有它的道理。综观世界历史和人类文明史，我认为有这么一条真理：武力的征服只能建立暂时的帝国，惟有心灵的征服才能建立永恒的王国。如果一个国家要靠武力去征服世界，它永远不可能达到目的，即使局部达到了，那也只能是暂时的。只有通过综合的实力、制度的表率、道德的崇高而达到的心灵征服，才能赢得世界各民族的认同而保持长久有序的全球治理。"

四是先生始终有一颗责任心。先生常说，作为一个有良知的学者，一定要以天下为己任，要对时事、政治、社会、国家具有强烈的责任感，对于不好的地方和弊端，我们要勇于去批评；我们做任何学术课题和研究，都要为着整个社会的向前发展，要从整个国家、民族的利益出发，去研究问题、思考问题，本着不唯书、不唯上、只唯实的精神和实事求是的科学态度，提出自己独到的见解、建议和想法，为党、国家和人民献计献策。这方面，先生的责任感和使命感体现得尤其突出和深刻。为了让世界了解中国，改革开放后，先生不辞辛劳，带着使命和责任，到世界各地去讲学，不知感动了多少外国友人和学者。先生的赤诚，苍天可鉴。

先生的这"四颗心"给了我很多的感染。为了报答先生的恩情，我一直在修炼和锤炼自己，力争做到：心像风自由，意似水流淌，行如天仁厚，语同山重实。在此再次衷心祝贺先生生日快乐、健康长寿！

牢记教诲报恩以心

——敬贺赵先生87岁华诞

崇敬从先生八十春秋已
初次拜先生感觉如父子
如是印象深永驻弟子心
先生常教诲如是我谨记
若要做学问首先学做人

做人先正心正心在向善
向善何以为如水向大海
恶小也不为善小亦为之
为善不图报但求心坦荡
宽厚待他人严以律自己
把心放心处任凭世风起
方可做学问如是修炼己
学问无坦途全靠练苦功
中外一线贯上下古今通
不唯书和上实事而求是
持之要有据言之要有理
为了党和国杜绝假大空
为了民福祉敢将丑恶轰
为报先生恩如是锤炼己
心像风自由意似水流淌
行如天仁厚语同山重实
先生华诞日弟子心欢喜
衷心祝先生福寿与天齐

弟子:吴学永
己丑九月三十敬贺
于北京西山寓所

许振洲(法国波尔多第一大学政治学博士、北京大学国际关系学院副院长,教授):

赵先生,各位领导,各位同门,我觉得到了赵先生这个时候,才真正可以说桃李满天下。我是赵先生学生辈的学生,大概也是先生众多弟子中最不成器,最没有出息的一个。虽然如此,我也还是想借用庆祝赵先生八十七岁华诞的机会谈一点对于先生的认识。

我第一次见到赵先生是29年前。我的感觉是,从那时候到现在赵先生没有任何变化,虽然他在40岁刚过时就曾感叹过自己是"潘岳鬓先秋"。我一直觉得赵先生驻颜有术,其中的诀窍大概是心态的年轻。老话说"仁者寿"是有道理的，当一个人心境坦荡，心情平和的时候，他的容颜与生命就会持久处在最佳状态。

我不想从单纯学术的角度谈赵先生的思想，因为我觉得到了一定的境界以后，为人、为文其实已经融为一体了。

我们这些学生的学生，一直觉得跟赵先生没有任何代沟。有的时候我跟比我大10岁的人想得会不一样。但是赵先生是我父辈的人，我却可以与他心意相通。北大盛行金庸的时候，有学长说赵先生就像《射雕英雄传》中的老顽童周伯通，心地坦荡而武功奇高。这种比喻虽有大不敬之嫌，却多少说明了先生的境界。我跟赵先生的私下联系比较多，有时也容易口无遮拦。我曾经说他是一个无可救药的乐观主义者，正好与我天生的悲观主义性格相反。他看一切事情，都相信今天比昨天好，而明天显然会更好。我曾经为此多次与赵先生抬杠，但其实他已经多少说服了我。所谓说明天会比今天好，不是简单的进化论，而是由自己的年龄、学识，形成的对世界大势的把握：从短期来看，肯定会有曲折，但是在一个稍微长一点的维度上看，赵先生是完全有道理的。

赵先生从主政政治系开始，前后大概二十五六年，其中包括“文革”时期。现在回过头来看，他从未按个人好恶任用过“自己的人”。君子之交淡如水，君子群而不党，此之谓也。他今天受到的尊重，纯粹来源于大家对于他的人品、学识的敬佩，而不是党同之私。在座的同门现在也都阅人甚广了，又见到了多少完全没有自己私人的领导？

我很认同刚才学永对赵先生学术风格的体会，用时髦的话讲这是一种知识社会学的思路。赵先生对政治学研究中历史的因素，一向给予足够的重视。赵先生在学术上大部分的分析认识，与其说来源于学院式的所谓理论、模式，毋宁说出于他对历史，特别是中国历史、中国当代政治史的体察。我个人认为，先生的这种风格，仍应成为目前国内政治学研究中的主流。

赵先生是一个开风气的人。国内政治学研究在“文革”以后的复兴，先生当然是前驱。刚才说到他的《政治学概论》，浦劬已做了很好的统计。但我希望补充的是：当我在六七年前筹备开这门课的时候，曾把国内当时所有能找到的政治学原理、概论之类的教材搜罗了一下，大概能有40种之多。经过粗略的比较，其中有一半以上是在祖述先生82年版的《政治学概论》。有的还稍有变通，有的则干脆是整节整段地拷贝。当然，这也从另一个角度证明了这些作者的眼光。

虽然是打开大门看世界的先进，但我认为赵先生早已超越了简单的引进介绍的层次。他是把西方的理论方法与自己的观察、自己的理解，包括中国的传统政治学研究融会贯通了起来。因此,我们看到现在这本著作中,赵先生提出来的很多命题,实际上是一些超越了中西差别、融汇了中西精华的问题。

赵先生的另一个特点是典型的述而不作,惜墨如金。他的很多的观点其实极具启发意义,但是赵先生并没有把它们全部形成文字。在一定程度上,这对中国学术界来讲是一个损失,但也是我们这些弟子们的幸运。

赵先生具备了一切中国传统知识分子的素养,琴棋书画、诗词典故无所不通。在我们这个时代差不多是一个最后的儒生。前些日子我们曾经请社科院一位女学者作报告,她谈起了一个很有意思的现象:她父亲那一代学人,不管是什么专业,也不论性格如何千奇百怪、各自不同,都有足够的文人气、儒雅气质,现在她则对同事经常难以认同,觉得这些人可能学问不错,但是有时看起来好像街上的小混混。我也算是赵先生的学生,但完全没有他的风度气质,草莽之气、市井之气比较根深蒂固,这是需要认真反省的。

最后,再次祝愿赵先生福寿绵长。我听说吴浩正在做赵先生的口述历史,也期待这本书早日问世,使先生的思想志趣成为更多后来者的楷模。

张胜军(北京大学国际政治学博士、北京师范大学政治学与国际关系学院副院长,教授):

尊敬的赵老师,尊敬的各位师长,今天在这里我没有资格谈论赵老师的思想,我只是根据我个人、根据赵老师这么多年来的一些经历,谈一下我的体会。

很多人,包括我第一次见赵老师的印象都是特别温文尔雅,待人特别宽和,我一开始也是这样看赵老师的,但是我很快就觉得犯错了,我领教到赵老师不仅仅是待人宽厚,赵老师对自己学生各个方面要求很严格。从这个过程当中,我对赵老师的认识越来越多。

从那之后,我一方面有点诚惶诚恐,另一方面认识到了自己有许多不足,需要努力。我觉得赵老师对学生特别是对青年学生的真诚,充分体现了中国文化的精髓。我刚见赵老师的时候,那时候赵老师可以说在我们心目中地位非常高了,但是赵老师跟我说以后我们互相称为战友,我当时一下感觉到和赵老师距离拉近了。让青年学生觉得和他距离特别近,可以引导你去做。

在拜读赵老师著作过程中,我最大的一点体会是,先生永远保持了旺盛的创新精神。在数次政治学学会年会上,赵老师发言特别精彩,特别是赵老师提到不为上,不跟风,这在政治学领域是非常难能可贵的。我是搞国际政治学的,我常想如果把先生的思想运用在国际政治学领域,是能够破除当代国际关系理论所谓“三大主义”(指现实主义、自由制度主义和建构主义)迷信的。

赵先生从不迷信权威,而且一直保持敏锐。我认为赵先生在他的学术追求方面一直如此。直到最近,包括我自己都认为绝对权威的看法,先生仍然倡导以新的和发展的眼光来认识,我确实感觉到在治学方面,先生的创新精神值得我们永远学习。

先生给我的教诲,并不是我们平常写文章的条条框框,而是高屋建瓴、富含哲理的启示。赵先生的文章所提出来的观点特别能够经得住时间的考验,而且总是能够举出令人信服的事例来。

看先生的书和文章都有堂堂正正的感受,真正是文如其人。最近我有机会向先生讨教“节”的问题。先生讲人和竹子一样,无节则气不纯。如果说一个人没有节的话,他的价值怎么样就不好说了。尽管我读赵先生的文章不是很多,但我知道先生道德文章总是高度一致的。

赵先生治学非常严谨,2007 年我们开了一次学术会议,赵先生发来他的发言书稿,也是反复修改了很多遍。后来这本书出版,赵先生的文章作为序言,赵先生又把这个文章拿过去订正了好几遍。赵先生治学严谨不光体现在治学上,也体现在他对待我们弟子的教育上,非常严谨,如果我们出现了一些问题,赵先生会马上指出来,而且赵先生说的话都是直指要害。

赵先生开始称我为战友,让我受宠若惊,因此忘乎所以,犯了不少错误,经过先生的批评指正,我受益匪浅。

在我写博士论文的时候,先生曾建议我研究“和平学”,但是我当时并没有听从赵老师的建议,而是自己固执地想写别的题目,现在想来真是既后悔又感激先生的宽容。后来赵老师在美国讲学期间,他给我写信,就是我的博士论文题目还没有定,直到我写信把题目定下来,他才放心。先生对学生的关心和体谅正是体现在这些细微的地方,总是在一些不经意的地方让我们体会先生对学生的“诚”,我认为先生身上的“诚”真正代表了中国文化的精髓。

由于我的博士选题完全进入了一个陌生的领域,我只好努力充实该领域的知识。我记得当时赵先生善意地形容我“恶补”了不少知识,我却从先生的话中受到莫大鼓励,自然加倍努力,终于完成了学业。大约一年前,我看到先生各方面的文艺作品,我非常仰慕,很想补充一些这方面的知识。但当我又想故伎重施“恶补”一番的时候,先生却告诫我今非昔比,年届不惑的我已不允许再像读书时那样拼命了,而要量力而行,注意身体。今天看到先生,这些亲切的往事仿佛就是昨日,先生的教诲让我如沐春风,和先生的交往更是我一生的宝贵财富。

我用一句诗概括一下赵先生:“梅花至老香犹在,竹节虽高心本虚。”谢谢!

郝斌(北京大学校友会副会长、北京大学原副校长):

刚才各位讲得很好,我能够说点什么呢?我也有点感受,而且我自己在这儿想来想去,还是感受至深,但是我提炼不出来,所以刚才让我讲,我就不敢先讲。

我有一点感受,曾经想说,但是总也没有说。我在西校工作了一些年,时间不算短。在学校工作的时候,在办公楼里,各种各样的味道,我感受前后两段时间,到现在我也觉得是说不出来的一个味道。在那个屋子里,声音太单一,我有的时候拿起电话打给赵先生,只要一拨电话,赵先生就滔滔不绝,他也不问我有什么事,我也没什么特别的事,他就说点这个,说点那个,比较宽的看法,比较严的看法,左的、右的看法他都说。说了这些以后,我的感受就比较开阔。

那时候是80年代,没有互联网,没有什么信息渠道,为什么那时候大家贴大字报,现在不贴了呢,也用不着贴。那时候只能贴大字报,贴大字报我能看到一点信息,不贴就看不到。赵先生跟我说完了以后,我觉得视野开阔点,思路开阔点,也不见得解决我什么问题,但是我总在那儿稍稍的超脱一点。所以我那时候时不时给赵先生拨个电话。我现在跟各位说了以后,不知道各位能不能体会,不管有没有体会,但是不如我当时的体会深。

为什么有超脱、宽松的感觉呢?赵老师那时候在电话里,有时候他就说一半的事情就过去了,另外一半又上来了,但是你可以从中体会到里面共和的思想、公民的思想、和谐的思想,大概都在里面,不是说非得点破题才行。赵先生本人仙风道骨,一位活神仙。

刚才几位说的,我有这么一点感受,但是我刚才这点感受还是没有提炼出来,要是各位能够再探讨赵先生整个立体定位在哪儿,我提供这么一点侧面的小镜头,能够给这个小镜头找到一个位置就最好。时隔多年,我在这里从心里说谢谢你。

汤大华(北京大学政治学博士、政府管理学院副教授):

赵先生好、各位学长好,我入师门比较晚,因为我比较愚钝,所以我从一个小的方面谈谈我对先生和平思想和有关研究工作的粗浅的体会。从三个方面来谈:

1. 先生很早就倡导我们国家要系统开展,并且加强和平学的研究,要高举和平大旗,实践证明这充分体现了先生把握时代脉搏的敏锐意识和深厚的学术洞察力。

2. 先生不仅是这样来主张的,而且从自己做起,克服年事已高以后种种不便。围绕和平学有关的研究做了很多工作。

3. 先生利用各种机会积极探索和平实践中,尤其是在国际性的学术舞台上宣传、介绍中国的和平思想和和平传统。

刚才徐湘林教授有一句话,我觉得特别有共鸣,他说赵先生最近十多年特别重视和谐,这可以说是先生学术思想的归宿。我有共鸣,觉得真是一语中的。刚才徐湘林教授也提到先生是开风气之先的人物,我印象当中,像"文化大革命"问题的研究、两岸关系的研究、和平学的研究,先生都是非常早地提出这样的设想,而且大声的呼吁。

(1)先生是领风气之先,很早倡导和平学研究,现在我们都知道中央对内要构建和谐社会,对外要走和平发展道路,并且和其他国家一道共同建设和谐世界。当然这有一个过程,虽然在2003年,温家宝总理访问美国的时候,在哈佛大学做演讲,首次提出"和平崛起"的理念,这是我们国家领导人在国际性正式舞台上提出这样的思路。后来随着认识的深化,逐渐发展出现在的"和谐社会""和谐世界",以及现在用"和平发展"代替原来"和平崛起"的提法。

其实早在20世纪80年代初,也就是我们国家刚刚改革开放后不久,赵先生就意识到我们国家要发展离不开和平的国际环境,这也就需要倡导和平的理念,加强对和平理论的研究。特别是在90年代以后,针对当时国际上,像"中国威胁论"这种舆论不时放起,赵先生特别强调和平学研究的重要性。

我记得在1996年、1997年确定我博士论文的时候,先生一再谈到这方面的问题。记得赵先生说:"改革开放标志着我们国家从革命的年代,转向了和平建设的时期。这种建设不仅是对内,我们要维护政治稳定,营造和谐社会气氛。特别重要的是在国际上高举和平大旗,有效、及时化解矛盾,因为中国国力逐渐增长以后,难免会出现对我们国家的疑虑和情绪,甚至是敌意,这样一来,为国内建设争取有利的国际舆论环境就至关重要。"先生在不同场合都非常重视和平理论研究。

赵先生当时觉得应该补课,主要应该从两个方面来做工作:一是认真挖掘、梳理中国古代思想中的和平资源,做好我们自己的功课,为将来国际上和平对话打好基础。二是根据我们自身实际情况,引进一些国际上经典和平学著作。可以说,赵先生是国内很早认识到和平研究重要意义的一个政治学者,这跟先生始终胸怀祖国、胸怀民族,希望对国家和平发展尽自己一份心力是分不开的,也跟先生多年来关注我们国家和平外交政策的演变是分不开的。冷战结束以后,国际秩序发展,像安全局势、两岸关系的走向,长期关注这些方面的问题,也是密切相关的。当然,先生是我们国家很早走上国际学术舞台的政治学家,所以也有很多机会接触到国际上和平研究和和平运动的一些新的进展。

(2)赵先生不仅有学习意识和洞察力,而且亲身投入到这项事业中,特别是从最近十多年发表的一些演讲以及有关论文中,不少都是围绕和谐问题、和为贵的问题,以及中庸之道等等展开的。特别是围绕着佛教与世界和平的关系,中国古代和平思想的资源等等问题都做了很多的研究工作。我理解赵先生这些研究工作可以概括为三方面内容:

一是先生特别强调研究的方法论,从我们和平研究必须以马克思主义理论为指导,从马克思主义政治学基本立场、方法出发,同时根据新的历史现实,与时俱进发展、完善我们关于战争与和平、革命与建设等理论,在政治学与和平社会,政治学要与时俱进等文章中,先生都指出:政治学的功能是在国家、社会中解决矛盾、化解冲突。马克思主义经典作家,从他们自身历史条件出发,强调阶级斗争,比较少提治理国家的理论和策略,有他们的历史必然性,而现在时代不同了,在和平发展的年代里,和平建设社会里,不是用激烈的暴力手段,而是要调和矛盾,达至妥协。

二是先生特别注意挖掘传统思想,从中国传统思想中蕴含极其丰富的和平资源,比如像先生围绕着儒家和为贵、中庸之道,墨家非攻兼爱的思想,以及佛教在中国本土进一步发展后的不杀生的主张,像以长城为代表的注重自我防卫的物质符号方面,都可以从先生这些年著作里看到。

从先生著作里也可以看出,我们传统资源中虽然难免带有一定局限性,但是其中有一些有价值的东西是我们的瑰宝,有大量的工作需要我们去做。

我印象特别深的是先生在著作中有一句话说:不注意中国的传统政治文化,将无法对当代中国的政治问题求得进一步的了解,不足以整理和挖掘我们传统思想中普遍价值的资源,甚至不了解自己的传统,很难进行不同文明之间的真正的对话。

先生对和谐社会、和谐世界本质的认识,虽然语言不多,也很浅白,但是我觉得非常高屋建瓴,有很强的概括力。

三是先生自己的一生追求民主、自由、和平,早年在西南联大是这样的,改革开放以后,不管是出国访问,还是在国外讲学,不管是从乌兰巴托到夏威夷,从柏林到艾丽斯,先生一路走过来的道路都是非常注重传扬中国和平的主张、和平的思想,而且先生很多的朋友也是国际上和平学研究非常有代表性的学者。特别是先生在平常的生活和工作中,心性非常平和,温厚待人对事。先生是真正自己在实践着和平,内心的和平,对外的和平,当然先生也说和平并不绝对,我们都应该要牢记。

最后祝大家身体健康!

钱元强(北京大学政治学硕士、中国政府治理研究中心兼职研究员):

今天非常荣幸能参加这个研讨会,首先恭祝赵老师健康长寿!

我跟赵老师学习已有 27 年了,包括当中的断断续续,跟赵老师学习交流能体会到不少境界升华的感觉,特别是赵老师在做人、做事、做学问方面表里如一,和如今社会上的"三个不一样"(脑子里想的和说的不一样,说的和做的不一样)差别非常大,应该说赵老师对我一生做事、为人的影响非常大。

赵老师思想很丰富,如果总结赵老师学术思想,我想讲两点,并由此联系到对我做研究的一些影响。

第一,我想从赵老师这本新书的标题《政治学与和谐社会》说起,我接触赵老师始于 80 年代,以前的 70、60、50 年代,我对赵老师了解不是特别多,包括赵老师的《途程》我都没看过,我是从 80 年代以后接触的,可以说赵老师的"政治学和谐思想"价值很大,赵老师强调政治是"一个摆平的艺术",其实就是一种相互妥协,最终是"和解矛盾",这跟我国传统思想是非常吻合的。最重要的是要讲"平衡",这也是当今讲"治理理论"里面的一个重要环节,"平衡"就是你的"治理"并不是一定要把什么东西消灭,而是按照中国的传统思想把它"平和"起来,使它能够形成一种动态的平衡,其中最重要的就是相互制衡。

这个理论我在研究很多相关地方政府和企业时都会有借鉴,包括研究政府理论。赵老师在我研究中给我非常多的鼓励,记得有一次我去拜访赵老师,我说希望从中医理论角度来研究政府,赵老师给我充分的鼓励去尝试,因为中医实际上是中国传统文化的表象,我们也可以应用到"政府治理"的研究中。

所以我想讲中国的传统理论,包括五脏六腑制衡的原则很重要,这个原则给我很多的启迪。我们在学政治学的时候最希望借鉴西方和美国的制衡理论,包括三权分立,赵老师的思想更多的是强调我们传统理论也有很多和谐和制衡,为什么不能把我们传统的思想应用到我们现在政治制度的设计之中呢? 我觉得赵老师的学术思想对我们研究现实政治有非常深的意义。

最近温总理讲,我国的经济大概有"四不":不稳定、不协调、不持续、不均衡,根据赵老师的理论指导来看,我会提出我们的政治制度里是不是也存在着不稳定、不和谐、不持续呢?用什么样的理论能够指导,去研究我们的政治学?比如现实中我们遇到的问题,天天我们强调的是要“维稳”,从均衡理论、从赵老师和谐理论来讲,可能会从里面认识到很多问题。从一个方面出发去考虑问题,其实现在不稳定可能跟就业有关,就是就业不够充足,很多人就没有工作;没有工作,就意味着我们不能去消费,没有消费就没有内需;没有内需,当然经济就不可能增长,政治局面就可能会不稳定。这样找很多人来对抗解决,用的不是和谐的方法,而是对立的方法。

比如内需和外需的矛盾,我们从去年这么高的经济出口到现在已降低很多,我们把我们内需怎么能启动起来,各种各样相关理论论述很多,包括中国人过度储蓄和美国人过度消费,现在能不能让中国人多消费,美国人多储蓄呢?这可能也是启动我们内需的一些研究方法。包括气候变化与经济发展的问题,包括地区一体化和经济全球化的问题,这些问题的研究,我认为得用赵老师的和谐理论,包括里面的均衡、相互制衡的原则,这对于我们现实的研究有很大的启迪。

第二,我想讨论的是赵老师政治学的“现实和创新”的思想。记得 80 年代初的时候,我在大学修一门《马列经典著作选读》,觉得非常难懂,就给赵老师写过一封信请教。赵老师给我回了封信,他说你在读一些原著的时候应该多考虑了解当时的历史背景和如今的现实意义,这对我以后的学习和研究启迪非常大。

我想我们国家在 60 年发展过程中,前 30 年国家可以从政治学角度去研究观察,而后 30 年国家可以从经济学和法学角度去研究思考。我们在 80 年代上课的时候,学习研究政府和国家更多是从哲学和历史学角度看政治学。但是当我们进入到社会上以后,在观察国家制度的时候,经常看不大懂,于是我就希望到社会中去观察,后来才发觉我们当时的理论学习环境在我们到社会上以后,整个发生了巨大的变化。在这期间,赵老师也多次鼓励我做一些研究,我开始了细微的观察。

赵老师希望我能以现实和创新的方法来研究,后来我选定从“公司治理”和“政府治理”的角度等经济学角度来研究我们的政治学。回北大成立“政府管理与企业发展研究中心”的时候,赵老师还一笔一笔给我修改成立中心的文件,也提出他的许多想法,给我莫大的鼓励。

赵老师在他的书里多次提到一个思想,要尽量“少谈形而上,多讲辩证法”,研究政治学必须有创新精神和现实主义情怀。我们知道,马克思最初也是先从研究现实中的经济细胞开始的,后来才上升到政治、哲学相关的高度,列宁、斯大林也是完全站在经济制度的比较方式的角度来研究,理论上也是用社会主义、共产主义经济制度去比较。所以我们应该学习赵老师现实和创新的方法,我现在的研究方法,希望用公司治理的方法来研究政府的治理,乃至全球的治理。

前些时候我给赵老师发过我写的一篇文章,我在研究"主权财富基金"的时候,就首先从公司治理角度来看,因为投资毕竟是一个公司行为,里面的股东、独立董事,包括管理层和董事会的关系是什么关系?当然这个主题又牵涉到政府治理的问题,毕竟它的行为是一个政府行为,最后这个钱又投到全球去,又会牵涉到全球治理问题,因为不考虑全球治理,可能到别的国家就会碰壁,会受到各种障碍。我觉得赵老师的思想给我们很多的启迪和思维,对于我现在无论做事、做人还是做学问,都会有很大的影响。

由于时间的关系,我就讲赵老师两个学术思想,也渴望赵老师以后能继续不吝赐教,让我等后辈们能够不断在学习和事业上取得进步!谢谢!

朱锋(北京大学国际政治学博士、国际关系学院教授、国际战略研究中心副主任):

我最近做了两件事情跟赵老师都有关系,第一件事情是我今年拿到教育部重大攻关研究项目"中国国际关系与外交理论的创新研究",研究里面部分就是要看过去一百年,中国有代表性的学者到底怎么看中国和世界的关系,中国人怎么感知外在的世界以及其在时代的变迁过程中和中国是一个什么关系。所以课题组选了十位代表性学者,从赵老师他们的文献中寻找他们的视角,等我把这个东西做完以后,也请赵老师来看。

我确实感到中国跟今天世界关系的变化,有各种各样的说法,包括奥巴马来京,今天《时代周刊》给我打电话做一个简单采访,美国国内有一个观点,批评奥巴马来北京干什么。先不进京城,先到上海,进了北京以后,又先过一个晚上,第二天要去紫禁城,因为这是天朝的象征。说奥巴马在中国的表现太软,很多地方没有真正把美国应该对中国说的话说出来。我觉得这个问题确实反映了在今天中国强大的时候,到底中国人怎么看中国跟西方关系,西方人怎么看中国的变化。我现在拿着教育部重大攻关课题,希望能够选出代表性的学者来看这一百年:他们如何来看这些问题,他们的亲身经历,他们的视角和观点,到了我们这一代学者身上,我们看世界的方式,跟以前的学者比较,我们到底有什么样的传承和变化,能不能找到有代表性的中国视角,我们不是提倡中国视角,至少四代学者,从林语堂,一直到赵老师,还有后面的学者,他们看待世界的方式到底有什么样的延续和调整。我觉得这是我做这个课题非常有意思的地方。

第二件跟赵老师有关系的是,我记得我做博士论文的时候,正好是"北京政治风波"以后,到底做什么,非常迷茫,自己当时到底该干什么也迷茫。我1988年读博士,当时赵老师给我两个非常重要的指示,第一个指示是书还是要继续读下去,不管当时的环境或者政治的气氛有什么样的争议性。第二个对我的博士论文选题的指导,一定要做跟中国和世界的关系、中国的发展有关系的选题。所以我的选题就是中国人权问题。一直做这个博士论文,后来也顺利答辩。

赵老师对我个人成长有非常重要的帮助。从1991年博士毕业到现在,赵老师这句话"书要读下去"一直是我人生非常重要的力量。从1988年读博士到现在,21年过去,"书要读下去"不仅让自己当了教授,而且也做了一个学者,而且现在生活也不错。所以我觉得确实"书要读下去"不仅是一种信念,也是一种完全从务实的立场对待自己的人生、职业,做自己喜欢的事情,所以"书要读下去",读到现在觉得过着比较满意的生活。

"书要读下去"读了21年,做今天中国国际关系学者,我自己最大的体会是,我们真是时逢盛世,我们生在一个好时代,中国变得太快,中国的需求太大,所以作为一个教授突然之间觉得有很多机会跟人交流、对话、探讨、讲学,你写的东西不少人都会来看。我自己也越来越觉得我们这一代学者的幸运,当然很大程度上是因为民族和国家的命运的巨大转折,以及整个国家和社会开始走向崛起、强盛。

恰恰是21年前,我是21年前,两位师兄是24年前,我相信在座的赵老师的弟子,恐怕都没有想到今天的中国会有这么大的发展,做今天中国国际关系或者政治学的研究会有这么大的市场,会有这么多的关注,而且有了市场、有了关注就会有资源,就会有让你发言的地方。24年前从王浦劬师兄开始,赵老师带着的一拨又一拨的学生,都纷纷赶上好时候,我觉得在座的各位师兄弟,现在很多都是国内智库、政府,包括研究单位的栋梁。赵老师当年说"书要读下去",对我们来说永远是宝贵的财富。

另外正在做的跟赵老师有关的一件事情是战略中心从去年规划做一个系统的评估:中国国际关系大概有30年的研究,这30年研究到了今天,我们应该怎么来回顾中国国际关系这30年,我们的创新、我们的贡献到底在哪里,中国国际关系研究不足的地方在哪里。我们计划分三个部分来做整理:一是学术研究和政策研究到底是什么关系?二是学术研究和地区研究是什么关系?三是学术研究和这些问题研究到底是什么关系?

这些问题研究包括现在环境、气候、能源、生态、经济、金融等等,所以我们今年已经开了一个全国性的会,组织了文章,出了国际政治研究专刊,专门探求在国际关系研究中学术研究和政策研究是什么样的关系,这点我的文章里面也特别强调:不管如何,都要从现实出发。希望这个学术成果,能够对中国的国际关系学研究有一定促进作用,特别是在现在有各种各样的主义理论之争的时候。这么多年来跟着赵老师学习,问题意识始终很强,特别是针对今天中国发展的学问,一定是要有非常明确的问题意识,你的研究不仅在于去创意某种问题,针对现实的问题来提出问题,而最重要的是学术研究的本质是要去回答问题。

中国现在崛起很快,我自己一直觉得现在有两个很大的问题,一是国内现在很多人心态多少有点失衡,觉得我们确实已经成了一个崛起的大国。至少国际关系领域相当一部分人在讲,再过 20 年,我们完全可能跟美国成为两个超级大国。我觉得真是太乐观。奥巴马这次来中国,是因为他摆正了自己的身段,放下了美国的臭架子,是以美国的务实给中国一种印象——人家现在把你看作是非常平等的对象。其实美国人心里想的完全是另外一回事,是更多来影响你。所以在这样的背景下,中国今天的实力越发展,我们面临的问题、挑战越多,我们需要去解决和研究的问题也越多。

所以跟着赵老师 21 年时间,在这两个方面确实深受老师的影响,也是借赵老师八十七岁华诞之际,衷心祝赵老师健康快乐。

王勇(北京大学国际政治学博士、国际关系学院教授):

敬爱的赵老师,各位学长,首先恭祝赵老师八十七华诞生日快乐。我今天的发言主要是就 2009 年年底由外研社出版的赵老师的英文文集发表一点感想,以求教于各位学长。我曾经写了一篇读后感,主要就这方面谈一些感想。

开始之前我想先回顾一件小事,表达对赵老师的敬爱和感激之情。作为在职博士生,我是 1993 年入学的。当时于光远、李慎之两位先生很支持办《太平洋学报》这份杂志,经人推荐,他们找到我,希望我能够做这个杂志的编辑工作。因涉及课业时间问题,我将这个事情跟赵老师汇报了。赵先生马上给李慎之先生打电话,把这个事情拦下来,他担心编辑工作太多太杂,可能会耽误我学业的发展,这显然对此后的发展方向有很大的影响。从这个事情上我体会到先生对学生的爱护,在关键的方向性问题上往往起到很大的作用。

作为赵老师的弟子,我感到非常的荣幸。不仅在学期间,就是在毕业后仍长期在赵老师的熏陶之下,每次打电话老师都提出一些问题加以探讨,发表自己的看法，让人如沐春风，受益匪浅。

下面谈一点对赵老师英文文集的体会。这个文集大家都拿到了。它非常重要，收录文章 21 篇，主要是先生在改革开放后走出国门，向国际学术界评介中国政治与对外关系等重要问题。书的内容十分丰富，我们从中可以了解到先生治学与为人的风格。

1. 有关中国政治体制改革等问题，收录了《政治转型：从人治到法治》等文章。在文章当中，先生谈到"文革"的教训对于改革开放后中国政治改革进程的影响。其中特别谈及在中国特别的政治与文化历史背景下建立社会主义法治国家的重要意义。先生强调，文革的灾难使人民觉醒，使人民认识到中国必须改革，必须对外开放，必须在稳定的环境下发展经济，必须实行法治抵制人治。汲取历史的教训是当代中国不断进步的重大动因。赵老师在不同的文章中反复强调这一点。

赵先生在肯定发达国家民主政治进步性的同时，还强调允许不同发展模式共存的重要性。我读了这些论文和研究之后总的感觉是，这些文章对改革开放前期国外人士了解中国的进程和方向是非常重要的。我可以想见他们当时在听这些演讲时心灵所受到的震撼，毫无疑问赵老师的这些看法十分有助于他们形成对改革开放中国的新认识。

2. 文集为我们了解中国政治学曲折发展的历程提供了很有价值的参考资料。比如，有几篇论文写于不同时期，1980 年代初、2001 年的文章分别发表在美国等国的学术刊物上。先生系统回顾了中国政治学从创立发展到中断以及改革开放后重新恢复的整个历史过程，这些政治学史的研究对我们后辈启发非常大。比如说，1982 年先生在加州大学伯克利分校做了题为"中国政治学的复兴"的演讲，解读了中国废除政治学科的历史背景。我感觉到赵先生的态度非常坦率、真诚，他提出，当时由于按照苏联模式重建中国的社会科学这一特殊的历史背景，苏联没有政治学，我们也就在 1950 年代院校调整时将政治学加以摒弃。先生写道，过去 30 年一系列的历史政治事件已经表明，废除对于政治作为科学对象的独立研究是一个错误，使得我们长期在主观理想主义的指导之下，犯了包括"文革"等严重的错误。赵先生当时在演讲当中说："未能对中国政治体制相关的重要问题，包括政治体制、政治机构的权力范围以及相互关系、党政关系、官僚机构，决策过程以及人民民主权利的保护等问题，加以认真的、科学的研究，是导致我们犯下严重错误的重要根源。"

他当时感叹道："中国政治学的命运与中国现实政治紧紧连在一起，一门社会科学的发展与现实政治越靠近越容易受到现实政治的干扰。”不过他坚信，坚持改革开放，我们面临政治制度与文化重建的诸多挑战，这些挑战为中国政治学的发展与繁荣创造了空前的机遇。先生抱着乐观的态度看待这些问题。当时，赵老师还特别强调，中国的政治学研究不能完全照搬西方的教科书，应当深入研究中国国情，这是后来先生建立国情研究中心，推动对中国政治的实地调研的深层背景原因。

从这些重要的论述中，我有两个体会：一是学术研究如何处理好与现实政治的关系，如何保持学术的独立性的问题。我们现在已经有了一个宽松、良好的环境，但是怎样把握好、处理好这两者之间的关系，仍然具有挑战性。在回答这样的问题时重读先生的讲话会有很多的启发。

二是从先生几篇论文和演讲中可以感到他对中国政治学的很高期许。我觉得，作为后辈学者、学生，我们进行的努力够不够，离前辈学者的期望还有多大的距离，我们应当经常思考这些问题来鞭策自己。另一方面，我们的研究是否真正与对现实政治的研究结合起来，学术研究与政治现实还有多远的距离，我们是否很好地回答了现实生活中提出的问题，这些问题值得我们思考。

3. 有关中国外交、东亚安全、中美关系的研究也是英文文集非常重要的一部分。赵先生在论文中分析了不同时期革命和发展这两个主题在中国对外关系中的地位，尤其精辟分析了毛泽东外交风格与邓小平外交风格之间的异同，同时论述了“和谐世界”的外交理念与中国传统文化的关联性。比如，先生提出，革命虽然是毛泽东外交的指导思想，但是毛泽东外交并不缺乏现实主义的精神，他并未盲目地向超级大国作出鲁莽的挑战就是一个例证。赵先生在分析当中更多地强调了毛泽东和邓小平外交之间的共性。比如，他提出两人都致力于建设社会主义国家，反对霸权主义，维护国家主权，在国家建设的总目标上一致等。我觉得这些论述对国际学术界和政治研究界了解中国对外政策的连续性十分有启发意义。

在有关中美关系的研究中，赵先生有一篇论文强调中美合作的重要性，提出“中美作为两个大国，谁也不可能将对方踢到别的星球上去”，两个大国必须和平共处，除此之外没有别的途径。赵先生还强调，从历史角度看，中美关系中的确存在着一个“丧失历史机遇”的问题，他用自己的历史研究证明了这一点。

限于时间问题，体会就谈到这里，请大家批评指正。看了吴学永师兄给先生写的祝寿诗，我心有同感，他说出了弟子们的心声。我想重复后面两句诗：先生华诞日，弟子心欢喜，衷心祝先生，福寿与天齐。诗的标题“牢记教诲，报恩以心”代表了我们的心声。感谢先生！谢谢各位！

印红标（北京大学政治学博士、国际关系学院教授）：

今天在这儿开会，一是研讨赵先生的学术思想，再就是庆祝赵先生八十七岁华诞。在我印象里，赵先生永远是鹤发童颜。我最初见到赵先生的时候，他的头发就白了，但是赵先生永远是年轻的，平易近人的，对后辈学者永远那么关心、关爱。

刚才几位学生是赵先生的研究生，是赵先生培养起来的，我只能算是赵先生的一个编外学生，因为我不是赵先生直接指导的研究生，但是我从赵先生那儿得到学术方面、为人方面的教诲是终身受益的。

我自己特别体会到赵先生提携学术后进、对青年学子的关爱。“文化大革命”研究是一个比较特殊的领域，政治上敏感，刚才一些学长所提到的有些学科在最近这些年发展得很快，而“文化大革命”研究逐渐变成一个冷门的领域，但是赵先生并不因为这是一个冷门的领域就忽视对这方面研究的重要性，并且一直在支持我进行“文革”研究。赵先生从 1980 年代开始介绍国外学者跟我相识，也把我介绍给国外的研究者，建立国际交流的渠道。1994 年我在欧洲学术交流的时候，给赵先生写信请教，赵先生给我回了很长的信。我希望报考在职博士生，不知深浅地向赵先生询问是否可以免试，赵先生为此专门去招生部门咨询，途中摔伤了腿。赵先生从来没有跟我说过这件事，后来我知道了感到特别过意不去。这种提携后进的精神感人至深。

因为“文化大革命”这个题目有政治敏感性，我的研究工作曾引起一些误会。赵先生得知后就去找有关领导谈，帮助解除误会，同时安慰我，鼓励我。这二十多年来，赵先生遇到关于“文化大革命”问题的信息，马上给我打电话，或者给我发电子邮件，转发文章，或者告诉我哪里发表了新文章，披露了新的资料。我是后辈人，从赵先生那里看到了先辈学者在学术上追求真知的人格魅力和学术风范。

特别感激赵先生这二十多年来始终如一的关怀，这是一种北大的传统精神。我一直把赵先生作为治学和为人的楷模。

刘军宁（北京大学政治学博士、中国文化研究所研究员）：

谢谢赵先生和主办者给我一个机会，重回久违的母校，我心目中的政治学系永远是那个化学楼里面的几个办公室。当然更重要的是我有机会向赵先生当面祝寿。

中国古代提出一个判断,研究一个人普遍适用标准,看一个人要看他的道德和文章,这两方面得结合起来看。就我对赵先生的接触而言,我最早是从读赵先生的文章开始,大概是 1982 年,那时候读赵先生编的《政治学概论》。后来有机会在赵先生身边跟赵先生学习,有机会近距离接触赵先生的道德与文章。

依我看,赵先生的文章就是赵先生的道德,赵先生的道德就是赵先生的文章。在很多人身上这两个是分开的,但是在赵先生身上这两个是高度结合在一起的。而且我觉得赵先生道德也罢,赵先生文章也罢,不仅仅是赵先生研究出来的,更是赵先生活出来的。

就我个人而言,我个人感受最深的是通过跟赵先生学习,从赵先生身上感到一种陌生而新奇的北大传统的存在。当时我也跟赵先生说过我的这一感受,甚至想以此作为我的博士生论文。后来因为种种原因,我放弃了这个题目。不过,我心里还是想,有机会一定把北大传统拿出来说一说。后来有了《北大传统与现代中国》。走到今天,有很多人反驳我,到哪儿可以看到北大的传统?我说赵先生就是活的北大的传统。

我第一次知道赵先生是从读赵先生的书开始的。最初读赵先生的书更多得到的是知识,读这本书更多感受到的是赵先生的学术思想。通过这本书,通过赵先生一辈子的学术生命和人生,把北大传统和中国传统汇通结合起来,这是非常重要的。

赵先生这本书里面有几篇谈北大传统的文章,他把北大传统提高到更高的高度,同中国文化传统和为贵、中庸之道结合起来。其实我们再反过来想,如果北大传统没有中国文化的根基,是不能立足的。赵先生以他自己的学术,以及他自己的学术生命向我们展示这样一种兼容并包、和为贵的学术精神和道德精神。

这里要做一个区分,我发现兼容并包有两种类型。一种是自己持一种主张,不同意但是尊重别人的意见。赵先生是另外一种兼容并包,在赵先生学术思想中,他本身就兼容各种不同思想,所以很多思想、很多主张在赵先生学术思想当中都可以找到印记。但是不是就是说赵先生没有自己主张,或者只是汇集别人主张?不是这样。赵先生对“和”的强调,对“不同”的尊重和对北大自由传统的坚持,是非常非常重要的。我本来是把更多的眼光放在北大传统自身上的,而没有看到北大传统与中国固有传统的衔接。而后面这一点,正是赵先生的贡献。

在我的心目中赵先生是学术与思想的丰碑,在这个丰碑面前我只是一个游客,有幸经常到此一游的游客,我有幸在这个游客的花名册上写下了自己的名字，也由于学长的努力，我们可能定期的聚首，所以我非常感谢赵先生，也非常感谢各位。最后，祝赵先生健康长寿。

吴浩（外语教学与研究出版社学术资源部主任，《中华读书报·国际文化》主编）：

尊敬的赵宝煦先生，尊敬的各位领导、各位老师，赵先生是我在北大求学时老师辈的老师，我在毕业工作之后与赵先生有了较多的交往，特别是今年4月之后，我有幸协助赵先生做“口述历史”的工作，对赵先生的学术思想和人格魅力有了更深刻的体会。

正如林语堂在《苏东坡传》中写道：苏东坡是一个无可救药的乐天派、一个伟大的人道主义者、一个百姓的朋友、一个大文豪、大书法家、创新的画家……赵宝煦先生对我们各位而言也有着多重的身份，他六十多年学术道路上取得的辉煌成就也为学界所公认：赵先生是当代中国政治学和国际政治学学术研究和学科建设的开拓者，是在国外大学系统讲授当代中国政治课程的第一人，是出色的诗人、散文家、书法家、画家，是温润如玉的君子，是侠肝义胆的挚友，是我们尊敬的师长……我尝试用一个称谓来总揽赵先生的学术追求和人生志趣——西南联大精神当之无愧的传承者。

“支离东北风尘际，漂泊西南天地间。”在短短8年时间里，在异常艰苦的环境下，诞生在战火中的西南联大创造了中国教育史和世界教育史上的奇迹。西南联大的辉煌成就和伟大传统，得到国内外学人的追忆和推崇，被海内外学者誉为“中国乃至世界可继承的一宗遗产”。赵宝煦先生于1943年1月从北平离家南下，1943年11月到昆明进入西南联大，到1946年5月西南联大解散，他在西南联大满打满算也只有两年半的时间。但这两年半的时间给赵先生身上深深地打上了“西南联大”烙印，他是西南联大精神当之无愧的传承者。

首先，我想说说西南联大的师承渊源。从师承渊源上看，赵先生承闻一多、张奚若、钱端升等西南联大著名教授的师教，并深受其影响。

1944年4月9日，赵先生和联大同学一起请闻一多先生牵头，成立新诗社。新诗社的壁报开始为《诗与画》，赵先生就是编辑人之一。后来，赵先生等又在联大创立了“阳光美术社”，邀请闻一多先生担任“阳光美术社”的导师。在闻先生讲授《楚辞》的课堂上，在与闻先生切磋艺术的交往当中，赵先生深为闻先生的爱国激情和真诚正直所感染，也始终牢记着闻一多先生的教导：学习作诗、画画，首先要学做人！

赵先生到西南联大之后首先就读的是化学系，后来转系到政治学系，当时联大政治学系的系主任是张奚若教授，张先生后来在1957年的一次座谈会上，针对当时社会普遍存在的问题提出著名的十六字批评：好大喜功、急功近利、鄙视既往、迷信将来。在赵先生转学政治系的迎新会上，张奚若先生对新生说："政治系是升官系，经济系是发财系，假如你要是抱着升官的目的到我这来呢，我告诉你你走错门了。你要是升官呢，你上小龙坎，就是在重庆南岸的中央政治干校，你要做官你上那去。你上我这来你要是拿了文凭，结果你就绝对做不了官，因为国民党绝对不喜欢我们这里出来的人。你要是想当个学者，我要先告诉你四年我培养不出学者来。那你说你到我这来干吗呢？我就告诉你到我这来就学一个念书的方法，如果以后你愿意念书你就学一个念书的方法。"

钱端升先生积极参加西南联大民主运动，反对国民党腐败，追求进步。1946年北京大学复校之后，赵宝煦先生在学术上长期追随的老师就是钱端升先生。在改革开放之后，美国斯卡拉宾诺教授来中国访问，请钱先生推荐一位中国政治学者到美国访学。钱先生推荐了赵先生，并在推荐信上写道：1957年后，在他平生度过的那段最困难的日子当中，只有少数几位老朋友和学生与他仍然维持着联系，赵先生就是其中之一。

我还想说一说西南联大精神传统的传承。《国立西南联合大学纪念碑碑文》中提到西南联大可供纪念的四点意义：联大的使命"与抗战相终始"，并最终扭转乾坤，实现报国使命；北大、清华、南开三校"八年之久，合作无间，同无妨异，异不害同，五色交辉，相得益彰，八音合奏，终和且平"；联大"以其兼容并包之精神，转移社会一时之风气，内树学术自由之规模，外获民主堡垒之称号，违千夫之诺诺，作一士之谔谔"；联大记载的历史是中国历史上迄今为止唯一成功的南渡北返。

这四点可供纪念的意义，可以归纳为两个层面的精神内涵：追求民族独立、进步、富强、文明的爱国主义精神，崇尚自由、民主、和谐、自然的学术自由传统。赵先生的为人为学也可以用这两个层面来概括。赵先生在《一个知识分子的自白》一文中回忆，他在青年时代读了很多杂书，对他后来影响较大的有两本书：一是上海生活书店出版的巴金翻译的、屠格涅夫的散文诗《门槛》，一是南北朝刘义庆的《世说新语》。

《门槛》说在一个荒野里天昏地暗，冷风呼啸，飞沙走石，有一个黑的屋子，屋子门口很厚的棉布帘子。一个年轻的姑娘在门槛前说："你让我进来吧。"里面一个声音就说："你不能进来。这里面等待你的是饥饿、死亡和各种酷刑。"这位姑娘坚定地说："我愿意，你让我进来。"那个声音回答道："你死了没有人纪念你，甚至有人咒骂你。"这个姑娘说："我还是要进来。"最终跨进了门槛。最后有两个声音，一个就说"一个傻子"，另一个就说"一位圣人"。赵先生说：这个故事给他印象很深的，就是一种殉道者的精神。不是说什么名垂青史，你死了别人还要咒骂你，但是他认为是对的我就坚决要做。正是《门槛》中俄罗斯女郎执着的殉道者精神，使他后来毫不犹豫地参加革命。

还有一本书就是《世说新语》。《世说新语》中放浪形骸的魏晋风度和自由宣泄的个性，又使他崇尚纯真自然，本能地鄙视各式各样的道学和教条。赵先生坦言，这一条虽使他在革命队伍中屡遭诟病，也至今不悔。

赵宝煦先生的立世和治学，深得《门槛》和《世说新语》人物的风骨，兼有爱国主义和自由主义的西南联大传统。

赵先生的求学治学饱含着爱国激情。因为爱国主义的情怀，赵先生在青年时代就冲破日伪的重重封锁，不远千里南行昆明，追寻救国真理；因为爱国主义的情怀，赵先生在西南联大积极参加民主运动——作为"阳光美术社"的创立者之一，赵先生用犀利的画笔作为匕首和投枪，与反动势力做坚决的斗争，并从此走上革命的道路；因为爱国主义的情怀，赵先生从教 65 年来，辛勤耕耘，笔耕不辍，培养了一大批政治学和国际政治学领域的专家学者，为推动这两个学科的建设和学术发展作出了开创性的贡献；因为爱国主义的情怀，改革开放之后，赵先生以花甲之年远涉重洋，先后出访了欧美、日本、印度等二十多个国家和地区，在美国哈佛大学、加州伯克利大学、苏联社会科学院、德国柏林自由大学等著名的大学和学术机构发表演讲，积极对外宣传中国改革开放的成就和中国政治学研究的最新成果。先生的爱国激情和追求进步的思想，贯穿他的学术道路。正如先生 1941 年在《灯蛾》一诗中写道："在暗夜里追寻我的爱，展翅向昏黄的灯光飞来。纵使灯火会烧焦我的肢体，我不埋怨，这一切原是我自己安排。"

赵先生的传道授业尊奉学术自由的理念。他曾说起受西南联大最深的影响就是自由民主的观念。因为学术自由的理念，赵先生在学术上提倡"和为贵"、"中庸之道"、"君子和而不同"；因为学术自由的理念，他厌恶伪道学，不喜矫揉造作，更反对千篇一律、机械一致——正如先生在文章中写道："彩虹所以美丽是因为它有七个颜色；钻石所以璀璨耀目是因为它的许多晶面能从不同角度反光。""先秦诸子若都叨唠着同一的见解，当时学术文化的高度发展又从何而来？"因为学术自由的理念，赵先生推崇西南联大的办学思想，对学生因材施教，不求全责备，只要求学有专长，放手让学生自由发展、自由竞争。

文学家、西南联大毕业生汪曾祺先生在回忆联大的文章《泡茶馆》中元气淋漓地回忆道，泡茶馆可以帮助联大学生“养其浩然之气”——“那是一个污浊而混乱的时代，学生生活又穷困得近乎潦倒，但是很多人却能自许清高，鄙视庸俗，并能保持绿意葱茏的幽默感，用来对付恶浊和穷困，并不颓丧灰心，这跟泡茶馆是有些关系的。”

赵先生爱喝茶，当年西南联大校舍外文林街的茶馆里也流连着赵先生年轻的身影。我们今天回头看赵先生当时创作的很多诗歌和散文，字里行间都氤氲着翠湖的水汽和淡雅的茶香。我曾有幸多次喝过赵先生泡的茶，品茗之余，我更觉得赵先生的为人风范和学术思想是给予我们人生智慧的一壶绿茶。这壶绿茶同样可以帮助我辈“养吾浩然之气”，在荆棘和诱惑面前，保持绿意葱茏的幽默感，用来对付恶浊和穷困。

我蒙先生厚爱，受先生绿茶之惠，也谨以拙文作为赠予赵先生的一份小小的生日礼物。祝先生生日快乐、身体健康、万事如意！

张弘(《新京报》)：我能够提供跟各位老师不一样的，我可能是一个外部视角。因为在座各位老师都是赵先生的学生，或者是同一个领域，相对而言我没有学术的背景。因为之前我曾经采访过很多跟赵先生同样的一代人，他们都是西南联大毕业的，我感触特别深的是赵先生这一代是被耽搁的一代。我们现在回头观察一下，在我国人文科学和社会科学，包括自然科学各个领域，作出最大贡献、最受人们敬仰的很多人都是西南联大毕业的。我们再看看赵先生的一生，我大致可以划分为三个阶段：

第一阶段 1949 年以前，赵先生从北平一直到西南联大，虽然当时生活非常艰苦，但是赵先生是幸运的。因为他当时追求自由、民主，在西南联大的非常自由的环境里，他可以自由参加民主活动，自由发表任何意见并公开见诸报刊杂志，组织和参与各种社团，这一阶段，赵先生是非常幸运的。

第二阶段，从 1949 年到改革开放以前这一段，各种运动对赵先生的学术生命形成了巨大的浪费和屠杀。解放时他 27 岁，可以想见这个阶段对学术人来说是最好的年华，往往是最能作出贡献的时候，但由于大环境的影响，赵先生在近 30 年里什么也做不了，一直处于被折腾的状况。一直到晚年他才迎来第二个学术春天，重新做学术，开创政治学各个领域。赵先生成就越高，我就越为他被耽搁这段时间感到惋惜。

以赵先生学术背景来说，他曾师从于王铁涯、钱端升这样一批非常优秀的学者，如果让他一心从学术道路顺利走下来，我相信赵先生的成就比今天还要大很多。

我认为，赵先生还承担了薪火相传这样一个非常重要的使命，这包括两点：一在学术方面；二在为人风范方面。各位老师顺着赵先生下来，都是一脉相承。正因为我们在浩劫之后，还有赵先生这样一批老学者，我们这个学术脉络才没有中途夭折，还能一代一代传到现在。

另外一方面，就是赵先生这一代人的人品风范。据我所知，在西南联大的时候也有国民党党员学生在里面，那些人基本被人看不起，非常边缘化，在学校里也不敢很张扬。赵先生对权力压根没有什么兴趣。在为人处事方面，像赵先生这一代人人品风范、为人处事、修养等各个方面，后来一两代的学者难以比肩，而且这个传统我们可能还需要很长一段时间才能恢复。这些素养和气质，是由内而外自然显现出来的，绝对不是读几本书马上就有的，也不是一天两天，一年两年的事。

刚才各位老师都说到了，赵先生后来非常注重政治学的中国资源。恰好这两天我也在做一个关于台湾学者的回顾，我记得赵先生的校友殷海光先生，他在晚年的时候也有对中国传统的回归。而早年他对中国传统批评非常激烈，态度非常坚决。但是，他在生命的最后几年，跟徐复观先生恢复交往之后，态度也有所转变，他也意识到中国资源的可贵。中国古人称“立德”、“立功”、“立言”为“三不朽”，我觉得，在这三个方面，赵老已经做得很好。最后，祝赵老健康长寿。

俞可平：听了各位学友的发言，我觉得赵老师的学术思想最主要的特征有五个方面比较完美的结合：

1. 马克思主义和其他思想的结合。赵老师是马克思主义的政治学家，他主编的政治学概论，完全是一部马克思主义政治学。我相信赵先生自己也认为他是一个马克思主义者。他的许多思想源于马克思主义，比方说人民民主的思想。但是他又不拒绝其他的思想，刚才提到先生对西方社会科学多种理论和方法中合理因素的吸纳。

2. 中国现实和世界眼光的结合。赵先生所做的一切研究，他的学术思想都是围绕中国，都是希望中国更加民主、更加进步。刚才大家不断提到他的《途程》，整个到西南联大的过程就是一个青年学者追求中国民主的过程。他后来晚年成立中国国际研究中心，就是在研究中国国情，解决中国问题，推动中国。

他整个眼光是前进的眼光,他有一种人类的关爱,他是国内和平学研究的大力倡导者,他把中国和世界比较好地结合了起来。

3. 政治和学术的结合。政治和学术研究是特别难结合的一对关系,中国大陆尤其如此。但是从先生身上可以看到,一方面他对现实政治有一种深刻的责任感,他甚至直接投身现实政治。但是现实和学术研究毕竟有距离,他把这条界限把握得较好。政治和学术是两个不同的领域,两个领域各有不同的原则。在两个领域中,赵先生都坚持自己的原则。

4. 做人和为学的结合。各位学友不断提到先生身上道德和文章比较好的结合。赵先生不光是做学问,涉及很多的研究领域,我不清楚赵先生开过多少课,但是他的文章涉及的领域非常广泛。他把为人和为学非常好地结合起来。赵先生是为人的楷模,我想各位学友都有亲身的体会。他没有害过人,这是最起码的底线。他乐于助人,一生帮助过许多人。

5. 传统与现代的结合。记得胡适先生去世的时候有一副对联概括他的道德学问,说他是"旧道德的楷模,新文化的先锋"。我觉得赵先生身上的道德和文章也有这样很好的结合。大家都谈到了先生身上有道德的回归,对传统的弘扬和恪守。赵先生把好的道德、传统文化传承下来,又善于吸收时代的新思想新知识,做到了两者的很好结合。

下面请赵宝煦先生发言。

赵宝煦:整整三个小时,大家都说的是夸我的话,使我诚惶诚恐。我把很多溢美之词看作是大家对我的一种鞭策,我愿以这些好话作为我今后努力的方向。

年轻时以为你有一定的资质,你又很勤奋,就一定会做出一些对国家、社会有益的事情来,可是现在知道不是这样,有很多好事能够顺利完成,还要靠机遇。比如说刚才俞可平同志说在政治学方面我那几个"第一",可是那实在是机遇。有很多条件比我好的人没有那个机遇,比如第一本政治学教材,并不是我自己主动想组织人编一本政治学,而是人家找我。比如我有机会出去到处跑,不是我主动要到这儿去,到那儿去,当然,我想主动出去跑,我也没有那个条件。这都是机遇使然。

有一位老学长,今年91岁了,还跟我说:"宝煦,你把那些困扰你的事情都搁下,好好写写字,画画画,干一点你喜欢的东西。"可是为什么我还不能够放开一切呢?为什么退而不休呢,是不是觉得自己了不得?离开自己地球就不转了?不是的。我之所以还在政治学圈子里晃来晃去,主要就是要为年轻人铺路搭桥。

你怎么这么了不起？年轻人非要你铺路搭桥吗？不是。没有老年人的铺路搭桥，年轻人照样走得过去。但是他可能走一点弯路，有识途老马在，他们可以走得顺利一点。

但是不管怎么说，一个人可以活 80 岁，活 100 岁，但有效的时间就那么点，大概在二十多岁到五十多岁之间，这是你做事有效的时间。比如我现在脑子想要做的事很多，但知道自己做不到了。很多事是力不从心。

现在我心里非常明白，别人也会明白，凡是跟我共同学习几年的学生，可以说在座的以及许多不在座的，在业务上，没有一个人不比我强。因为我们这一代人天生就不是攀高峰的命运。因为我们的有效年龄都被政治斗争占据了。我们这一代人到了 50 岁以后，比如我这几本书都是在改革开放以后的东西，而这些东西就是吃老本。在座很多人，以及很多没来的比我年轻的人，你们前途无限，在业务上攀高峰，你们有义不容辞的责任！

我们这一代人经过几个朝代，从北洋军阀时候出生，国民党时期到日本占领时期，经过这些年代，我没有什么很高的成就，没有攀高峰，我们可以有托词，就是我的有效时间都被政治斗争占据了。但是你们不是这样，你们就是天生要攀高峰，能不能攀高峰？整个社会科学界，整个国家、社会就依靠你们了！

谢谢大家！

宝煦先生政治思想初释

王浦劬[1]

赵宝煦先生，著名政治学家、国际政治学家、教育家，北京大学人文社会科学资深教授。先生自西南联合大学始治政治学，至 2012 年驾鹤西去，毕生致力于政治学的学习、研究、发展和建设，为我国政治学的一代宗师。

作为世纪学人，先生不仅见证和经历了我国现代政治学科的艰难生成和发展，参与和推进了我国当代政治学科恢复重建的奠基和进步，而且广泛涉猎社

---

① 王浦劬（1956— ），江苏省盐城市人，1985—1988 年师从赵宝煦先生攻读政治学博士学位，为中国首届政治学博士。曾任北京大学政治学与行政管理系主任、北京大学政府管理学院常务副院长、澳门理工学院副院长。现任北京大学政府管理学院教授，博士研究生导师，北京大学政治发展与政府管理研究所副所长。兼任中国政治学会副会长、中国行政管理学会副会长、国家哲学社会科学规划委员会政治学科评议组副组长。

会、哲学、政治、文化和国际关系研究，孜孜以求，探索人类社会政治本质和发展规律、中华民族复兴和走向高度文明的治理之道，深得精要，形成了丰富深厚的政治思想，这些思想实是我国社会文化和政治学科的宝贵精神财富。

结合先生的学术人生，总结和阐释先生的人生学术和政治思想，无论对于我们在邓小平理论、“三个代表”重要思想指导下，深入贯彻实践科学发展观、全面建设小康社会历史实践中，进一步推进社会主义政治建设和民主法治的发展，还是继承先生的品格和精神，光大先生的未竟事业，推进我国政治学科的进一步发展，都无疑具有重要意义和价值。

一、学术人生

宝煦先生的人生学术，是在其漫长的学术人生中形成和发展的。先生的学术人生，不仅是其人生学术的历史底色，而且是其政治思想的有机内容。

宝煦先生祖籍浙江绍兴，1922 年 11 月 18 日出生于北京。1935 年 9 月到 1942 年 7 月，先后在北京市立二中和私立競存中学完成了中学学业。

先生青年时期即执着追求光明和真理，曾以诗作表达其高远志向：“我有一个爱，早已献给了光明，……在暗夜里追寻我的爱，展翅向昏黄的烛焰飞来。纵使灯火会烧焦我的肢体，我不埋怨，这一切原是我自己安排。”①

1942 年，为摆脱日本占领和黑暗统治，先生毅然抛弃汪伪政权把持下的北大工学院应用化学系学籍，经历千辛万苦，辗转数千里南下到达昆明，并于 1943 年 11 月进入西南联合大学化学系学习。次年，为致力民族救亡，转入政治系，师从张奚若、钱端升、吴恩裕等老一辈政治学家学习政治学专业。1948 年 7 月以优异成绩毕业后留在北大任教。

先生秉承北京大学“爱国、进步、民主、科学”的光荣传统和“勤奋、严谨、求实、创新”的优良学风，筚路蓝缕，毕生致力于政治学科建设和教书育人的事业。1952 年，北大设立马列主义教研室，先生担任马克思主义基础课的教员，1954 年 12 月到 1957 年 12 月，担任北大马列主义教研室副主任，为培养建国后最早一批马克思主义理论和实践人才作出了重要贡献。

1953 年 1 月到 1957 年 12 月，先生在门头沟斋堂人民公社下放锻炼，并曾任北京大学下放干部工作组副组长、组长。

1960 年北京大学重建政治学系，成为新中国成立以来率先建立的政治系，

---

① 赵宝煦：《一个知识分子的自白》，选自《途程——抱虚斋诗文稿》，东方出版社 1998 年版，第 3—4 页。

先生是该系的创始人之一,并且先后任副系主任、代理系主任。1964 年,北大政治系易名为国际政治系,并成立亚非研究所,先生担任系主任和副所长,为我国政治学和国际问题研究的学科建设和人才培养打下了扎实基础。

1966 年,"文化大革命"爆发后,先生受到激烈政治运动的冲击,被迫靠边站和进行劳动改造。

1973 年 6 月,先生复出担任北京大学亚非研究所所长。1978 年复任北京大学国际政治系主任。此时,先生虽然年近花甲,但是,仍然以高度的历史责任感,殚精竭虑,积极推进政治学、国际政治学科建设和教书育人事业。

先生是我国新时期政治学恢复重建的奠基人和开拓者之一。遵照邓小平关于政治学要"赶快补课"的指示,1980 年,先生与其他政治学者共同创立了中国政治学会,1988 年创立了北京市政治与行政学会等重要学术组织。先生积极开拓研究,以恢复重建政治学科,1982 年,他主编了新中国成立后第一部以马克思主义为指导的政治学原理教材,奠定了新时期马克思主义政治学基本原理体系;他主持建立了全国第一个政治学理论博士点和国际政治博士点,由此成为为数不多的政治学和国际政治学双学科博士研究生导师;他培养了中国第一批政治学理论博士和大批政治学与国际政治学科专业人才,为政治学科的发展和国家建设培养了骨干力量。

先生以学术立世,身体力行,长期深入展开学术研究,硕果累累。先生主编的《政治学概论》,不仅成为新时期中国政治学恢复重建的开山之作,而且培育了一代代政治学人。嗣后,先生撰写的《中国政治学的复兴》(英文、德文、日文版)、《中国公共政策》(英文版)(合著)、《台湾之未来论文集》、《政治学与和谐社会》、《和为贵》(英文版)等,集中体现着先生的政治思想和学术研究。先生主编的《跨世纪的中美关系》、《国情调查与思考丛书》、《21 世纪高校教材译丛》、《MPA 文库丛书》、《国际关系理论前沿译丛》等作品,在国内外学术界产生了重要的影响。他撰写的代表性论文如:《论中国统一和中美关系》、《论中国政治体制改革中的横向分权与纵向分权》(德文版)、《说人间佛教》(英文版)、《论主权原则与台湾地位》、《"和为贵"、"中庸之道"与"武士道"精神——关于日本政治文化的思考》、《政治转型:从人治到法治》、《中国政治学百年》等,均受到国内外学界及社会的广泛关注和高度评价。

1988 年,为推进我国政治学研究的科学化,先生主持创立了北京大学中国国情研究中心,尔今,该中心已经成为国家治理战略和公共政策调查研究的重要咨询和支持机构。

先生是新时期政治学科的带头人，遵循“为人民服务、为社会主义服务”的方向，奉行“百花齐放、百家争鸣”的方针，多年参与谋划和引领政治学科建设和发展，为北京大学和国家政治学科的发展作出了卓越贡献。他是北京大学国际关系学院、政府管理学院的创始人之一。他先后担任过北京大学校务委员会委员、校学术委员会委员、中央社会主义学院副院长、国务院学位委员会政治学评议组副组长、国家哲学社会科学基金项目政治学科评审组长、中国政治学会副会长及顾问，北京市政治与行政学会会长及名誉会长、国际政治科学协会（IPSA）执行局委员等重要职务。在这些岗位上，先生服务于国家和人民，使得自己的人生与国家政治学科的发展融合一体。为此，2010 年中国政治学科恢复重建三十周年之际，先生荣获中国政治学会颁发的“杰出贡献奖”。而先生借鉴古今中外，回顾中国政治学科百年历程，对于期间政治学科发展经验教训的总结，关于我国政治学发展必须坚持马克思主义指导，求真务实、遵循科学的真知灼见，更是集中体现了先生对于我国政治科学发展的精髓概括、历史见证、切身体验和殷殷期许。

先生富有强烈的时代感、使命感和开阔的国际视野，是面向世界而开风气之先的政治学者。从 1981 年开始，先生先后出访了美国、德国、日本等二十多个国家和地区，介绍中国政治学科的发展进程和状况，宣传改革开放政策和中国特色社会主义建设的成就，向世界展示稳定、友好、开放与和谐的中国。与此同时，先生在促进海峡两岸的学术交流方面也作出了重要贡献。先生的这些努力和贡献，使他成为中国政治学科和国际政治学科在国际学术界的代表性著名学者。1985 年，先生当选为国际政治科学协会执行局委员，成为代表中华人民共和国出任这一职位的第一人①。

由上可见，总括先生的学术人生，适如法学家吴志攀先生所言，“赵宝煦先生是当代中国政治学与国际政治学的一代宗师，……赵先生一辈子历经沧桑，他一身正气但心胸开阔、性情开朗豁达……。在花甲之年，他迎来了政治学和个人学术生命的春天，亲自参与领导了政治学在当代中国的复兴，为国际政治学在中国的发展奠定了基础，引领了一个时期中西方学术交流的风气，并且培养了一大批杰出人才。在回顾赵先生的人生辉煌时，我总会想起龚自珍为阮元六十寿辰所作的《阮尚书年谱第一序》中的几句话：‘任道多，积德厚，履位高，成名众。’

---

① 见《国际政治研究》，2012 年第 1 期，该文由笔者根据赵宝煦先生生平年谱、参考先生生平相关文章撰写而成。

‘励精朴学，兼万人之姿，宣六艺之奥。’毫无疑问，赵先生也当得起这样的评价。”①

先生的政治思想，既是其毕生治学的主要成就，是他对于民族、国家和天下责任的理性关切，是我国政治学界一代世纪学人留下的精神财富，也是认识和把握中国特色社会主义政治建设历史脉搏和发展要求的学术线索。

二、思想源流

自西南联大始，宝煦先生治学从教近七十年。在中国社会现代变革和发展的历史背景下，他经历了旧中国和新中国两重时代和社会的历史变革，经历了战争和革命、运动与建设、改革和开放的历史急剧转换，其政治思想既浓缩了中国现代社会巨大历史变迁的内容，也融合了多方面的思想因素。

梳理先生的政治思想，追溯其形成和发展过程，可见其思想源流主要来自三个方面：

1. 中国传统文化和政治思想的现代转换

关于中国传统文化的影响，先生明确指出：“一个国家的人民，自幼小时即开始从家庭、学校的教育中，从文学艺术作品熏陶中以及各种各样的社会影响中，自觉或者不自觉地接受着其本国这些世代相传的传统政治文化。”“就整体看、就长远看，中国的悠久历史所形成的传统政治文化，对每个中国人来说，都是主要的经常起作用的因素。”②

适如先生所言，先生少时受过良好的中国传统文化教育，既及长成，传统文化学养深厚，尤精儒学、墨学等，爱好诗词歌赋、书画戏曲。在从事学术研究时，“先生特别注意挖掘传统思想，从中国传统思想中蕴含极其丰富的思想资源，比如像先生围绕着儒家和为贵、中庸之道，墨家非攻兼爱的思想，以及佛教在中国本土进一步发展后的不杀生的主张，像以长城为代表的注重自我防卫的物质符号方面，都可以从先生这些年著作里看到”③。因此，注重中国传统文化研究，构成了先生政治学术研究的重要特点，如同他在论及政治研究与中国传统文化的关系时强调指出的那样：“我们研究中国政治学，最主要、最现实的就是要为中

---

① 吴志攀：《知者乐，仁者寿——为赵宝煦先生九十寿辰作》，作者为北京大学常务副校长。

② 赵宝煦：《中国传统政治文化的思想影响》，选自《政治学与和谐社会》，北京大学出版社 2009 年版，第 111 页。

③ 汤大华：《在赵宝煦先生学术思想研讨会暨八十七华诞庆祝会上的发言》，2009 年 11 月 18 日。

国的政治发展服务，因此，研究中国政治学必须熟悉中国的历史传统和政治文化。”[①]正因为如此，对于中国传统文化和政治文化的钻研、领悟、思索和认知，构成了先生政治思想的重要思想源流，而从中国传统文化和政治文化中汲取的政治习得和感悟，则成为先生的政治思想的有机构成内容。

在先生的政治论述中，中国传统文化的思想要素俯拾皆是。同时，先生对于传统文化的哲理箴言、经书典故、诗词歌赋参透精髓、运用自如，其政论学中体现着中国传统文化的巨大魅力。其中，先生特别看重的是“和为贵”与“中庸之道”，按照先生的说法，这两者是“中国传统思想的精华”[②]。“中国传统思想中关于做人、治理国家，最重要的两个命题，即‘和为贵’与‘中庸之道’。”“主张仁爱和平”，是中国传统思想中的重要特征。“总的说来，一般认为暴力和战争不是解决问题的‘正道’和‘常道’。在政治传统思想各种流派中，关于这个问题的认识，是基本一致的。”[③]而“‘中庸之道’的思想，在中国由来已久。……中庸思想，几千年以前即开始代代沿袭，把它当作为政、做人的规范”[④]。“这种中庸、中道思想，配合起教化传播，世代相传，对中国人的伦理道德、思维方法以及行为方式等均产生很大的潜移默化作用。”[⑤]

另一方面，在长期研究和领悟中国传统政治文化的过程中，先生认识到，“一切事物都是发展变化的，传统文化也不是一成不变的。它将随着各国和民族生存条件的变化而不断变化”[⑥]。在现代化过程中，中国传统文化的发展变化，就是进行其现代转换，为此，先生以中国特色社会主义建设的要求为标尺，对于传统政治文化的双重性形成了精辟的看法：“中国几千年文化传统，有精华，也有糟粕；有积极因素，也有消极因素。对中国文化传统，采取虚无主义态度，全盘否定是错的。相反，盲目肯定一切也是不对的。我们在大力提倡发扬中国优秀的传统文化的同时，也应看到中国传统文化中的糟粕，其消极因素不可能不在当前的社会主义建设事业中起阻碍和掣肘作用。我们必须了解它，并提出有效

---

① 赵宝煦：《七一讲话与中国政治学研究》，《马克思主义与现实》2001 年第 5 期。

② 赵宝煦：《和为贵——赵宝煦英文文集》，外语教学与研究出版社 2008 年版。

③ 同上。

④ 同上。

⑤ 赵宝煦：《崇尚和平：中国传统思想的重要特征》，《国际政治研究》1992 年第 4 期。

⑥ 赵宝煦：《就中国“构建和谐世界的倡议”论传统文化的现代化》，北京大学政治发展与政府管理研究所编：《北京大学海峡两岸第二届公共管理论坛——传统文化与公共管理学术研讨会论文集》，2009 年 12 月 3 日。

的克服办法。”[①]比如，先生在剖析“中庸之道”时，指出其积极意义：“儒家的中庸之道，反对过分，反对偏激，反对走向极端，认为‘过犹不及’，强调和谐、适度。强调人与人之间、人与自然之间和平相处。”[②]与此同时，他也指出“这种思想自然也有其一定的消极作用”[③]。再如，先生在分析中国传统和平思想时指出：“我们今天提出的和平、和谐等概念并不是简单的复古。这是因为：(1)在中国传统思想中，一般认为实现和平的理想世界的途径，是以个人修身养性为基础，以君主制统治为目标，主张修身、齐家、治国、平天下为先后次序来实现理想社会。这是一种小生产农业社会的思想反映。(2)它们具有强烈的天朝、上国观念和突出的民族文化优越感……十分缺乏今天保卫世界和平事业中的民主、平等意识。……我们研究中国传统的和平思想，也应该取其精华，去其糟粕，不能忽略其局限性。”[④]

在其政治思想的发展过程中，尤其在接受、服膺和掌握马克思主义后，先生积极努力运用马克思主义的世界观和方法论，批判性地吸收传统政治文化的营养，并且对其进行分析、扬弃和现代转换，逐步将其融入自己的政治思想。“赵先生把好的道德、传统文化传承下来，又善于吸收时代的新思想新知识，做到了两者的很好结合。”[⑤]

2. 西方政治思想的吸收和扬弃

在西南联大，先生从化工系转到政治系学习时，选修的是西方政治思想，根据先生的回忆，当时在政治学的教学与研究中，“介绍西方的研究成果多，对中国问题研究得少，特别是研究中国现实政治问题就更少”[⑥]。因此，“那时候西方政治思想对先生已经有一定的影响。然后从对马克思主义的系统理论的认识，到改革开放之后重新认识马克思主义的新发展，以及对西方现代政治思想跟政治学发展的重新认识，赵先生的政治思想有这么一个发展过程”[⑦]。

---

① 赵宝煦：《普及国情教育，加强国情研究》，选自《政治学与和谐社会》，北京大学出版社 2009 年版，第 79 页。

② 赵宝煦：《和为贵——赵宝煦英文文集》，外语教学与研究出版社 2008 年版。

③ 赵宝煦：《“和为贵”与“中庸之道”：中国传统思想的精华》，选自《政治学与和谐社会》，北京大学出版社 2009 年版，第 16 页。

④ 赵宝煦：《崇尚和平：中国传统思想的重要特征》，《国际政治研究》1992 年第 4 期。

⑤ 俞可平：《在赵宝煦先生学术思想研讨会暨八十七华诞庆祝会上的发言》，2009 年 11 月 18 日。

⑥ 赵宝煦：《中国政治学百年历程(1900～2000)》，《东南学术》2000 年第 2 期。

⑦ 徐湘林：《在赵宝煦先生学术思想研讨会暨八十七华诞庆祝会上的发言》，2009 年 11 月 18 日。

先生学习和吸收西方政治学理论和知识的过程，是与中国现代历史和中国革命发展的历史相向而行的，因此，作为其政治思想的知识源流之一，先生对于西方政治思想的学习和取舍也是在历史发展过程中逐步发展和深化成熟的。早期，先生学习西方政治思想，作为其专业知识基础。嗣后，先生逐步接受共产主义作为人生信仰，以辩证唯物主义和历史唯物主义为指南，实事求是地对待西方政治思想。他在晚年总结自己对待西方国际政治学的看法，代表了他对于西方政治学说采取深入研究、合理吸取和扬弃的科学态度："西方学者研究国际政治学起步比我们早，而且由于西方社会生产力水平比我们高，科学技术进步，所以他们在科学研究工作中，拥有比中国学者远为有利的手段和条件。因此，他们成果多，成就较大，这是事实。如果我们因此就盲目崇拜西方学术著作，不加分辨，不加选择，亦步亦趋，照抄不误，这种情况近几年来也发生过，它显然是错误的。但是如果相反，把所有西方学术成果，包括理论和方法，不分青红皂白，一概贴上'资产阶级'的标签，给它们扣上'为垄断资产阶级服务'的帽子，也不是实事求是的做法。它同样也是错误的。……对于西方学术成果，我们应该认真分析研究，实事求是地加以评价，决定取舍。第一，我们应该先弄清它的内容，不要在还没有弄懂人家说的是什么之前，就轻易地否定或肯定；第二，对其内容的正确与否，应该开动脑筋，实事求是地作出自己的判断，不要人云亦云；第三，如果经过研究，肯定是正确的，也还要检验是否适用于中国，能否全部或部分为我所用。"①

实际上，正是对于西方政治学这种实事求是的马克思主义批判扬弃和科学吸收，使得先生政治思想具有内容的丰富性、发展的时代性和视野的开阔性。

3. 马克思主义政治思想的接受和指导

"十月革命一声炮响，给我们送来了马克思列宁主义。"②随着马克思主义在中国的传播，中国共产党的成立和中国革命的发展，马克思主义政治学也成为中国学术界关注和研究的重要思想，并且逐步发展成为先生政治思想的重要来源和主体内容。

"五四"运动之后，马克思主义在中国得到进一步传播，"1920 年代，有人用

---

① 赵宝煦：《在马克思主义科学指导下大力开展国际政治学研究》，选自《政治学与和谐社会》，北京大学出版社 2009 年版，第 60 页。

② 《毛泽东选集》，第四卷，人民出版社 1991 年版，第 336 页。

马克思主义观点编译和讲授政治学”。其中的代表人物如瞿秋白、张太雷、恽代英等[①]。“运用唯物史观编著政治学的风气在1930年代初的兴起，是北伐战争后唯物史观风行的一种表现”[②]。在学术界，适如先生所说的那样：“早在三四十年代，中国已有一些政治学者运用马克思主义理论来研究政治学。”“如邓初民的《新政治学大纲》，是较早运用马克思主义理论来研究政治学问题的较有影响的学者。”[③]这些研究，形成了为数不少的马克思主义政治学的学术研究成果，除了邓初民的作品外，还有傅宇芳的《马克思主义政治学教程》，周绍张的《政治学体系》，高振青的《新政治学大纲》等[④]。

正是在这一背景下，先生在西南联大时开始集中关注和学习研究马克思主义，根据先生回忆，“认真学习马克思主义理论时，吴（恩裕）先生却是我第一位启蒙老师。我在他的课堂上第一次认真学习了《共产党宣言》”[⑤]。后来，追求真理、勤于钻研的先生在众多政治学说中选择了马克思主义政治学作为人生的遵循，求索人类政治规律和理想的社会和公共生活之善。随着新民主主义革命的发展，先生不断学习钻研马克思主义，深入确证马克思主义的科学真理性，把马克思主义作为自己的终身信奉。这个过程使得先生从一名民族主义、爱国主义和民主主义的追求者，思想得以升华，逐步转变为马克思主义者，使得马克思主义世界观方法论成为先生政治思想的主导。

解放以后，先生在北京大学担任全校马克思主义教研室负责人，承担全校马克思主义政治理论课的教学，在长期学习、钻研和教授马克思主义的过程中，先生努力用马克思主义世界观和方法论来解释社会政治现象，培养了北京大学一代代学人的马克思主义世界观和政治观。在这里，先生深入展开了马克思主义的研究，而且系统进行了马克思主义的教学，从而使得马克思主义政治思想、尤其是科学社会主义的思想内容，成为先生政治思想的主体内容。

与此同时，先生对于马克思主义政治学的教学研究活动，具有与时俱进的发展性特点。他根据国家政治生活和中国化马克思主义的发展，根据社会实践的要求，实事求是，不断在研究和教学实践中领悟中国化的马克思主义和发展着的

---

① 孙宏云：《中国现代政治学的展开：清华政治系的早期发展（一九二六至一九三七）》，生活·读书·新知三联书店2005年版，第387页。

② 同上。

③ 赵宝煦：《中国政治学百年历程（1900～2000）》，《东南学术》2000年第2期。

④ 孙宏云：《中国现代政治学的展开：清华政治系的早期发展（一九二六至一九三七）》，生活·读书·新知三联书店2005年版，第387页。

⑤ 赵宝煦：《怀念吴恩裕先生》，选自《政治学与和谐社会》，北京大学出版社2009年版，第369页。

马克思主义政治学，并且以其构成自己政治思想的重要内容。

多年钻研，使得先生对于马克思主义世界观、方法论和政治思想观点具有很深的造诣。1980年我国政治学科恢复重建以后，先生主持编写的全国第一部政治学著作，集中体现了辩证唯物主义和历史唯物主义的方法，率先梳理和阐述了新时期马克思主义政治学理论体系，由是以来，先生发表的文章和出版的著作联系时代发展，广泛涉及、熟练运用马克思主义政治理念和方法，体现了先生对于马克思主义经典和精髓运用之妙、存乎一心的学术风范。

在先生政治思想中，还有其他的思想因素，比如佛学等思想，但是，其思想源流主要由以上三部分组成。而这些思想源流，随着历史发展、社会变迁和时代进步，在先生的政治思想中逐步融汇、演变贯通，终而百川入海、万流归宗，形成了先生以马克思主义政治思想为科学指南和主体内容的政治思想。

三、基本内容

分析研读先生作品，从先生的政治学研究中，可以领悟他的政治思想，而从先生对于现实政治的阐述和认知中，更可以体会到先生的政治哲学和人生哲学。

先生的政治思想，主要体现在他对社会政治和对于政治学的研究阐发方面，实际上，这两个方面是先生人生和学问的统一。

初步概括，先生的政治思想主要包含四方面有机联系的内容：

1. 爱国主义是先生政治思想的基础和起点

先生对于社会政治的认知，对于国家政治和治理之道的探索，是以爱国主义作为起点的。在先生毕生的思想发展和现实关怀中，爱国主义一直是其重要思想基础和主线，这一基础和主线在先生的政治人生和人生政治过程中，集中体现为他对于国家主权和统一、民族独立和富强的追求。

在革命年代，先生的这些追求集中体现为他对于帝国主义、封建主义、官僚资本主义的黑暗统治的深恶痛绝，对于光明、真理和理想社会的向往，对于人民革命的积极参加。解放后，先生的这些追求则集中体现为对于国家主权独立、统一富强的强烈关怀。

先生的爱国主义首先发端于中华民族的民族和历史情怀，先生在阐述其爱国主义信念时，敞开心扉，直抒经历半殖民地半封建社会到新中国巨大历史转变时期一代知识分子的胸臆：“中国人具有强烈的民族自尊心和民族自豪感，具有强烈的爱国主义感情。1822年德国著名的哲学家黑格尔在他的《历史哲学讲演录》里，曾经这样评论中国，他说：‘没有任何其他民族像中国人那样，有连绵不断、由历史学家著述的历史。在亚洲，还有其他民族也有古老的传统，但是没有史籍。'五千年悠久的具有灿烂文明的历史，使中国人充满自豪感，具有强烈的民族自尊心。中国人是一个顽强的民族。这种顽强表现在'富贵不能淫，贫贱不能移，威武不能屈'。这种顽强表现在追求一个理念，孜孜不倦，锲而不舍。中国人强调的是'天行健，君子自强不息'。这就是黑格尔在1822年惊叹'中国帝国，既是古老的，又是常新的'原因。但是，中国人的民族自尊心在1840年鸦片战争后，遭受到一百多年的屈辱。从1840年到1949年，这个东方的文明古国陷入半殖民地半封建社会的悲惨境地。在一百多年的历史上受尽帝国主义侵略压迫的历史，也是中国人民顽强反抗的历史。一百多年来，为了民族独立，为了人民的解放，曾经有无数革命先烈（包括当时孙中山先生的同盟会和革命的国民党人）抛头颅，洒热血，前仆后继，英勇献身。中国人民为了争取独立自由，曾经艰苦奋斗了一百多年，真是漫漫长夜啊！直到1949年，毛泽东主席向全世界宣告：'中国人民从此站起来了！'这不容易。因此，中国人珍视自己国家的独立尊严甚于一切。为了维护独立，中国人不惜作任何牺牲。"①

传承中华民族的爱国精神，先生热爱祖国的深沉情怀体现在其漫长的人生经历中。先生回忆四十年代追求光明的文章"南行记"②，即是其抗日战争时期爱国主义的典型记录。读了这篇文章，有如找到理解先生爱国情怀的钥匙，由中深切感受到先生当年作为一名热血青年和爱国学子的不屈人格和坚韧精神，真切领悟到先生在国难族恨之际，不甘亡国奴的命运，追求民族的独立统一，追求人生的自由光明的人生境界。他从当时沦陷区北平，经历重重困厄磨难，千万里一路追寻直到西南联大，这一路的人生旅程，实是先生的心路历程，其中充盈着先生对于民族与国家的尊严和富强的强烈向往，映射着先生追求理想的光辉心境。

在西南联大，先生所习本科专业起初是化学工程，但是，面对中华民族内忧外患和生死存亡的处境，先生认为国家政治变革才是救亡图存更加有效的出路，从而毅然转向政治学专业，并且以此作为终身学术事业和职业。当时，国难当头、政治腐败，"面对这种残酷的现实，血性男儿，无法不拍案而起"③。在这一过

① 赵宝煦：《中国传统政治文化的思想影响》，选自《政治学与和谐社会》，北京大学出版社2009年版，第112—113页。

② 赵宝煦：《南行记》，选自《途程——抱虚斋诗文稿》，东方出版社1998年版，第261页。

③ 赵宝煦：《一个知识分子的自白》，选自《途程——抱虚斋诗文稿》，东方出版社1998年版，第3页。

程中,先生逐步接受马克思主义革命学说,同时,受到屠格涅夫散文诗集《门槛》等作品的影响,形成革命爱国精神,先生就此回忆说:“《门槛》中那位俄罗斯女郎执着的殉道者精神,使我后来毫不犹豫地参加革命。”“我和大多数年轻人一样,奋身投入如火如荼的学生运动。后来,国民党的刀,杀进西南联大校门,四烈士倒下了,我和千百万年青人一样,从此走上了革命道路。”①

解放后,先生的爱国主义情怀一如既往,并且集中体现在对于国家主权、祖国统一和国家发展的强烈关怀之中。

主权对于现代国家具有决定性意义,因此,是先生的首要关怀。他阐述认为:“现今的国际社会就是由许多彼此独立的主权国家所组成的。这是一个不容否认,也无法忽视的客观事实。因此,从《联合国宪章》到各种国际法律重要条约、协定和文件,无一不是以坚持主权原则为基础的。……中国历来坚持主权原则,在国际交往中,主张国无大小,一律平等,互不侵犯,互不干涉内政。中国坚持的主权原则,特别受到第三世界国家的热烈拥护。这是因为第三世界国家,历史上曾长期受到帝国主义、殖民主义的侵略压迫,他们历尽千辛万苦,才争得今天的独立。因此他们要不惜牺牲一切来维护本国的主权。”②

对于西方学者打着反对“绝对主权”的幌子而鼓吹“主权过时”的观点,先生剖析指出:“在实际生活中,这种不受任何法律限制的完全的和绝对的主权,是不可能的,也是从来没有存在过的。中国从来不曾主张过这种实际上无法存在的‘绝对主权’。试看中国一向主张的和平共处五项原则头一条:‘互相尊重主权和领土完整’、互相尊重的‘互相’二字,就是限制,就是彼此都承担义务。其他四项原则,也都是互相对等的,互相限制的。有人认为:各国间所有一切双边条约或多边条约,都是在一定程度上,对行使权力的彼此限制。由此可知,……中国一向坚持的主权原则,因为是客观存在,故不可能过时。”③“中国在国际交往中坚持的主权原则是否过时,应由国际社会实践来检验。既然国际社会是由许多各自拥有独立主权的大小不同国家所组成,那么,衡量一种主权观的是否进步,是否过时,其标准,只能看其是否平等互利,有助于彼此发展。”④

主权直接关系到国家的领土,“主权与领土不可分。主权对内方面的至高

---

① 赵宝煦:《一二. 一运动回忆》,选自《途程——抱虚斋诗文稿》,东方出版社 1998 年版,第 3 页、第 234 页,参见《北大青年》,1959 年 4 月刊。

② 赵宝煦:《论主权原则与台湾地位》,《国际政治研究》1992 年第 2 期。

③ 同上。

④ 同上。

无上性是在其领土范围内行使的。各独立国家间互不侵犯领土完整,是维持国际社会和平、稳定的重要基石,也是国际法的基本原则"①。而国家主权与领土完整,又事关祖国的统一,这是作为跨越战争与和平、分裂与统一不同时代的中国先进知识分子的重要政治关切,先生就此指出:"中国的台湾与大陆的分裂局面,是在中国发生革命时期,由于外国武力强行干预而造成的。四十年来,双方实行不同的政治制度,而各自取得了一定的发展。为了维护国家的主权,台湾和大陆必须结束分裂的局面而实现统一,又有必要保存两种不同的制度。就是说,台湾作为特别行政区,享有高度自治权,包括行政管理权、立法权、独立的司法权和终审权。这就是我们说的'一国两制'。这样做,是符合包括台湾省在内的全中国人民利益的。"②"中国提出和平统一祖国的'一国两制'方针,这是迄今为止,我们所能设想的一个国家长期分裂,又各自施行不同制度的两部分之间,和平统一方案的最佳选择。一国而不是两国,是指主权的统一;两制,是指各自继续施行自己多年施行的制度而不强行改变。"③

对于亲身经历国家四分五裂、遭受帝国主义列强蹂躏的悲惨历史的一代知识分子来说,国家的统一和尊严高于一切,对此,先生强调指出:"对于中国人来说,维护主权、领土完整,完成祖国统一大业,是十二亿中国人民最齐心协力坚持的民族大义。中国一百多年来受外国侵略压迫的屈辱历史,使得中国人在这个问题上极度敏感而绝对不能容忍任何挑战。"④"对于所有中国人来说,还有一个至高无上的东西,这就是主权原则和国家尊严。当中国人感到自己的主权原则和国家尊严受到挑战时,他们会毫不犹豫地抛弃自身所有的一切,并且尽量运用一切可能的手段来捍卫它。主权原则和国家尊严对于中国人来说,是神圣不可侵犯的。"⑤

先生的爱国主义还集中体现为他对于国家繁荣富强的渴望和信心。在强烈的拳拳爱国之心驱使下,先生在建设时期一如革命时期,以社会发展的真理、国家的富强和文明作为自己的人生追求。

解放后,先生积极参加社会主义建设事业,尽管在"文革"中受到不公正待

① 赵宝煦:《论主权原则与台湾地位》,《国际政治研究》1992年第2期。

② 赵宝煦:《论主权原则与台湾地位》,选自《政治学与和谐社会》,北京大学出版社2009年版,第149页。

③ 同上书,第150页。

④ 赵宝煦:《台湾问题:影响中美关系的重要因素》,《北京大学学报》(哲学社会科学版)1997年第1期。

⑤ 同上。

遇，但是，对于国家发展和民族复兴的信心和渴望始终如一。改革开放和中国特色社会主义事业的发展，使得先生倍感振奋，他指出，中国的改革开放事业必然使得中国走向富强，因为“它的指导思想是‘实事求是、解放思想’”[①]。先生对于中国特色社会主义充满信心，“社会主义的目的，是追求一个理想的未来社会，这个社会应该是理性的、民主的、自由的、平等的、富有的，适合人类个性发展的理想社会”[②]。

从爱国主义的起点出发，在漫长的人生旅途中，先生追求理想、光明和崇高的人生特质和格调一以贯之。在马克思主义指导下，先生的爱国主义逐步与他对于民主和科学的追求紧密联系在一起，使得先生的学术思想体现出一体两面的思想特质，这就是中华民族的民族主义与人民民主主义的有机结合，即在爱国主义总体思想脉络下，既追求民族的独立自主，又向往国家的富强文明。追求民族的独立自主，更多强烈表现为先生民族主义的信念，而向往国家的富强文明，在政治学层面上则体现为先生对于人民民主主义和理想社会的不懈追求。

2. 马克思主义是先生政治思想的主体和指南

首先，马克思主义政治学是先生政治思想的主体内容。

20世纪三四十年代，先生在追求真理和光明的过程中，逐步建立了共产主义信仰，成为马克思主义者。此后的多年钻研，使得先生对于马克思主义世界观、方法论和政治思想观点具有很深的理解和造诣，其建构的政治学理论体系和阐述的政治思想，主体内容即是马克思主义政治学理论。

以马克思主义政治思想作为自己的主体思想，首要的是全面、准确地理解和掌握马克思主义。对此，先生认为，理解和掌握马克思主义思想和方法，必须严格遵循其原意，掌握其精髓。为此，先生对于“以恩解马”（以恩格斯的说法来理解马克思）、“以苏解马”（以苏联的说法来理解马克思）、“以西解马”（以西方学者的说法来理解马克思）的说法和做法未予认可，而积极赞成“以马解马”，“即我们必须从马克思的原话中寻找马克思的本意”，然后紧密结合发展着的历史实践给予科学的解释[③]。

在先生看来，马克思主义总体体系和内容，实际上都是政治学的内容。“马

① 赵宝煦：《中国走向何方》，选自《政治学与和谐社会》，北京大学出版社2009年版，第98页。

② 同上书，第99页。

③ 赵宝煦：《怀念吴恩裕先生》，选自《政治学与和谐社会》，北京大学出版社2009年版，第362页。

克思主义理论,从根本上说,我认为是政治学的理论。它主要解决的是政治实践问题。""马克思主义哲学是指导思想问题,是世界观、方法论问题。马克思主义政治经济学是解决政治问题的基础理论,因为经济是政治的基础。只有科学社会主义,才是马克思主义的重点,是马克思主义的根本目的所在,即建立一个没有人剥削人的、公平的、富裕的、民主的、适宜人性发展的社会主义和共产主义社会。科学社会主义是关于未来理想社会的研究,它涉及面虽然很广,但关键问题却是政权问题,而政权问题却正是政治学研究的核心问题。在这个意义上说,科学社会主义问题,主要的就是政治学的问题。"①

先生的政治思想以马克思主义政治学理论作为主体内容的特点,集中体现在1980年我国政治学科恢复重建后先生主持编写的第一部政治学原理作品——《政治学概论》中。该书运用辩证唯物主义和历史唯物主义方法,参考邓初民先生《新政治学大纲》的马克思主义政治学体系,建构阐述了新时期我国政治学的第一个马克思主义政治学理论体系。邓初民先生三十年代撰写的《新政治学大纲》,在绪论之外,包括阶级论、国家论、政府论、政党论、革命论,其基本逻辑特征"是它把政治关系的运动法则放置在社会内部的阶级对立上,而以'阶级矛盾'为政治关系之基本内容,同时它不是把国家这一单纯的政治机构作为它的全部对象,而是把全部政治范畴,例如政党、革命、那种在政治上最高基本的指导力量、那种在政治上奠定千百万人生命过程的政治运动都作为它们对象的"②。参考这一逻辑,宝煦先生主编的《政治学概论》以历史唯物主义作为根本方法,坚持马克思主义经济分析和阶级分析路径,坚持以阶级论作为马克思主义政治学理论的逻辑起点,贯彻马克思主义政治学阶级性与人民性有机统一的原则,并且以阶级论、国家论、政府论、政党论、革命论、民族论和国际社会论作为体系主干,以科学社会主义的时代内容作为基本论述,成为我国新时期运用马克思主义基本立场、观点和方法展开政治学研究的奠基之作③。

在此后的政治学研究中,先生密切联系中国和世界政治发展实际,积极阐述马克思主义经典作家的政治思想,努力阐发发展着的、中国化的马克思主义的政治思想,由此使得先生的政治思想具有马克思主义政治学说的基本立场和深厚底蕴。

---

① 赵宝煦:《中国政治学百年历程(1900~2000)》,《东南学术》2000年第2期。

② 邓初民:《新政治科学大纲》自序,商务印书馆2011年版,第10页。

③ 赵宝煦主编:《政治学概论》,北京大学出版社1982年版。

其次，先生坚持主张以马克思主义指导我国的政治学研究。

先生明确指出，我国政治学的研究，“同其他社会科学的研究一样，需要有明确的指导思想，我们应该以马克思主义为指导思想”[①]。

我国政治学研究之所以必须坚持马克思主义为指导，根本原因在于马克思主义的阶级性、实践性和科学性。对此，先生不仅具有明确而坚定的认知，而且具有丰富的阐述，他指出：“马克思主义奠基人留给我们的最宝贵的财富，就是给我们提供了辩证唯物主义和历史唯物主义的观点和方法，以及无产阶级和人民群众的进步立场。这就是我们从事任何社会科学都必须遵循的指导原则。”[②]“马克思主义是对于自然界和人类社会的一种科学认识，是无产阶级和劳动人民争取解放、建设社会主义和共产主义的行动指南，因此，它是一种科学的宇宙观，也是科学的方法论。”[③]

正因为如此，先生认为，我们研究政治学，“必须坚持马克思主义原则指导。否则，不但无法满足科学性的要求，而且还将迷失方向”[④]。“我们这里说的指导思想，既不是僵化的教条，也不是束缚科学发展、束缚思想发展的清规戒律。首先，它不是以任何一种一成不变的主观意图，强加于千变万化的客观现实；其次，它必须符合科学的要求，而不能违反科学的要求。我们认为这样的一种指导思想，就是马克思主义。”[⑤]

再次，先生主张在研究和实践发展中，推进中国化的马克思主义政治学的发展。

先生指出，中国化的马克思主义政治学必须基于中国的社会政治实践的发展而发展，“任何一门学科的发展，都离不开客观实践的要求。建设有中国特色的社会主义，是一项崭新的前所未有的伟大事业。建设实践将不断提出许多疑难问题，要求政治学给以科学回答”。“首先，思想上必须明确：中国人进行政治学研究，双脚必须站在中国的土地上。要熟悉中国国情，要深入社会，深入基层，

---

① 赵宝煦：《在马克思主义指导下大力开展国际政治学研究》，选自《政治学与和谐社会》，北京大学出版社2009年版，第58页。

② 同上。

③ 赵宝煦：《理论的危机与转机》，王浦劬、李涛主编：《马克思主义中国化60年》，知识产权出版社2010年版，第75—76页。

④ 赵宝煦：《贯彻十三大精神，开拓政治学研究的新局面——在北京市政治学行政学学会成立大会上的致词》，《科学社会主义》1988年第2期。

⑤ 赵宝煦：《在马克思主义指导下大力开展国际政治学研究》，选自《政治学与和谐社会》，北京大学出版社2009年版，第58页。

多做调查研究。只有深入实际,才能发现问题,解决问题。”①

马克思主义的实践唯物主义特性,使得马克思主义政治学的发展必须破除教条主义的束缚,先生就此指出:“马克思主义认为存在决定意识,而不是意识决定存在。它又认为一切事物都是发展变化的。事物发展变化了,人的思想认识就也要跟着发展变化。因此,马克思主义是生动活泼的发展的科学,而不是死的教条。”②“马克思主义不是教条。把马克思主义当作教条来强调,只能败坏马克思主义的名誉。说马克思主义遇到危机了,实际上是教条主义的危机。教条主义遇到危机是好事。有这个‘危机’,被歪曲、被束缚住了的马克思主义才得到‘转机’,才可能恢复其原有的勃勃‘生机’。”③

在实践性的基础上,马克思主义政治学的发展具有时代性,先生就此阐述认为:“政治学研究必须‘与时俱进’。中央针对时弊提出的这四个字,本来是马克思主义的一条基本原则,即人的认识必须符合客观实际。客观实际变化了,人的认识也要随之变化。……例如,以马克思主义为指导是不变的,但马克思主义中关于组织革命、夺取政权的原理原则,并非全部适用于巩固政权和建设国家的今天;共产党的领导不变,但作为革命党的共产党和作为执政党的共产党,二者的方针政策岂能完全雷同?”④

对于马克思主义政治学的发展来说,科学创新是其发展的强大动力,先生就此指出:“政治学研究必须‘敢于创新’。‘创新是一个民族的灵魂’,这话讲得非常好。政治学研究要敢于创新,是指刻苦钻研、全面分析,充分做到理论与实际密切结合,从而提出新理论、新观点。”⑤同时,先生十分强调科学创新,“要认真做到政治学研究的创新,还需要具备两个条件:一方面,学者必须严肃认真,以十分科学的态度与方法对待理论与实践问题中的‘创新’,绝不允许有一丝一毫哗众取宠,标新立异,用以达到个人的沽名钓誉;另一方面,国家社会还要具备允许学者说错话的雅量,在学术领域创造出比较宽容的气氛”⑥。

---

① 赵宝煦:《政治学的报春花——喜见〈布莱克维尔政治学百科全书〉出版》,《中国社会科学季刊》(香港)1992年11月创刊号。

② 赵宝煦:《在马克思主义指导下大力开展国际政治学研究》,选自《政治学与和谐社会》,北京大学出版社2009年版,第58—59页。

③ 赵宝煦:《在马克思主义指导下大力开展国际政治学研究》,选自《政治学与和谐社会》,北京大学出版社2009年版,第59页。

④ 赵宝煦:《中国政治学百年历程(1900~2000)》,《东南学术》2000年第2期。

⑤ 同上。

⑥ 同上。

最后，马克思主义政治学需要在思想交流中吸取多种文化有益要素，实现不断发展。

思想的发展和创新也是在不同思想和文化的交流中实现的，因此，先生认为，“交流是文化发展的规律。发展至今的中国文化，既是国内各兄弟民族文化交融的结果，也是中外文化交流的结果。作为我们事业指导思想的马克思主义，它所以在中国生根，也是先进的知识分子在中外文化交流中学习的结果。今天无论从立国之本或者强国之路的任何角度考虑，都应该高度重视中外文化交流在社会主义现代化建设中的重要意义”①。

围绕思想和文化交流问题，先生进一步指出：“马克思主义从来就是开放的，而不是封闭的，封闭则导致僵化，而无法发展。”②“马克思主义既然是广泛吸收人类优秀科学文化成果而产生的，那么怎么能设想它可以摒弃一切当代非马克思主义的科学文化成果，而闭门发展呢？”③“马克思主义经典作家是如何总结吸收当时人类科学文化的成果，我们也应该吸收总结今天的科学文化成果，来丰富马克思主义。只有如此，才能使马克思主义继续发展，而马克思主义只有不断发展，才能保持其科学性，保持其旺盛的生命力。”④

根据中国特色社会主义理论发展的特点，先生指出：“兼容并包的思想很符合邓小平先生讲的开放思想的话，‘不管东方的、西方的，只要能够行之有效，而且能够为我所用，就通通拿来，适合中国的土壤，中国的土壤能够种出人家的种子。’”⑤

3. 人民民主与人民共和是先生政治思想的基本主张和取向

分析先生的政治哲学和政治思想，可见其具有鲜明的人民民主与人民共和的思想理念和特质。

马克思主义认为，民主具有阶级性和历史发展性。无产阶级和劳动人民的人民民主，是指无产阶级夺取政权，消灭了对立的剥削阶级的历史前提下，人民

---

① 陶铠、李春林：《季羡林、赵宝煦、罗荣渠谈中外文化交流》，《光明日报》，1990 年 7 月 20 日。

② 赵宝煦：《在马克思主义指导下大力开展国际政治学研究》，选自《政治学与和谐社会》，北京大学出版社 2009 年版，第 61 页。

③ 同上。

④ 赵宝煦：《理论的危机与转机》，王浦劬、李涛主编：《马克思主义中国化 60 年》，知识产权出版社 2010 年版，第 77 页。

⑤ 赵宝煦：《北京大学早期的留学生教育》，选自《政治学与和谐社会》，北京大学出版社 2009 年版，第 287 页。

政治发展的必然要求和崇高目标。

在政治思想形成和发展过程中，先生对于人民民主与人民共和，有一个从向往到明确主张的演进过程。这种人民民主与人民共和，首要特征和根本基础是人民至上。早在1946年，先生就十分关切人民利益，他曾赋诗“老百姓至上”以述情，吟曰：“昨天，我们是老百姓的儿女，今天，我们是老百姓的兵。……让我们年轻的血，为老百姓流，因为老百姓养育了我们。让我们年轻的生命，为老百姓去死，因为我们属于老百姓。”①所谓“老百姓至上”，用今天的语言来讲，就是社会政治活动的真谛在于人民的福祉，在于人民的根本利益。在其治学和为人的一生中，先生对于社会政治和政治学研究的注重，根本轴心实则是对人民大众利益和幸福的关切。

其次，实现人民民主，使得人民真正当家作主，既蕴含着人民主权的政治理念，更体现着人民共和民主的政治主张。在革命时期，先生毅然参加革命，追求人民利益和人民解放的民主革命事业，胸怀坚定政治信念，如同他所说的那样：“一个真正的革命者，一个无产阶级革命家，在他应该具有的各种优秀品质当中，最基本、最不可缺少的是什么呢？那就是，无论何时何地都能忠贞不渝地坚持革命利益，在各种各样严峻的无情的革命考验面前，他都能表现出最大的革命坚定性和革命气节。在坚持革命立场，捍卫革命利益这一点上，他应该如松柏常青。”②在革命胜利，新中国建立之后，先生热切向往的是“建设一个稳定的、高效能的、真正是人民当家作主的社会主义政权”③。文化大革命使得人民民主和法制建设遭遇巨大曲折。先生对此痛心疾首，明确指出：“在中国持续了十年之久的‘文化大革命’，已被公认是一场人类历史上罕见的巨大灾难，它给国家和人民造成了不可估量的物质上和精神上的严重损失。”④文化大革命“实行‘大民主’，严重破坏了社会主义民主和法制。……严重损害了执政党在人们心目中的威信，破坏了党群关系”⑤。但是，这一切并未动摇先生追求人民民主的不渝之志。

粉碎“四人帮”专制主义以后，鉴于“文化大革命”的惨痛教训，先生对于人

---

① 赵宝煦：《老百姓至上》，选自《途程——抱虚斋诗文稿》，东方出版社1998年版，第51页。

② 赵宝煦：《松柏常青》，《光明日报》，1965年7月1日。

③ 赵宝煦：《政治学研究不能故步自封》，选自《政治学与和谐社会》，北京大学出版社2009年版，第51页。

④ 赵宝煦：《谈“文革”研究》，《民主》1990年第1期。

⑤ 赵宝煦：《“文化大革命”的原因与后果》，选自《政治学与和谐社会》，北京大学出版社2009年版，第166页。

民民主的追求更加坚定而强烈，“社会主义的本质特征就是民主。可以说，没有民主就没有社会主义。民主作为一种制度，它不是一句空话，而应该有其切实的具体内容，这些具体内容的妥善实施，必须通过不可或缺的法定程序。因此，民主作为一种制度，它不能离开法治”①。而先生多年着意和着手编写的文化大革命口述历史，实是内含着科学总结文化大革命的教训，推进社会主义法治和民主的意旨。

再次，推公共利益优先，以天下为己任。作为见证中华民族世纪发展，追索国家现代化道路的一代学人，先生与同代先进知识分子的共同历史和时代特征，就是抱秉“天下为公”的情怀，奉行公共性优先的政治哲学和价值选择②。经历国家与民族的世纪沧桑巨变，先生深沉地指出：“中国知识分子在长期历史发展中，不论是对华夏文明的建设，还是在政治经济的发展等种种方面，都曾做出了无可替代的、不可磨灭的贡献。”③ 同时，他也指出，知识分子群体随着国家的兴衰而兴衰，“不能否认，知识分子的命运总是与整个国家社会的命运息息相关的”④。为此，先生认为，国家、民族、公共利益优先，是侵淫东方文化和政治价值观的中国知识分子的政治人格和素养所在：“知识分子的应该具备的素质主要有：1. 知识分子要有社会良知……社会良知也就是社会责任感。知识分子要关心祖国的前途和命运，要有忧患意识，一定要以天下事为己任，为社会进步、国家的富强发挥自己的作用。2. 知识分子要有独立的人格。3. 知识分子要有自由的思想。”⑤

由此可见，作为一代中国知识分子的代表，先生先天下之忧而忧，后天下之乐而乐的精神和素养，以天下为己任的公共性优先的人生追求，显然具有东方文化和政治哲学力倡的公益政治的典型特征。先生对于这一政治哲学的阐发，既体现着中国知识分子的基本政治哲学取向，又体现着共和主义的公共性优先的公益政治特质，从而鲜明地标志着先生的人民共和主义的民主政治思想类属。

最后，社会和谐，多样性统一共存共处的人民共和的政治精神。在先生追求

---

① 赵宝煦：《五四运动与民主大旗》，《理论学习与研究》1996 年第 6 期。

② 赵宝煦：《知识分子在社会发展中的作用》，选自《政治学与和谐社会》，北京大学出版社 2009 年版，第 170 页。

③ 同上书，第 171 页。

④ 赵宝煦：《一个知识分子的自白》，选自《途程——抱虚斋诗文稿》，东方出版社 1998 年版，第 1 页。

⑤ 赵宝煦：《知识分子在社会发展中的作用》，选自《政治学与和谐社会》，北京大学出版社 2009 年版，第 170 页。

和主张的人民民主思想中，核心是人民内部多样性与统一性有机和谐结合的政治理念。

在这其中，在人民内部的政治关系中，先生强调的首要精神是多样性统一、矛盾性同一意义上的“和”字。自20世纪40年代参加革命，人民共和与人民民主逐步成为先生追求的目标和人生理想。自新中国成立到改革开放，先生一直把人民民主与人民共和奉为政治圭臬，实际上，这种信奉也是中国社会历史变迁和转换的一代知识分子和政治学人政治思想的逻辑必然。

早在20世纪60年代初，先生就从认识论出发，运用马克思主义矛盾分析方法，阐述过“和与同”的辩证关系，他指出：“和而不同，这话讲得好。只有人人都有这种敢于坚持真理的精神，既勇于发表不同的意见，也能虚心听取别人的意见，对各种意见都作认真的充分的研究和讨论，才能真正求得人们思想认识上的一致，把各方面和各种人的积极性都调动起来，共同为我们的事业而努力工作，如果说，我们也要求‘同’的话，那么我们要求的是这种有原则的‘同’；而这个原则就是马克思列宁主义，就是党的路线、方针和政策。……这样的‘同’，只有在充分发扬民主的基础上才能得到。”[①]“团结、和谐只能是矛盾的统一，而不能是机械的一致。和，可以解释作矛盾的统一。”[②]“统一是个好字眼，但矛盾既然存在于一切事物的发展过程中，那么统一就只能是对立面斗争的结果。统一不但是矛盾斗争的结果，而且已经达到的统一中必然又孕育着新的矛盾；新的矛盾再经过斗争又达到新的更高水平的统一。如此往复不已，事物才会向前发展，没有矛盾就没有统一，也就没有发展。机械的一致否定了矛盾，也就否定了发展。”[③]

在先生晚近的政治学研究中，人民共和与和谐的思想表现得更加强烈和直接，先生近年出版的英文作品《和为贵——赵宝煦学术文集》（In Pursuit of Harmony: An Academic Anthology of Zhao Baoxu）、《政治学与和谐社会》等，明确指出，“政治是一种摆平矛盾的艺术”[④]。对此，先生阐述指出：“列宁在《共产主义运动中的“左派”幼稚病》中说：‘政治是一门科学，是一种艺术。’”[⑤]对此，先生不仅对于不同社会背景下不同性质的政治艺术进行了论述，而且尤其对于人民夺取政权以后，人民内部不同社会阶层和群体多样差异性进行协调的艺术进行

---

① 赵宝煦：《途程——抱虚斋诗文稿》，东方出版社1998年版，第202页。

② 同上书，第203页。

③ 同上书，第204页。

④ 赵宝煦：《政治学与和谐社会》，《北京大学学报》（哲学社会科学版）2005年。

⑤ 同上。

了阐发。他指出:“在阶级社会中,政治主要表现为两个主要对立阶级之间的斗争。这种斗争,从量变到质变,最终导致革命。革命胜利了,‘被统治阶级’变成‘统治阶级’,人民掌握了政权。经过一段时间以后,原有意义上的‘阶级’消灭了,但社会上不可能从此消灭矛盾。因为不论在任何形态的社会上,都会存在多元的不同利益的集团和群体。他们之间不能没有差别,有差别就会有矛盾,有斗争。矛盾需要统一,斗争需要解决。国家社会不断有矛盾,矛盾又不断获得解决,因此,国家与社会得以不断向前发展。”这一过程,就是不断产生矛盾、不断解决矛盾的过程,而运用国家政权不断解决矛盾的过程和艺术,就是先生所说的“摆平矛盾”的过程和艺术,正是在此意义上,先生认为,“政治是解决矛盾,化解冲突的艺术”①。为此,在剥削阶级消灭以后,政治的真谛在于公平正义与宽容和谐。只有以此为准则摆平人民内部不同阶层和群体之间矛盾,才能达成和谐②。

先生以辩证思维阐述“摆平”的政治,他指出,摆平不等于死水一潭,而是在矛盾运动中不断从不平衡趋向平衡的过程,就是在矛盾运动和发展中,根据矛盾性质和状况,不断克服和解决矛盾的过程,“‘和谐社会’应该是一个不断发展,不断深化的命题,而不可能是一成不变的。因为世界万物都是在不断克服矛盾中发展前进的,所以世界上也不存在静止的一成不变的‘和谐社会’。和谐社会本身是一个过程,是一个不断克服对抗、摆平矛盾的过程。它是运动着的,不是静止不动的”。“我们追求的和谐社会将是一个充满生机和活力,向前发展的生气勃勃的社会。”③

先生认为,和谐社会是多样性、差异性与统一性相互妥协和包容的复合共存共处社会。剥削阶级消灭后,人民内部矛盾上升为主要社会矛盾,在人民内部,“在和平发展的社会中,……由于矛盾的性质不同,所以采取的手段,也应有所不同。这时,不是用激烈的暴力手段,而是调和矛盾,使矛盾的各方均能有所克制,有所妥协,提出大家都可勉强接受的办法,从而化解矛盾。……而需要提倡的却是妥协精神”④。

先生进一步强调指出,社会和谐与和谐社会,需要依靠民主法治来保障,“中共中央提出建设社会主义法治国家以来(这是马克思主义理论的一个极大

---

① 赵宝煦:《政治学与和谐社会》,《北京大学学报》(哲学社会科学版)2005年第6期。

② 同上。

③ 赵宝煦:《政治学与和谐社会》,《北京大学学报》(哲学社会科学版)2005年第6期。

④ 同上。

创新)，中央从理论到政策上都不断强调民主、法治。而且从立法上把社会主义民主当作一种可以长治久安的理想社会制度确定下来，把社会主义民主看成是构建和谐社会的必要条件”[①]。在人民内部实现多样的统一、矛盾的协调，达成和谐社会，就是先生阐发的作为“摆平的艺术”的政治的真谛，而实现这一真谛的现实路径，则是法治和民主，适如先生所言：“如何摆平？离不开法治和民主。没有法治与民主的社会，不可能是一个稳定的社会，更不可能是一个和谐社会。而法治与民主，则正是政治学研究中的重要课题。构建和谐社会重要任务的提出，为政治学提供了更加广阔的天地。”[②]

人民至上、法治民主、公益优先、多样统一和谐共存的思想基点和特质，这些基点和特质，对立于“专制主义”，质别于“自由民主”，性异于“贵族共和”，根据这些思想要素和特质，可以把先生的政治思想概括为人民共和民主的思想主张和取向。

4. 科学主义与人文主义的有机结合，是先生政治思想的学术原则和规范追求

先生追求精神世界、知性人生和社会理想，其中，追求科学，求真务实，是先生的学术准则和人生原则。

先生晚年回忆这些准则和原则形成时曾自我内省道：“现在想来，对我后来影响较大的有两本书。一是屠格涅夫的散文诗集《门槛》，一是南北朝刘义庆的《世说新语》。《门槛》中那位俄罗斯女郎执着的殉道者精神，使我后来毫不犹豫地参加革命；《世说新语》……又使我崇尚纯真、自然，本能地鄙视各式各样的道学和教条。”“我厌恶伪道学，不喜矫饰造作，更反对千篇一律、机械一致。”[③]

后来，先生信仰马克思主义，其求真务实科学精神从感性感知发展升华为理性认知，形成辩证唯物主义和历史唯物主义为主体，强调实践为基础的求真务实科学精神，由此使得先生的学术理念和思想具有强烈的求真务实、科学主义与人文关怀结合的特质。

对于政治学研究，先生尤其强调其研究的科学性，明确指出：“坚持科学性

---

① 赵宝煦：《争论，冲开了“万马齐喑”的局面》，选自《政治学与和谐社会》，北京大学出版社 2009 年版，第 133 页。

② 赵宝煦：《政治学与和谐社会》，《北京大学学报》(哲学社会科学版)2005 年第 6 期。

③ 赵宝煦：《一个知识分子的自白》，选自《途程——抱虚斋诗文稿》，东方出版社 1998 年版，第 3、4 页。

是当前中国政治学发展中的一个重要关键问题。"①

在先生的著作、文章乃至序言、书评、会议发言中，先生多次强调建设社会主义政治文明，展开科学的政治学研究，不仅需要乐于追求真理，善于发现真理，更加需要敢于坚持真理、勇于维护真理，不唯书、不唯上，只唯实。"政治学与其他社会科学一样都要为社会实践服务，这是天经地义，中外皆然。但是，必须是真科学，才能有效地为社会实践服务。如果科学研究不能坚持严格的科学性，它本身就成为半科学或伪科学。若用这种半科学或伪科学来为社会实践服务、为领导决策提供根据，那就等于卖假药给人治病。"②先生的这段金石之言，不仅对于社会科学和政治学研究具有振聋发聩之效，而且恰是先生人生态度的真实抒怀。

因此，把握社会政治生活真谛，遵循社会政治发展的规律，以科学的态度、科学的方法发现规律和真理，坚持和维护真理，是先生的学术真实和人生真实。

政治学研究科学性的实现，首要的前提在于切实把握马克思主义的精髓和科学方法。"社会主义、共产主义的理念与价值观都深深植根于马克思主义的科学性。科学的真理是要经过实践验证的。经过一百多年来的社会实践检验，马克思主义仍然光芒万丈，原因就在于马克思主义经典作家对事物发展与社会进化所揭示出来的精神实质。"③

马克思主义的精髓在于实事求是，"人所共知，'实事求是'是马克思主义的精髓，同时，也是他的科学性所在"④。遵循这一精髓，先生强烈主张，实现政治学研究的科学性，就要在政治学研究中大力贯彻求真务实的科学态度，使得政治学的研究真正立足于社会实践和社会需求，先生就此明确指出："学者不是预言家，不能未卜先知。政治学者只能根据材料的占有和系统科学的分析，对现实政治的发展做出各自的合乎逻辑的结论。"⑤据此，先生认为："政治学的研究，要想得到社会的认同，就必须能回答当前社会主义建设实践中提出的问题，提供解决当前中国现实政治问题的最佳方案。为此，就要求中国的政治学工作者，能够立足于中国现实，深入下去，脚踏实地做大量艰苦的调查研究工作，要做认真的社会抽样调查，要定性分析，更要定量分析。要熟悉中国国情，再研究问题，才能弄

---

① 赵宝煦：《政治学与和谐社会》，《北京大学学报》（哲学社会科学版）2005 年第 6 期。

② 王浦劬等著：《政治学基础》，"赵宝煦前言"，北京大学出版社 2006 年版，第 1 页。

③ 赵宝煦：《七一讲话与中国政治学研究》，《马克思主义与现实》2001 年第 5 期。

④ 赵宝煦：《国际政治学领域的一可喜成果——评张小明著〈乔治·凯南遏制思想研究〉》，《世界经济与政治》1995 年第 1 期。

⑤ 赵宝煦：《德国的走向》，《国际政治研究》2004 年第 3 期。

清楚问题的症结所在。”①

政治学研究科学性的实现，必须深入研究和充分尊重学科发展的规律性和科学性。在论及学术研究的根本使命时，先生深刻指出，政治学术研究虽然具有介绍知识和政策宣传的功能，但是，其根本任务是要探讨政治现象的发展规律。以国际政治学为例，“国际政治学是一门理论与实际相结合的科学，它的任务，不只是对当前错综复杂的国际政治作客观介绍或政策宣传，而更重要的是要对国际政治现象进行科学的理论性的研究，提供一个对国际政治问题的规律性的认识。国际政治的研究不能脱离对当前国际政治现实问题的分析和评价。不能满足于对一般国际时事的描述和概括，它应该深入下去，挖掘更本质的东西，寻求规律性的认识，从而预见未来，指导实践”②。2009 年诺贝尔经济学获得者埃莉诺·奥斯特罗姆对于学术研究使命曾经进行过这样的论述：“也许，我需要做的是，提升到一般层次，努力理解长期持续作用的制度中某些更加一般的制度规律性。”③先生关于学术研究以深入探讨事物发展规律为使命的阐述，恰与之有异曲同工之妙。

在主张和尊重科学性方面，先生多次强调指出：“政治学研究要努力达到本身科学性的要求，不能使科学性的要求屈从于一时的政治宣传需要。政治学研究只能靠坚持自身的科学性来为现实服务。如果只知唯上、唯书、不能摆脱现实政治的干扰，或者甘做氢气球，随风转，则它本身就变成了伪科学，用伪科学来服务于现实政治，不仅于事无补，而且会大帮倒忙，并且会严重败坏政治学研究的声誉。”④

政治学研究科学性的实现，还必须具有国际眼光，进行多方面交流和借鉴，对此，先生认为：“政治学研究，同其他科学一样，都不能故步自封，必须面向世界，敢于引进外国政治学的新理论、新方法，进行研究、验证，以便参考、借鉴。”⑤

在强调政治学研究科学性的同时，先生十分注重政治学研究的人文关怀，并且认为社会科学研究的人文性也是有规律可循的，是完全可以与其科学性有机结合的。他明确指出，社会科学研究必须从不同国家和社会的人文特质出发，

---

① 赵宝煦：《中国政治学百年历程（1900～2000）》，《东南学术》2000 年第 2 期。

② 赵宝煦：《在马克思主义指导下大力开展国际政治学研究》，选自《政治学与和谐社会》，北京大学出版社 2009 年版，第 57—58 页。

③ Elinor Ostrom，“A Long Polycentric Journey”，*Annual Reviews of Political Science*，2010.

④ 赵宝煦：《中国政治学百年历程（1900～2000）》，《东南学术》2000 年第 2 期。

⑤ 同上。

"社会现象与自然现象有所不同。因为任何社会现象都可以说是人的行为在起作用,所以也可以把社会现象说成是在一定时间、一定条件下的人们行为的总和。社会科学者遇到的最大挑战,往往是难以测量的心理因素。但这不等于说社会现象完全没有规律。譬如有些西方政策分析家往往爱说:'分析共产党国家的政策趋向很难,因为他们不按规律出牌。'其实,任何一个人、一个政党或一个国家,他们的行为都是有规律的。只是因为你不理解他们的思维方式,你不理解他们的某些措施的来龙去脉,就认为他们不按规律出牌。事实上,他们是按他们自己的规律出牌,而不是按你习惯的规律出牌"①。

先生对于政治学研究的人文特性的注重,还体现在他根据社会政治现象的人文和科学兼具的特点,强调政治学研究不同方法应该有机结合,他指出:"社会现象和自然现象有所不同,因此社会科学研究方法与自然科学研究方法也应有所区别。……也就是说社会科学研究,完全可以使用某些适合的自然科学研究方法。但是不能只用自然科学的研究方法来研究社会科学。"先生以人口的实际调查研究来说明其观点,人口研究,"你必须用量化方法、统计方法进行调查一如进行其他自然科学的研究一样。但这种方式,只能使你获得准确的人口数字,……但你不知道人口增减的原因,……要解决问题,你还需要配合用传统的方法:如座谈会、访问等等。由于你做了实地调查,亲身体察,你自己与当事人直接接触,他们关于计划生育问题的各种想法、顾虑,你才能直接感知,深入了解。这时,对症下药,你才能提出有效控制人口的可行方案。但是最为关键的一点,是因为你经过亲身体察,直接感知,你才能认识到计划生育的问题是人民群众切身利害的问题,人民群众是行为主体,各级政府的责任是帮助人民群众正确认识和解决自己的切身利害问题,并非相反"②。

先生对于人性中感性和知性的把握、对于学术研究科学理性与人文感性结合的主张,于此可见一斑。

四、内在结构

先生的政治思想不仅具有丰富深厚的内容,而且具有严密统一的逻辑,这种逻辑具有强烈的辩证特色,进而使得先生的政治思想呈现结构性、整体性和系统性特点,其主要体现在如下方面:

---

① 赵宝煦:《中国政治学百年历程(1900~2000)》,《东南学术》2000年第2期。

② 同上。

1. 从思想内容本体来看，先生政治思想的基本内容，具有各不相同而又内在一致的辩证关系

爱国主义是民族主义思想在特定历史条件下的产物，马克思主义政治思想是无产阶级和广大劳动人民的政治思想和政治斗争的武器，是人类社会政治发展规律的经典阐述，具有阶级性、实践性、科学性和发展性的特质，爱国主义只有在马克思主义指导下才能得到科学发展和实现。而马克思主义关于资本主义社会阶级矛盾和阶级关系的深刻分析，关于无产阶级的阶级特性及其发展前景的分析、关于无产阶级革命和无产阶级专政的历史使命的阐述，恰恰是爱国主义的历史发展途径和实现归属。先生的政治思想从爱国主义出发，逐步发展到坚信只有社会主义才能救中国，只有中国特色的社会主义才能富强中国，由此在思想理念中达成了爱国主义与马克思主义的目标一致、路径相同、内容关联和逻辑融通。

“民主”与“科学”，是五四运动的旗帜。先生认为，从发展着的马克思主义和中国社会历史过程来看，在革命时期，主张真实和普遍的人民民主是实现爱国主义的革命旗帜，“作为革命旗帜的‘民主’，它是革命的手段，目的则是推翻反动政权”[①]；在革命胜利后，“就面临着建设社会主义国家的任务”[②]，民主则成为社会主义建设的目标和本质特征，因此，民主成为爱国主义在“立新”和建设意义上的实现途径[③]。而科学，按照马克思主义世界观和方法论，即是对于社会和政治现象的本质及其发展规律的正确认识和把握。由此，先生政治思想基本内容，以爱国主义为基础，以马克思主义为主体内容和指导，以人民共和民主与科学认知为目标，构成了内在辩证和有机关联的统一整体。

2. 从思想认识论来看，先生的政治思想鲜明体现着其思想方法的辩证

马克思恩格斯政治学说的方法论是唯物辩证法。恩格斯说，唯物辩证法是他和马克思“最好的工具和最锐利的武器”[④]。宝煦先生的政治思想以辩证唯物主义和历史唯物主义作为世界观和方法论，在其学术作品、政论文论中充盈着辩证法的智慧和思想光芒。先生论及社会、政治、历史、人生、工作和艺术，熟练运用对立统一的辩证方法加以论述和证成。其分析辩证的对立统一关系，广泛涉

---

① 赵宝煦：《五四运动与民主大旗》，《理论学习与研究》1996 年第 6 期。

② 同上。

③ 同上。

④ 《马克思恩格斯选集》，第 4 卷，人民出版社 1995 年版，第 243 页。

及矛盾的普遍性和发展性①、工作的速度与稳定②、坚持原则、敢于斗争与掌握策略、善于斗争③、事物不同方面在一定条件下相互转化④、多样性与统一性⑤、和而不同⑥、和谐与矛盾⑦、建立遵守规则与创新发展规则⑧、敢想敢干与科学态度⑨、事物的主流与支流⑩、认识问题的全面与片面⑪，如此等等；关于把握事物必须注重掌握“度”，“任何事物的‘质’，都有‘量’的限度，超过一定的量，质就变了”⑫；关于发展中优势互补与扬长避短的关系⑬。所有这些，都生动地闪耀着辩证法的思想光芒。其中，先生对于日本文化中的“中庸之道”、“和为贵”思想与日本的内外有别的共同体意识、武士道精神以及万世一系的天皇体制的矛盾混合的辩证剖析，更可谓鞭辟入里、入木三分⑭。

思想方法的辩证逻辑，使得先生的政治阐述明晰透彻，把握政治现象的复杂的对立统一关系切实精当，论述社会和政治现象发展规律深入精髓，全面、联系和发展的辩证，在先生的政治分析中运用娴熟，由此使得先生对于社会政治的论述阐发和分析评判，不仅刻记着一位智者的衡度，而且贯穿着一代哲人的睿智。

3. 从思想与人生的关系来看，先生的思想体现着其学术人生与人生学术的辩证

妙手文章，铁肩道义，是20世纪中国社会赋予先进知识分子的历史使命，先生在这一使命担当中逐步达成了学术与人生的辩证统一，为此，先生的求学和治

---

① 赵宝煦：《风物长宜放眼量》，选自《途程——抱虚斋诗文稿》，东方出版社1998年版，第215页。

② 赵宝煦：《兵贵神速》，《前线》1964年第8期。

③ 赵宝煦：《松柏常青》，《光明日报》，1965年7月1日。

④ 赵宝煦：《风物长宜放眼量》，选自《途程——抱虚斋诗文稿》，东方出版社1998年版，第219页。

⑤ 赵宝煦：《不同的风格》，《前线》1964年第8期；赵宝煦：《多样和统一》，《文艺报》1956年第15期。

⑥ 赵宝煦：《不同的风格》，《前线》1964年第8期；赵宝煦：《和与同》，《人民日报》，1962年6月12日。

⑦ 赵宝煦：《和与同》，《人民日报》，1962年6月12日。

⑧ 赵宝煦：《从“初生牛犊不怕虎”说起》，《人民日报》，1962年1月17日。

⑨ 同上。

⑩ 赵宝煦：《论白豆腐上的黑斑点》，《光明日报》，1959年4月4日。

⑪ 同上。

⑫ 赵宝煦：《“和为贵”、“中庸之道”与“武士道”精神——关于日本政治文化的思考》，《北京大学学报》（哲学社会科学版）1989年第4期。

⑬ 赵宝煦：《大学怎么出大师》，《群言》2009年第3期。

⑭ 赵宝煦：《“和为贵”、“中庸之道”与“武士道”精神——关于日本政治文化的思考》，《北京大学学报》（哲学社会科学版）1989年第4期。

学生涯，跨越了战争与和平、革命与建设、光明与曲折的不同历史时期，而先生的政治思想，实则这些跨越的感悟和思索。他的政治思想的基本内容和要素，恰恰是经历当代中国翻天覆地巨大变化的世纪学人的人生写照。

先生的爱国主义源起于国难族恨，发展于中华民族的伟大复兴和现代化历史潮流；其马克思主义思想源起于追求真理和光明，发展于新民主主义革命、社会主义革命和建设的伟大事业；先生的人民共和民主、科学主义和人文关怀，秉承五四运动的“民主”与“科学”传统，从西南联大始发而后绵延，在中国化马克思主义指导下，发展成为对于社会主义和谐社会和民主法治建设的思考和求索。“八十年来，应该承认，经过多少爱国先进人士的英勇斗争和艰苦努力，中国在民主化、科学化的道路上，已经前进了不少。然而时至今日，民主与科学仍然是举国上下尚需大声疾呼的奋斗目标，并且绝非可以一蹴而就，事实上，前路方长。”①

因此，先生的政治思想既是他以理性思考社会政治现象而成就，也是他以人生和历史的实践而写就。经历中国当代历史和政治的多次转折，先生的政治思想既是其精神结晶，更是其人生凝聚；既体现着其思维辩证，更映射着其生命意义；既以椽笔撰写于文章中，更以足迹镌刻在大地上。“学问与人生，在赵宝煦教授身上得到了完美的统一。”②

4. 从思想与人格的关系来看，先生的政治思想恰如其人品、人格、修养和情操，诠释和印证了先生学品与人品的相互辩证

先生在论及艺术和治艺时说，艺术“需要熟练的基本功，需要深刻的思想感情，还需要具有能艺术地表达这种思想感情的才华和灵感。在艺术创作过程中，三者虽然互相作用，不可截然分开，然而它们并不是一回事。基本功可以从勤学苦练中掌握；才华、灵感却更多属于天资，并非人人可得。深刻的思想感情则涉及人格、品质、学问、识见和文化素养等更多方面的条件。以上三者，可简称为学、资、品。三者皆备，才能产生完美的艺术创作”③。“深刻的思想感情决定于艺术家的品格，所以过去人常说：艺品决定于人品”。④“艺品与人品相通。作人

---

① 赵宝煦：《五四运动与民主大旗》，《民主与法制》1996年第6期。

② 《北京大学国际关系学院常务副院长潘国华教授在祝贺赵宝煦教授从教55周年暨80华诞典礼上的讲话》，郝平主编：《杏坛春永》，中共中央党校出版社2005年版，第5页。

③ 赵宝煦：《学习书论札记》，选自《途程——抱虚斋诗文稿》，东方出版社1998年版，第156页。

④ 同上书，第157页。

贵纯真自然，恶矫揉造作。”[①]

在先生看来，治学与治艺同理，为学先要为人，同样需要“学、知、品三者俱备”[②]，才能达到完美[③]。先生终其一生遵奉这一原则并且身体力行，如同他自己所说：“多年来，我自己在主观上一直不满足于只做‘经师’，而是力争能做‘人师’。”“做好人师，一直是我自己做教学工作中追求的目标。”[④]与此同时，先生也是这样来培养和要求学生的：“立学先立品。……一个人的思想行为，不论表现在任何问题上都是统一的，不可能在一件事情上表现极端自私自利，但在另一件事情上却表现出大公无私，舍己为人。因此，区分什么大节、小节，说政治上大节，生活是小节，凡此种种，都是荒谬的。……不热爱父母的人，怎会热爱国家？对丈夫或对妻子不忠实的人怎会忠实于革命忠于党？”[⑤]

正因为如此，人们参悟先生的政治思想，一如领悟先生的品行修养和道德风貌。先生自幼奋发，历经坎坷，百折不挠，向往真理，热爱学习，胸怀远大，追求卓越。在西南联大，他汲取闻一多、张奚若、钱端升、吴恩裕等老一辈优秀学者的治学精神和为人风范，炼就知性品格涵养，“以眇眇之身，任天下之重”，一路跋涉，尽心继承、发扬和传播学术事业、文化血脉和精神风骨。先生胸怀坦荡，“不仅是一位了不起的学者，在做人方面也有他坚持的原则，‘事无不可对人言’是先生最坚持的为人处世的信条。他是一个对人对事都非常坦率的人”[⑥]。他厚德载物，待人以诚，正直热忱，和煦如同春风，明澈恰似秋水，兼具经师人师风范。他学贯中西，涉猎广泛，多才多艺，擅于诗赋，长于书画，淡泊名利，自号“抱虚”。“他立志把毕生心血献给祖国的爱国情怀，他利用一切机会为新中国的政治学奔走的国际视野，他永不懈怠、始终追求学术卓越的创新意识，他甘为人梯、培养新人的坦荡胸怀，他品行质朴、执着率真的言行态度，都集中体现了老一代知识分子的高尚品质和精神魅力。”[⑦]在先生身上，坚忍不拔和宽厚通脱融为一体，严谨求实和自然率真和谐共存；传统与现代、东方与西方、学问与人生、道德与文章

---

① 赵宝煦：《学习书论札记》，选自《途程——抱虚斋诗文稿》，东方出版社 1998 年版，第 158 页。

② 同上书，第 156 页。

③ 同上书，第 157 页。

④ 赵宝煦：《经师易得，人师难求——关于博士研究生的德育培养问题》，《学位与研究生教育》1988 年第 2 期。

⑤ 同上。

⑥ 郝平：《与时俱进 壮心不已》，郝平主编：《杏坛春永》（序），中共中央党校出版社，2005 年版。

⑦ 《北京大学党委书记朱善璐教授在祝贺赵宝煦教授 90 华诞暨从教 65 周年典礼上的讲话》，2011 年 11 月 6 日。

相得益彰且有机统一,体现了一代世纪学人和学术宗师的人格和精神魅力①。

了解、理解、感悟和感受先生的人生,再来体味先生的政治思想和学风学德,自会感到,先生的政治思想,实是其人格特质和道德修为的思维理性体现,是先生治学与为人的辩证统一和相互印证,是先生政治人生和人生政治的辩证统一。

5. 从学术与政治实践和历史发展来看,先生的政治思想体现了政治学与实际政治之间的辩证

从先生的政治思想中可以看到,先生以天下为己任,关切国家和民族乃至人类的命运,"白发任凭衰彻底,丹心依旧火成团"。先生主张,"学社会科学的学生,必须十分关心社会实践中提出的新问题,并努力在马克思主义原理、原则的指导下,自己开动脑筋思考、分析、研究,以求得到解决"②。因此,"作为一名学者,赵先生从来不满足于书斋清谈式的学术传承,而是以强烈的入世精神投身于理论实践。无论在孜孜不倦的笔耕中,还是在慷慨激昂的讲台上,赵先生都充满着文以载道的使命感"③。在上下求索天下大道的漫长过程中,先生始终如一,积极奋发,努力达成知与行的有机统一。

与此同时,在先生看来,学术研究与实际政治既是紧密结合的,又是相互独立的;既相互影响,又具有各自不同的发展规律。一方面,政治学学术研究必须为政治服务,"文化教育,归根结蒂是经济基础的反映,是要为政治服务的"④。另一方面,政治学必须以相对独立的研究和真正具有科学性的研究成果,为政治服务,这就是政治学的学术研究与现实政治实践的辩证关系和联系逻辑。先生的政治思想和学术研究即是这两个方面的有机结合,由中可见,"只有坚持实事求是、从实际出发的马克思主义精髓,坚持实践第一的辩证唯物论的认识论,坚持认识与实践的辩证统一,才能正确把握和处理学术研究与政治实践的关系。……另一方面,……正确处理学术研究与政治实践的关系,还需要积极发挥学术研究和发展对于政治实践的能动作用,努力运用学术研究为政治实践服务,

---

① 《深切悼念赵宝煦教授》,载《国际政治研究》2012 年第 1 期,该文由笔者根据赵宝煦先生生平年谱、参考先生生平相关文章撰写而成。

② 赵宝煦:《经师易得,人师难求——关于博士研究生的德育培养问题》,《学位与研究生教育》1988 年第 2 期。

③ 《北京大学党委书记闵维方教授在祝贺赵宝煦教授从教 55 周年暨 80 华诞典礼上的讲话》,郝平主编:《杏坛春永》,中共中央党校出版社 2005 年版,第 3 页。

④ 赵宝煦:《第一曲凯歌——从北京大学十年来的变化看党的教育方针的伟大胜利》,《前线》1959 年第 19 期。

只有这样,才能建构起政治学研究与政治实践的良性互动关系,实现政治学研究的实践价值,为政治学研究的发展开拓更为广阔和丰富的空间和途径。……这就需要政治学者在研究过程中坚持辩证唯物主义认识论,发挥专业学术研究和思想认知对于政治实践的主观能动作用,坚持政治学研究对于政治实践的服务功能,真正以科学的专业理论、知识和方法,服务于人民根本利益和治国安邦的大局,服务于社会政治实践,帮助人们认识和从事政治实践"①。

五、结语

宝煦先生的政治思想,是在漫长而曲折、激荡而跨越的历史过程中逐步形成和发展的,是在接受和运用马克思主义世界观和方法论的过程中锻炼而成的,是在为了中华民族与人民共和国独立富强的悟道和践行中逐步构建和体系化的,是在修养人格与治理学问中相互达成和完善的,因此,先生的政治思想是历史和人生的产物,反映了一代"知识分子在革命大时代中的共同心路历程"②。正因为如此,"先生是整个 20 世纪中国政治、社会变化的见证人,而且他这个见证人不是一般的见证人,他是以他自己的整个经历为见证的,从北京一直走到西安,然后到重庆,再走到西南联大,再从西南联大到北京,然后在北京又参与各种各样的社会运动,最后在 80 年代初又走向世界,去了美国等很多地方。他整个思想的脉络跟中国政治社会发展的历史脉络,实际上是一致的"③。

先生的政治思想丰富深厚,就其形成和发展的社会文化渊源和社会历史背景而言,其中的传承性、转折性、融通性、发展性、创新性和跨越性,论政求道、浩然壮阔、深邃精当、触类旁通、穷根溯源,本文所论,不及万一,因此需要继续深入发掘研究。与此同时,先生的政治思想本质上也贯穿着一条主线,那就是在马克思主义世界观和方法论指导下,追求真理、追求光明、追求民族独立、祖国和人民的富强和幸福,追求人类的彻底解放,其文化进路轨迹是从中国传统文化开始,习得西方政治思想,进而接受、服膺和运用马克思主义基本原理和方法,在中国化的马克思主义指导下,奋发求索革命和建设之道,科学探索政治与治政规律,感悟思索人生政治与政治人生,积极推进中国特色、中国气派和中国风格的政治学科的前行发展。

---

① 王浦劬:《我国政治学学术发展中的基本关系论析——纪念十一届三中全会三十周年》,《政治学研究》2008 年第 6 期。

② 赵宝煦:《一个知识分子的自白》,选自《途程——抱虚斋诗文稿》,东方出版社 1998 年版,第 1 页。

③ 徐湘林:《在赵宝煦先生学术思想研讨会暨 87 华诞庆祝会上的发言》,2009 年 11 月 18 日。

宝煦先生当年在评价其师钱端升先生时指出："先生一颗拳拳爱国之心，始终为祖国的坎坷与兴旺而超频跳动。他本人一生遭遇，也与祖国的曲折发展和凯歌行进同节拍、共命运。""钱先生一生中学术理论与政治实践方面，做到了科学性与爱国主义的高度结合。"①先生对于钱先生的这些评价，恰恰也是他自己人生和学术、道德和文章的真实写照。

本文发表于《政治学研究》2012年第4期

① 赵宝煦：《拳拳爱国心，殷殷报国情——钱端升先生在北大》，选自《政治学与和谐社会》，北京大学出版社2009年版，第348页。